国家高技术研究发展计划课题（2011AA110301）

交通控制信息物理系统导论

石建军　吴　旭　陈阳舟　著

电子工业出版社
Publishing House of Electronics Industry
北京·BEIJING

内 容 简 介

本书以信息为第一角度观察道路交通系统构成要素作用关系与运行调节过程，分析信息及其计算在解决交通运行难题中发挥关键作用的机制，探讨信息物理系统相关理论在交通管理与控制中的应用。从交通、信息、进程、融合、数据、模型、计算、控制、行为等概念出发，解析交通自动控制、交通系统控制和交通行为控制中的交通进程与计算进程的关系。面向现代交通对安全、高效的控制需求，在电子技术网络空间中建立可计算的虚拟交通系统，借助交通系统运行的信息采集转化技术、交通计算信息的效用化手段等，实现交通与信息多形式、多层次、多时序的融合，构建信息主导、计算驱动的交通控制信息物理系统，使交通系统运行可控、可信、可靠。

本书可供交通管理与控制相关方向的研究人员和学者等参考阅读。

未经许可，不得以任何方式复制或抄袭本书之部分或全部内容。
版权所有，侵权必究。

图书在版编目（CIP）数据

交通控制信息物理系统导论 / 石建军等著. —北京：电子工业出版社，2022.6
ISBN 978-7-121-43528-7

Ⅰ.①交… Ⅱ.①石… Ⅲ.①交通信息系统－高等学校－教材 Ⅳ.①U495

中国版本图书馆 CIP 数据核字（2022）第 088208 号

责任编辑：朱雨萌　　文字编辑：赵　娜
印　　刷：三河市华成印务有限公司
装　　订：三河市华成印务有限公司
出版发行：电子工业出版社
　　　　　北京市海淀区万寿路 173 信箱　　邮编 100036
开　　本：720×1 000　1/16　印张：15.5　字数：298 千字
版　　次：2022 年 6 月第 1 版
印　　次：2024 年 1 月第 2 次印刷
定　　价：89.00 元

凡所购买电子工业出版社图书有缺损问题，请向购买书店调换。若书店售缺，请与本社发行部联系，联系及邮购电话：(010) 88254888，88258888。
质量投诉请发邮件至 zlts@phei.com.cn，盗版侵权举报请发邮件至 dbqq@phei.com.cn。
本书咨询联系方式：xuqw@phei.com.cn。

前 言

道路交通系统是人类建造的大型工程系统,承载了现代社会生产生活所必需的人、货物和车辆移动交流的重大需求。由于人的直接参与,在大型城市里,如果道路交通系统完全自由地运行,几乎没有安全与效率可言,甚至无法实现现代交通的功能。如何有效管理、干预和控制道路交通系统,使之安全高效运行,一直是交通及相关科学技术领域研究的重要课题。

智能交通系统的开发与应用,将先进的电子信息技术引入道路交通系统中,使得道路交通系统逐步具有了新的能力:智能———种对信息进行自动计算处理并使之发挥效用的能力。智能交通系统通过信息在交通系统中的广泛应用,提升各类交通实体内置品质,强化交通系统各种要素协作交互能力,消除交通系统信息孤岛,协同控制,使交通流量在道路系统中均衡分布,实现了大幅提升交通安全和通行效率水平的控制目标。

然而,当道路系统高强度使用、负载大幅度不均衡变化、突发紧急事件等情况出现时,智能交通系统只能为交通管理者提供和调度各种动态交通信息,起到辅助决策和快速发布执行决策指令等功能性作用。很明显,在大范围交通瞬息变化过程中,仅仅依靠人的决策能力是不够的,信息及其自动计算的作用不能被充分发挥,交通系统运行还是面临效率低下的问题,在比较极端的情况下,交通系统运行还面临崩溃和瘫痪的风险。

信息科学理论和电子信息技术的发展,为构建信息型可控、可信、可靠的道路交通控制系统,实现交通系统运行安全、高效管理与控制需求,提供了新的研究角度。

现代道路交通网络构造了一个四通八达、实实在在的用于交通运输的物理系统,用于人与物品的出行与运输;电子计算机及其通信网络构造了一个在世界范围内互联互通的通信网络,用于信息的流动、交换和计算。交通网络和计算机网络上都有"交通"(Traffic),前者是人、车、货等实体的运输流动,后者则是虚拟的电子信息交换流动。一个实,一个虚,但流动交换都带来价值提升,具有相似的价值增值规律。在交通中,人、车和物的交通运动产生大量信息,同样,安全高效的交通运输活动又高度依赖各种信息。交通系统中电子信息系统装置可以采集、传送交通系统运行产生的信息,也可以存储、计算、制造控制信息,并能调度这些信息,使之作用于交通系统的运行,提升交通系统安全高效运行的水平。实在的交通与虚拟的信息是无法分割的异构要素,如何面向交通系统运行遇到的各种复杂难题,将道路交通系统与电子信息系统通过计算、通信、控制等技术融合起来,构建面向安全与效率需求、信息主导、计算驱动的新型系统——交通信息与交通运行融合系统?

实现交通与信息高度融合,构建交通信息物理系统,不是简单地研发电子的信息装置并将其添加到交通系统中,或者开发和应用更多、更好的交通管理和控制软件产品;也不是简单地将最新的计算、通信、控制技术应用到道路交通系统。构建交通信息物理系统,首先要研究交通系统运行的基本信息规律、交通进程的受控规律和数据处理与信息计算的进程规律。其研究如何将交通信息及其计算进程与交通系统运行的物理进程进行融合,形成高度信息化的道路交通系统。在交通信息物理系统中,信息无处不在,且互联互通、无信息孤岛;计算无处不在,且在需要之处、需要之时;信息的效用实实在在,无论是在物理过程、系统过程,还是行为过程中。

交通信息物理系统是信息物理系统研究在交通中的应用,是关于构建信息型交通系统的理论与方法。与国家电网、大型土建基础设施等信息物理系统的应用相比,交通信息物理系统包含着更为复杂的交通行为问题。站在系统的角度研究交通,通常可以简化交通行为,在满足一定条件的前提下,这种简化并不影响对交通系统运行的描述。然而,交通系统运行不是单纯的物理运动,牛顿定律和能量守恒等定律无法完全准确地描述这个系统的运行规律。交通具有明显的行为特性,在许多复杂情况下,交通行为的特性根本无法被简化。重要的是,无论是个体还是群体,社会化的交通行为都是由信息主导的行为表现。这些行为是由各种思维活动驱动的，且行为进程与信息进程高度融合、协同：行为的每个进程细节之中都有信息的作用，所有思维成果都会以行为进程来表现，且当没有可用信息或信息质量较差时，行为进程会表现出更多的不确定性，行为效率下降。幸运的是，交通行为堪称信息进程与行为活动进程融合的典范，对行为的相关研究也可为交通信息物理系统研究提供重要参考。交通信息物理系统需要更多的信息、更强的信息计算能力，可以更充分地发挥信息效用，以达到更高的信息与交通融合水平。

本书面向交通系统运行面临的问题和管控需求，尝试从信息科学的角度出发分析交通系统，探讨信息计算与交通运行融合的机制，围绕交通科学理论，综合应用现代计算、通信和控制等技术，构建交通物理系统，使得交通运行更加安全、高效和节能。由于相关研究目前处于探索阶段，存在缺乏足够的数据或实验支持模型表达等问题，或存在观点和方法方面的争议，因此本书以导论为名，表述所做的探索研究为今后深入研究进行尝试。

本书第1章概述了信息物理系统相关理论及道路交通系统面临的问题与管理控制需求；第2章和第3章从信息角度讨论了交通信息物理系统的框架；第4章对信息计算进程与交通进程关系进行探讨分析；第5章探讨交通系统进程的信息描述方法——模型；第6章讨论面向交通管控的计算问题；第7章讨论了交通数据信息采集和处理；第8章具体分析了交通信号控制、交通系统控制等进程特征；第9章分析了交通行为进程的信息特性及行为控制方法。

本书第1~4章、第9章由石建军编写，第5章、第6章、第7章、第8章分别由吴旭、李鹏飞、陈阳舟、曹静负责编写。书籍撰写期间，得到北京工业大学城市交通学院多届研究生的协助，在此一并表示感谢。

石建军
于北京工业大学
2021年10月

目　录

第1章　绪论 ……………………………………………………… 001

1.1 信息物理系统的产生与信息特征 ……………………………… 001
 1.1.1 信息物理系统的产生 ……………………………………… 001
 1.1.2 人造大型工程系统的设计与运行管理 ………………… 003
 1.1.3 信息物理系统的信息特征 ……………………………… 004
 1.1.4 信息物理系统与电子信息技术 ………………………… 006

1.2 信息物理系统交通研究应用 …………………………………… 009
 1.2.1 信息物理系统研究面向应用 …………………………… 009
 1.2.2 交通系统运行面临的问题 ……………………………… 010
 1.2.3 交通对信息物理系统研究的需求 ……………………… 014

1.3 交通系统运行分析研究的角度 ………………………………… 015

第2章　交通系统与运行控制 ………………………………… 022

2.1 交通系统运行及控制 …………………………………………… 022
 2.1.1 交通系统运行与控制的关系 …………………………… 022
 2.1.2 交通控制面向的问题与目标层次 ……………………… 024
 2.1.3 交通控制的类型 ………………………………………… 025
 2.1.4 道路交通系统管理信息化 ……………………………… 026

2.2 交通系统控制论模型 …………………………………………… 028

2.3 交通控制信息论模型 …………………………………………… 034
 2.3.1 交通控制信息论模型描述 ……………………………… 034
 2.3.2 交通控制对象的信息特性 ……………………………… 037

第3章 交通信息物理系统架构 ……………………………………… 040

3.1 道路交通信息物理系统的构成 ……………………………… 040
3.2 交通控制信息物理系统 ……………………………………… 043
3.2.1 交通信息物理系统的特点 ……………………………… 045
3.2.2 交通控制信息物理系统模型 …………………………… 046
3.3 信息进程与交通进程的融合 ………………………………… 050
3.3.1 多源数据的融合 ………………………………………… 051
3.3.2 信息进程与交通进程编织融合方法 …………………… 052
3.3.3 信息进程与交通进程滚动融合方法 …………………… 055
3.4 交通信息物理系统评价 ……………………………………… 057
3.4.1 交通系统运行管控的评价角度 ………………………… 057
3.4.2 信息流动性指数 ………………………………………… 058
3.4.3 计算强度指数 …………………………………………… 060
3.4.4 融合度指数 ……………………………………………… 062

第4章 信息的概念与交通信息 …………………………………… 065

4.1 信息相关概念 ………………………………………………… 065
4.1.1 信息的一般定义 ………………………………………… 065
4.1.2 信息的基本特性 ………………………………………… 069
4.1.3 全信息的概念与构成 …………………………………… 071
4.1.4 信息量的表达 …………………………………………… 074
4.2 信息过程 ……………………………………………………… 076
4.2.1 基本信息过程 …………………………………………… 076
4.2.2 信息过程与系统控制 …………………………………… 078
4.2.3 信息过程与行为控制 …………………………………… 080
4.3 信息与智能 …………………………………………………… 081
4.3.1 智能的概念 ……………………………………………… 081
4.3.2 信息与自然智能 ………………………………………… 082
4.3.3 信息与人工智能 ………………………………………… 083
4.3.4 智能交通与信息 ………………………………………… 084
4.4 交通信息 ……………………………………………………… 086
4.4.1 交通信息普遍存在 ……………………………………… 086

  4.4.2 交通信息分类 ·· 087
  4.4.3 交通信息的特点 ·· 091

第5章　交通控制系统模型描述 ·· 094
 5.1 交通系统模型表达 ·· 094
 5.2 道路网络模型 ·· 096
 5.3 交通控制与诱导模型 ·· 101
  5.3.1 城市交通控制系统模型简介 ···································· 101
  5.3.2 城市交通诱导模型与主要算法 ·································· 103
 5.4 微观交通模型 ·· 104
 5.5 居民出行行为模型 ·· 106
 5.6 计算建模（仿真建模） ·· 109
  5.6.1 Modelica 语言的基本特征 ······································ 109
  5.6.2 OpenModelica 基本组成模块 ··································· 111
  5.6.3 交通信息物理系统单元模块实现 ································ 112
 5.7 模型算法及有效性分析 ·· 117
  5.7.1 模型算法 ·· 117
  5.7.2 模型有效性分析 ·· 120

第6章　计算与计算交通系统 ·· 123
 6.1 机器计算 ·· 123
  6.1.1 机器计算与计算水平 ·· 123
  6.1.2 电子计算机的发展 ·· 126
  6.1.3 计算能力 ·· 128
 6.2 云计算交通信息 ·· 130
  6.2.1 云计算技术 ·· 130
  6.2.2 交通云计算建构信息计算服务体制 ······························ 132
  6.2.3 交通信息云计算与交通进程融合 ································ 135
 6.3 计算交通系统 ·· 137
  6.3.1 赛博空间与交通 ·· 137
  6.3.2 计算交通系统的概念 ·· 139
  6.3.3 内化计算结构 ·· 141
  6.3.4 外化开放结构 ·· 144

6.3.5　计算交通系统应用 …………………………………… 148

第7章　交通数据信息 …………………………………………… 152

7.1　交通系统进程数据描述 …………………………………… 152
　　　7.1.1　交通进程时间参照数据 …………………………… 153
　　　7.1.2　交通进程地点参照数据 …………………………… 155
　　　7.1.3　交通进程事件参照数据 …………………………… 156

7.2　交通进程数据采集 ………………………………………… 160
　　　7.2.1　交通进程地点描述数据的采集 …………………… 160
　　　7.2.2　交通进程时间描述数据的采集 …………………… 162
　　　7.2.3　基于传感网的泛在化数据采集 …………………… 164

7.3　交通信息物理系统的信息提取 …………………………… 166
　　　7.3.1　交通信息物理系统中的数据处理 ………………… 167
　　　7.3.2　交通信息物理系统的信息需求 …………………… 170
　　　7.3.3　交通信息提取层次与方法 ………………………… 172
　　　7.3.4　交通大数据信息提取与计算 ……………………… 176

7.4　感知交通行为进程 ………………………………………… 177
　　　7.4.1　公共交通出行感知 ………………………………… 178
　　　7.4.2　驾驶行为进程感知 ………………………………… 181

第8章　交通控制系统信息进程 ………………………………… 183

8.1　交通信号自动控制系统 …………………………………… 183
　　　8.1.1　交通信号控制信息指令的建立 …………………… 183
　　　8.1.2　交通信号灯控制装置的信息分析 ………………… 185
　　　8.1.3　信号灯控制指令信息效用化 ……………………… 190

8.2　交通控制进程与信息进程融合 …………………………… 193

8.3　交通信号系统控制信息分析 ……………………………… 199

第9章　交通行为与信息进程融合 ……………………………… 203

9.1　交通行为主体信息特性 …………………………………… 203
　　　9.1.1　交通人信息特性 …………………………………… 203
　　　9.1.2　交通控制信息的行为控制 ………………………… 208
　　　9.1.3　交通控制信息对交通行为的控制作用 …………… 209

  9.1.4 交通指导信息对交通行为的控制作用 …………………… 211
  9.1.5 交通运行信息导致交通行为动态调整 …………………… 213
9.2 行为进程与信息融合的关系 ……………………………………… 214
  9.2.1 行为的重要信息特性 ……………………………………… 214
  9.2.2 信息过程和行为过程融合的层次 ………………………… 216
  9.2.3 社会行为的一般信息过程 ………………………………… 218
9.3 信息融合与交通行为控制技术 …………………………………… 219
  9.3.1 交通行为控制技术特征 …………………………………… 219
  9.3.2 不良驾驶行为控制与信息融合 …………………………… 220
  9.3.3 不良驾驶行为控制系统中的信息融合应用 ……………… 224
参考文献 ……………………………………………………………………… 230

第1章
绪 论

道路交通系统是人工建造的大型工程系统,支撑着人类最重要的社会行为——现代交通。对这样一个大型系统实施有效管理和运行控制是科学技术面临的重大难题之一。信息物理系统相关研究的发展,为实时监控、有效调整、动态控制道路交通系统提供了一个新的研究视角。与信息物理系统在其他领域的应用相比,道路交通系统及其运行具有明显的特点,需要有针对性地研究交通信息物理系统,特别是交通控制信息物理系统,探索实现高效、可靠、可信的交通控制的方法。

1.1 信息物理系统的产生与信息特征

对信息物理系统的研究来自两个方面的重大需求拉动:一方面是电子信息技术本身高速发展面临广泛应用的开发需求;另一方面是人类建造的大型工程系统运行遇到的诸多复杂难题,寻找应用信息技术的解决方案。

1.1.1 信息物理系统的产生

20世纪数字计算机、通信网络、传感检测等电子信息技术的发展彻底改变了人类生产、生活的方式,甚至进行科学研究的方式。这种情形进入21世纪以来继续强势扩展:通信网络无所不在,海量的移动生活用品、各类设备装置也可互联互通高速通信;数字计算可嵌入任何电子装置中,计算能力呈级数拓展,可

交通控制信息物理系统导论

全球连接、共享、协作形成巨大的计算空间；各类型传感器体积更小、精度更高、能耗更小，通信连接构成巨大的传感网络，等等。大有信息无所不在、通信无所不联、计算无所不能、数据无所不全、监控无所不及之势。然而，经常看到的现实却是：大量最先进的计算机信息系统、复杂电子装置和高速通信网络等信息技术被快速拿来应用，但大城市的道路交通依然拥堵不堪，国家级电网还很脆弱，各种大型基础设施仍然面临不同风险。显然，要使人类建造的大型工程系统高效、可靠、可信、可控地运行，绝非仅添加大量先进电子计算信息技术装置这样简单，而是对信息科学基础研究的全新挑战。这种挑战既来自信息科学技术发展和应用本身，也来自操控人类建造的大型工程系统运行的客观需求。

信息物理系统（Cyber-Physical Systems, CPS）是一种通过信息进程（或称计算进程）与物理进程融合，应用计算、通信和控制技术，使大型系统高效、安全、可靠、可信运行的系统构建方法和运行控制理论。

1948 年诺伯特·维纳（Norbert Wiener）借用 1845 年法国安培创造的新词"Cybernetics"命名当时新的学科控制论，发表控制论的奠基之作 *Cybernetics: or Control and Communication in the Animal and the Machine*（《控制论：或关于在动物和机器中控制和通信的科学》）。Cyber-取自 Cybernetic 的前缀，源自希腊语副词 Κυβερνητικός，意思是掌舵技能或操控技能，现多用于表达对系统运动或人类行为有影响（或控制、操纵）作用的"网络化的控制信息"的意思。Cyber 表达的是一种互联互通形成的信息"虚拟空间"，这个虚拟空间依赖电子信息系统及通信网络而存在，但不是电子信息系统及通信网络本身。相关研究中将 Cyber 译成信息，与物理（Physical）对应的表达，即信息与物理之"虚拟"与"实在"的对应表达，Cyber 与常用的 Information 一词不同之处在于其强调虚拟与作用。Cyber-Physical 还隐含信息与物理融合的意思，因此根据对 Cyber-Physical Systems 本义，许多中文文献译成"信息物理融合系统"，突出了融合，随着认知和研究的深入，逐渐不需要中文"融合"二字来表达概念的内涵。同样将 Cyberlization 称作"信息化"，但与现在常用的信息化（Informatization）表达的意思是不同的。Cyberlization 表达的是"以信息形式在虚拟空间中表达原型系统的关键品性"，含有"虚拟化表达"的意思。

CPS 的概念最早由美国国家基金委员会在 2006 年提出。2006 年 2 月，美国科学院发布的《美国竞争力计划》将 CPS 列为重要的研究项目。美国总统科学与技术顾问委员会（PCAST）于 2007 年把 CPS 作为网络与信息技术领域的第一项提案。2008 年成立的美国 CPS 指导小组在《CPS 执行概要》中，把 CPS 应用放在交通、国防、能源、医疗、农业和大型建筑设施等方面。欧洲联盟 2007—2013 年在 CPS 相关的嵌入智能与系统的研究与技术（ARTMEIS）上投入 54 亿欧元。除此之外，美国国家科学基金会（NSF）和欧洲第 7 框架（FP7）的大型科研资助计划，也都投入了大量经费。

从 2009 年开始，CPS 逐渐引起国内有关部门、学者及企业界的广泛关注和高度重视。《国家重点基础研究发展计划、国家重大科学研究计划 2010 年重要支持方向》中包含了"物联网的演进"（Cyber-Physical Systems）。2010 年 1 月，国家 863 计划信息技术领域专家组在上海举办了"信息物理融合系统 CPS 发展战略论坛"，探讨了 CPS 科学基础及其关键技术、国民经济领域 CPS 应用系统示范及国家急需的 CPS 应用系统战略布局，并就 3G 网络与 CPS 融合、智能电网的 CPS 应用、CPS 技术发展与智能交通、CPS 技术在数字医疗、数字农业、公共安全等领域的应用进行了研讨。

本书重点探讨信息物理系统应用于道路交通系统管理与控制相关理论和方法。

1.1.2 人造大型工程系统的设计与运行管理

信息技术的发展极大地拓展了人类获取知识及综合应用各种工程技术成果的能力，使我们能够根据需要建造更加庞大的工程系统，如国家电网、跨海大桥和隧道、道路交通系统等，这些系统也可称为大尺度工程系统。这些系统物理尺寸庞大，构成要素海量、繁杂，结构异化、易变，管控目标常有矛盾，运行环境复杂多变，人-机协同关联稀疏，系统进程尺度跨越大，系统运动表现与人类社会行为互相混杂……这些特点使大型工程系统运行已经远远超越人（管理者、科学家）所能直接掌控的范围。更为严重的是，这些系统的常态运行已成为现代社会生活的基本需求，系统越来越难以驾驭，低效运行、瘫痪风险、资源消耗、环境污染和安全隐患等问题严重威胁到社会运行的平稳与和谐。

大型工程系统的设计和建设本身就是复杂系统工程和创造过程，业主

（政府）和设计者更多地关注所建造系统的功能、结构、寿命等系统工程属性，并不关注系统建成后所面临的运行复杂的问题，更不会站在信息应用的角度设计建造大型工程系统。

现在大型工程系统的管理广泛采用自动化与信息技术。得益于电子计算机技术的成就，管理者将大量的计算机系统、通信网络、传感器、执行器装置等电子设备应用到大型工程系统中，以加强对整个系统的自动监控，提高系统的运行效率。然而，当系统高强度使用、负载大幅度不均衡变化、突发紧急事件聚集等情况出现时，这些电子信息技术系统只能在管理者的调度下起到临时补救作用，无法发挥更大的作用，系统的运行还是表现为效率逐步低下、不稳定，系统崩溃和瘫痪的危险如梦魇一般挥之不去。

从目前情况看，大型工程系统设计主要针对系统的物质和能量结构框架进行统筹，并不涉及系统高效率运行依赖的信息框架。这就导致大型工程系统建成后，其运行管理与控制主要是围绕所遇到的具体问题对症下药，添加先进的电子信息装置来改善其运行效果，不可能根据系统运行的信息框架来调整系统的体系结构，使信息在系统运行进程中发挥能动作用。这样的系统设计与管控往往达不到预期效果，无法解决系统结构性问题。

如何将高速发展的信息技术应用到大型人造工程系统的设计、管理与控制中，使系统高效、安全、可信、可靠、稳定地运行，是现代科学理论和技术面临的重大挑战。如图1-1所示为信息系统与物理系统功能交互示意图。

1.1.3　信息物理系统的信息特征

系统论认为，任何系统（包括生物系统或生物个体）均由物质、能量和信息构成，且三者在系统构造中相互依存，同样重要：物质决定存在、能量驱动运动、信息指导（Steering）运动方向。其中信息是灵魂，是大系统千变万化的根本。

纵观人类的科技发展，实质上经历了物质发展、能量发展和信息发展三个重要阶段。"石器时代""青铜器时代"以材料物质应用水平作为古代科技的发展标尺；"蒸汽机时代""原子能时代"以能量获取应用水平表达近代科技的发展水平；"信息时代"则是人类现代科学技术发展的重要标志，是物质、能量发展之后又一科技发展的新时代。信息获取和应用使得人类能够更为深刻地认识大自然各种规律，产生远比物质能量时代更大的科学进步。电子信息系统技术的发展应用，充分证明了这一点。人们享受信息技术给生产、生活和学习带来的巨大便利，创造更美好的世界。

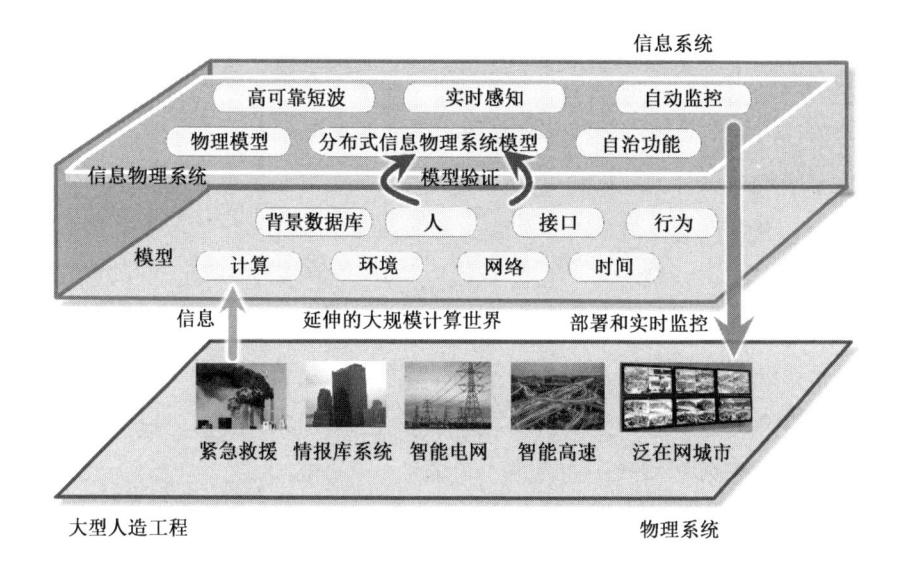

图 1-1　信息系统与物理系统功能交互示意图

但不可否认的是，与物质、能量相比，人类对信息本身的科学概念和基本规律的认识显得十分简单、原始和粗糙，基本处于感性认识水平。

信息物理系统体现了不同学科方向的科学家努力探索信息本质、应用信息改善大型人造工程系统运行效率的科学研究的殊途同归。在形式上，信息物理系统研究试图建造一种计算（信息进程）和物理进程高度融合的统一体，应用计算、通信与控制等技术方法构建下一代智能系统，理论本质上却是对信息的科学理论与应用的深刻探究。

尽管对信息物理系统的研究最初源于电子信息技术高速发展所带来的"技术势能"，如嵌入式计算、通信网络、物联网应用、云计算等技术的兴起，势必要应用到解决具体工程问题中。但是，超前发展的单项信息技术解决实际复杂问题的能力却是有限的，面对大型人造工程系统（如城市交通系统）所遇到的问题更是无从下手。显然，有效解决大型工程系统的复杂问题不是简单的电子信息技术的开发和应用过程，而是要进行广泛深入的系统与信息基础研究。

另外,对信息物理系统相关研究的牵引推动来自大型人造工程系统高效可靠运行、社会运行安全管理等对信息应用的重大需求。例如,道路交通系统通常是由成熟的工程组件所构造,由巨大的汽油能源消耗所驱动,相比之下,交通信息对这一系统高效运行的调节作用不能充分发挥,成为道路交通系统构造的短板,因而客观上需要从信息基础上进行研究,构造交通与信息高度融合的道路交通系统,指导信息技术和产品装置在系统中的合理应用。

信息物理系统相关理论和方法应用不限于电子信息系统,还可应用于大型工程系统,甚至人类行为系统和社会系统的构建和组织。这些系统在构造上差异巨大,但是其运行都离不开信息,因而对信息的研究就成为重点。信息科学试图揭示信息基本规律和原理,并不关心信息在哪些系统中以何种形式表现,是信息物理系统研究的基础。只有依赖信息科学揭示的信息基础科学理论,信息物理系统才有可能根据大型工程系统运行面临的问题,将信息进程与工程系统的物理进程融合,通过计算、通信和控制有机融合深度协作,实现对大型工程系统实时感知、动态控制和信息服务,拓展大型工程系统动态响应范围,应对高负荷和突发负载,使之高效、安全、可靠地运行。

1.1.4 信息物理系统与电子信息技术

电子信息技术创立与广泛应用开发始于 20 世纪,在 21 世纪得以高速发展。电子信息技术的广泛大规模应用已经从工业生产自动化设备、装置与系统延伸到人类社会生活的细节之处,其功效不只是提高自动化程度和社会生产效率,而是正在逐步影响人类生活的方式,甚至影响现代社会的发展。对应到交通中的应用,电子信息技术的应用已不再局限于在道路交通系统中安装信号控制装置和交通信息装置,实际上道路交通系统中几乎每辆车、每个出行者都拥有了先进的电子信息装置,信息已经融合渗透交通进程的每个细节。电子信息正在悄悄但是深刻地改变着道路交通系统和人的交通出行。

信息物理系统发展首先是由电子信息技术高速发展引导的,因而研究开发首先围绕相关信息技术。信息物理系统首先是一个综合计算、网络和物理环境的多维复杂系统,通过 3C——计算(Computation)、通信(Communication)和控制(Control)——有机融合深度协作,实现大型工程系统的实时感知、动态控制和信息服务，如图 1-2 所示。

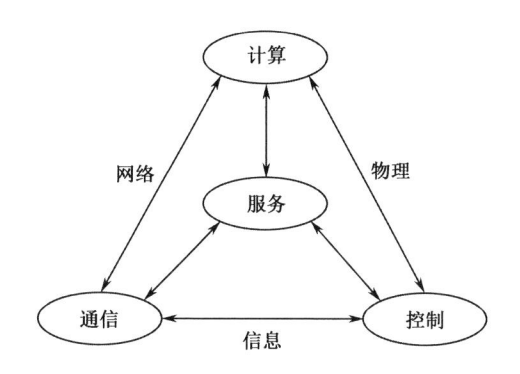

图 1-2　信息物理系统与 3C 技术应用示意图

随着对 CPS 研究的深入，有学者提出将 3C 的核心概念逐步向"5C+5Any"的核心概念转换，5C 分别是融合（Convergence）、通信（Communication）、计算（Computing）、连接（Connectivity）、内容（Content）；5Any 分别是任意时间（Any Time）、任意地点（Any where）、任意服务（Any service）、任意网络（Any Network）和任意对象（Any Object）。通过人机交互接口的实现和物理进程的交互，使用网络化空间以远程的、可靠的、实时的、安全的、协作的方式操控一个物理实体。

信息物理系统的意义在于将物理设备联网，特别是连接到互联网上，使得物理设备具有计算、通信、精确控制、远程协调和自治 5 大功能。本质上说，信息物理系统是一个具有控制属性的网络，但它又有别于现有的控制系统。通常所说的控制是系统之间不对称的相互作用，现有的控制系统通常由控制器和被控制对象组成，是封闭的系统，面向有限的工业控制问题，信息的流动封闭，范围有限。而信息物理系统则把通信放在了与计算和控制同等重要的地位上，信息物理系统强调的是分布式计算和协同，电子信息计算设备之间的协调是离不开通信的。

初期相关研究认为，信息物理系统深度结合嵌入式实时系统，集传感、控制、计算及网络技术于一体，通过网络将信息系统与物理系统连接在一起，构成一种大型的、异构的分布式实时系统。因而，从电子信息系统的视角，面向装置、功能、模块和构件将信息物理系统进行了层次划分，主要包括感知层、网络层、认知层和控制层。

（1）感知层由传感器等感知设备组成，负责探测、感知物理世界的某些物理属性，如交通路网流量、路口排队长度、交通出行延误、环境污染参数等，实现多感知器协同感知物理进程状态。

（2）网络层连接信息空间与物理空间的各种对象，实现数据交换，支持协同感知和协同控制的 CPS 实时网络，为系统提供实时网络服务，保证网络信息的实时传输。

（3）认知层通过对感知数据的处理、计算、分析和推理，正确和深入地认识物理进程。该层分为认知逻辑层、管理逻辑层和认知适配层 3 个子层。

（4）控制层也叫应用层。控制层根据认知层的认知结果，计算控制策略，发布控制指令，远程指挥各个物理设备终端协同控制物理进程，形成反馈循环控制系统。当物理进程的被控制量偏离规定值时，CPS 自动产生相应的控制作用消除偏差。

在实际应用环境中，信息物理系统通过感知智能设备获得客观世界事物的信息，并对感知到的信息进行分析和智能化处理，与通信对象进行交互，完成与应用相关的任务。其中，大量的传感器以无线通信方式协同完成对物理环境或物理对象的监测感知，传感器网络对感知数据做进一步的数据融合处理，将得到的信息通过网络层的基础设施传递给应用层，决策控制单元与执行器通过网络化分别实现协同决策与协同控制。

信息物理系统首先在国家主要工业领域得到应用，包括汽车、电力、水资源、航空航天、国防、工业自动化、健康医疗设备等。例如，在未来的机器人足球比赛中，当某个机器人准备传球时，它会收集每个同伴自身的和检测到的信息，然后通过计算得出一个最佳传球方案，并且将该方案传给所有队员，让队员们配合这个传球过程，通过这种方式可以提高整个球队的水平。实际上，这种方式也可以应用于交通中，道路上的车辆之间通过通信和计算得出最佳行车路线，并避免各种交通事故；同时也可应用于电力系统中，各个站点通过信息传递从而动态调整负荷，避免大规模级联故障，保障电网安全等。这些系统的运行其实就是复杂网络的动力学过程，只不过这些过程集合了复杂网络中的信息传播、同步、博弈等多种动力学过程，因此研究的内容更加复杂，具体的研究内容有很多,如系统规则(或协议)的制定——如何制定规则才能使系统在最短的时间内达到最佳状态,此外还可以研究各种外界因素是如何影响系统运行的等。信息物理系统在这些与电子信息系统密切关联的系统上的应用研究,为其应用到更为复杂的交通系统上探索了基本方法和基本理论。

道路交通系统比其他一些大型工程系统更为复杂,最直接和明显的原因是有人的直接参与。这使得道路交通系统兼具大量特殊的系统特性,因此,有必要以道路交通系统运行面临问题和相关需求作为研究导向和拉动,并展开交通信息物理系统研究。

1.2 信息物理系统交通研究应用

1.2.1 信息物理系统研究面向应用

从目前电子信息技术高位发展的层面看,信息物理系统概念体提出有其必然性,迎合了社会发展的需求。面向大型人造工程系统设计和系统构造,从实现对系统运行实时可靠、精确控制出发,通过计算与物理进程的融合度来提供可靠、安全、抗毁、可验证的系统解决方案。在宏观上,信息物理系统是由运行在不同时间和空间范围的分布式的、异步的异构系统组成的动态混合系统,包括感知、决策和控制等各种不同类型的资源和可编程组件。另外,国家级大型电网、大型隧道、长型跨海大桥,也包括道路交通系统,面临的运行低效、管理风险都对电子信息技术有强烈的应用需求,这些需求不是系统建设或运行时遇到实际问题时的补丁式信息设计,而是结构式设计需求,即在进行系统物理设计(Physical-design)的同时进行系统的信息设计(Cyber-design)。

所以,信息物理系统体现在信息技术层面,设计布局无处不在(但只在需要之处)的环境感知、嵌入式计算、网络通信和网络控制等技术系统工程,使物理系统具有计算、通信、精确控制、远程协作和自治的功能。它注重计算资源与物理资源的紧密结合与协调,在环境感知的基础上,深度融合计算、通信和控制技术,形成可控、可信、可扩展的网络化电子信息设备系统,将计算能力融入物理系统,实现计算进程和物理进程深度融合,以此增强或扩展新的功能,以安全、可靠、高效和实时的方式检测或控制一个物理实体。

对信息物理系统研究起源于信息新技术的高速发展，以及如何更好地应用这些信息新技术解决复杂大型工程系统面临的复杂问题。例如，如何将先进的电子信息技术应用到道路交通系统，解决后者面临日益严重的安全、效率问题。随着研究的深入，出现了这样一个问题：将大量最先进的信息技术加入交通系统中就能很好地解决这些交通问题吗？答案很显然，简单堆加应用信息领域高新技术装置根本无法解决复杂的交通问题。

因而，信息物理系统首先是对于大型人造工程系统关于信息规律的理论研究，其次才是关于电子信息技术应用方法、工程系统信息设计方案及电子设备装置设计布局应用的工程解决方案研究。

实际上，现代信息科学与技术是发展最快的领域，因此会形成对其他领域的超前带动作用。例如，信息科学理论启发工程师去审视道路交通系统面临拥堵、低效等严重问题是否是信息流动不畅或信息应用不到位造成的，如何设计信息型道路交通系统，以及先进电子信息技术应用如何提升道路交通系统能力。

进一步应当看到，解决无人飞机操控、车辆自动驾驶、生命保障系统、大型城市道路交通控制等关键系统的复杂难题，将电子信息技术堆叠嵌入这些物理系统并不难，困难的是如何面向系统问题进行计算并给出解决方案这一信息计算进程。这里所说的计算不是简单的加减乘除、计数、求和、平均的算术过程，而是复杂的信息处理、模型求解、仿真优化、决策执行的过程。这就需要深入研究无人飞机操控、车辆自动驾驶、生命保障系统和大型城市道路交通控制关键系统特性、基本运行规律和系统环境的关系，以及信息在各种系统运行中的效用（施效）机制。这显然超出了信息科学与技术研究的范围，而是各种不同工程系统的理论研究和技术开发的内容。

1.2.2　交通系统运行面临的问题

交通出行是现代社会生活中不可缺少的一部分，没有人可以离开交通而生存于现代社会，也没有商品能够不需要交通能实现其价值，道路交通系统运行自然就成为最重要的社会活动。所谓交通就是人和货物在道路上有目的地移动，是一种社会行为表现。现代交通的基本特征是广泛使用机动车作为交通工具。在经济高速发展、规模不断扩大的城市里,尽管道路占用的土地等城市资源越来越多,人和物的交流越来越频繁、机动车猛增导致交通拥堵、交通事故频发和交通环境恶化等交通运行问题还是日益突出。道路交通系统要素众多、结构复杂、规模巨大,运行起来的景象更为壮观。但是在这个系统运行中,经常发生许多问题,严重困扰着系统运行的安全和效率。

从宏观角度看,道路交通存在着矛盾的两个方面:一是道路交通只是社会或城市生活的一部分,分配给道路交通的土地、能源、空间等资源是有限的,不可能通过占用更多的资源来无限制地扩大道路宽度、增加里程来拓展交通供给来改善交通状况。二是随着生活水平的提高和商品流通的增加,对交通出行在质量上的要求也越来越高,这是社会发展进步和人们生活水平提高的必然,不可能通过抑制这种需求来改善交通状况。这就决定了道路交通系统是一个运行在有限空间的系统,矛盾、冲突、困难、问题不可避免。归结起来,供需的不平衡导致了交通系统存在交通安全、交通效率和环境与能耗问题。

1. 交通安全问题

解决交通安全问题,就是在对道路交通事故进行充分研究并认识其规律的基础上,由国家行政机关根据有关法律、法规和标准规范,采用科学的管理方法,在社会公众的积极参与下,对道路交通系统的人、车、路、环境等各要素进行有效的组织、协调、控制,以防止事故发生,减少死伤人数和财产损失,以道路交通安全畅通为目标的管理活动。它规范了道路交通行为,保障了道路交通安全,改善了道路交通畅达性,稳定了社会秩序。

2. 交通效率问题

造成城市交通效率低下的原因有很多,如城市交通基础设施建设速度远远跟不上交通需求的增长速度、城市规划和土地利用不合理、路网规划不完善、城市公共客运发展滞后等。适时地对驾驶员进行引导式的行为控制,是提高道路交通系统运行效率的基础之一。

3. 环境与能耗问题

相关研究表明，交通部门的碳排放量占全球碳排放总量的 25%左右。发展低碳交通发展对于缓解交通堵塞状况，节约城市地面空间，改善大众健康状况等都有着积极的作用。

从保护环境、降低交通碳排放的角度出发，控制交通出行总量，通过技术、管理、政策等手段控制交通需求的增长是手段之一，通过相应的行为控制方法，有效控制小汽车的总量和使用频率，提高城市交通资源的利用效率，降低城市交通碳排放水平。

4. 交通问题的具体表现

交通问题的具体表现主要体现在以下几个方面。从信息应用角度观察，许多交通问题与信息作用有着一定关系。

1) 道路拥堵

随着交通的发展及供需情况的变化，局部道路、部分时间内经常会出现一定程度的交通拥堵现象。这种现象在大城市的交通运行中较为常见。交通拥堵一般发生在通行瓶颈区域，如交叉口、高速公路出口处等位置；发生在交通需求较大的集中时段，如早晚高峰时段。如果从城市道路网络流动性看，造成拥堵的主要原因是路网上的交通量不均衡，使得一些道路上的车辆接近道路饱和程度而发生拥堵，而另一些道路上的车辆却较少，十分畅通。究其原因就是信息不畅：驾驶员不知道哪些路段畅通无阻。因此，需要借助交通信息进行调节，如通过区域交通信号等配时调整，借助可变信息标志装置发布实时路况信息、车载行驶路径诱导等措施来均衡路网交通流量，缓解局部交通拥堵。

2) 交通瘫痪

城市路网发生大范围交通拥堵，车辆无法通行且没有路径可选，此时表现为交通瘫痪。导致交通瘫痪的原因通常是交通量超出路网承载能力，如雨雪等恶劣天气导致道路通行能力大幅度降低，停电导致交通信号灯失效等。因此，这种情况下，首先通过交通信息发布阻止交通流量继续增加，可以通过信号灯等控制方式限制外围车辆进入瘫痪区域，增大拥堵区域出口的通行能力，利用信息疏导拥堵区域的车辆快速离开瘫痪区域。

3) 通行混乱

通行混乱主要是由于机动车辆对于通行权的争夺而导致的秩序混乱，也有人、车混行，机动车、非机动车的混行争夺通行权所造成的混乱。通行混乱主要因为相关控制信息措施不明确、无效。即交通工程硬件设施可以有效隔离通行空间，消除混乱，而交通法律和管控信息措施无法有效隔离通行空间，消除混乱。

4) 交通突发事件和交通事故

交通需求突然增加或道路能力的突然降低，构成了影响交通运行的突发事件。突发事件具有时间和空间上的随机性，同时影响范围无法直接确定，发展态势也无法预测。交通突发事件导致大范围车辆延误，使得出行者无法按时到达出行目的地。导致交通突发事件的原因往往不能被提前发现，同样的原因是否能够成为造成交通拥堵的突发事件经常无法事先确定，只能在发现交通突发事件后，采取措施，快速启动交通控制预案，在时间和空间上减少突发事件对道路交通所产生的影响。

道路交通事故是无法避免的，且发生的时间和地点无法预知。交通事故除导致生命财产损失外，还会对道路交通产生影响，特别是发生在交通流量较大的时段和地点，对道路交通有显著影响。虽然无法彻底消除交通事故的发生，能在发现交通事故的第一时间，迅速启动相应交通管控应对措施，也可以减少对交通的影响。交通事故排除得越早，影响道路范围就越小，影响车辆就越少。自动探测发现交通事故、传递事故信息，是典型的信息获取和信息流动问题；而应对交通事故，自动调整交通控制方案，发布实时诱导信息，则是信息计算和决策过程。

5) 个体行为与群体交通违法行为

个体行为与群体交通违法行为降低道路交通运行效率，也可能造成交通事故，引发交通拥堵。导致交通违法行为原因很多，广泛涉及目的、动机、认知等诸多方面。信息对违法交通行为具有调节作用，改善违法行为的信息反馈作用，可将交通管理措施提升为交通行为控制的手段。交通信息系统对检测到的违法行为进行快速提示、警告、反馈（光亮、颠簸、震动、气味），可抑制违法交通行为的发生。

6) 交通能耗与排放增加

导致交通能耗与排放增加的直接原因是道路交通拥堵和低效运行。同时，不合理的出行方式选择、不科学的交通组织、不完善的道路交通基础设施都在宏观层次上加剧了道路交通系统运行的二氧化碳排放。在引导人们选择便捷高效的公共出行方式，优化公交车辆线路配置，完善道路交通基础设施的软件设施等方面，都离不开信息的广泛、精细应用。

1.2.3　交通对信息物理系统研究的需求

交通系统面临的诸多现实与发展问题，可研究借助信息物理系统的理论和方法探索全新的系统性解决方案。反过来，解决交通系统问题的需求也对信息物理系统本身的深入研究产生了强大的驱动力，并提供了研究应用验证的工程领域。综合起来，交通对信息物理系统研究应用的需求如下。

（1）面向交通系统运行存在的现实复杂问题，探讨系统建构层面上的信息解决方案。

（2）面向交通系统发展面临的重大难题，设计极富信息弹性的交通系统。以智慧出行和自动驾驶为代表的交通发展方向，是一段时间内科技交通面临的重大难题，这些难题的核心同样是信息和应用的复杂问题，不是某一些信息技术或简单方法就能够给出有效解决方案的，需要以信息与系统融合构造的体系化基础研究为基础，探讨解决信息深度应用的路线图和设计解决方案。

（3）在交通系统中系统地充分应用电子信息技术最新成果。在信息时代，电子信息技术持续突破、高速发展，为交通系统升级换代带来更多机会，也为信息物理系统研究应用带来了挑战和困难。交通信息化已经不能满足于简单地往交通中增加新开发出来的电子信息技术装置设备。交通系统在建构设计时就应面向信息，构造信息型交通系统框架，为电子信息新技术提供发挥作用的空间，为交通系统服务。

（4）充分应用电子信息网络构造的虚拟空间。电子信息网络实现了信息交互，机器计算资源、数据存储资源、交通实体与硬件设备通信联通等软资源开放；构建交通虚拟空间，并映射交通系统各种要素实体、属性特性、运动交互机理等，实时接入交通数据，构造可运行的虚拟交通系统；调度各种智力资源，激活创新动能，增加应用、开发、收益等社会科技生活的活力。

（5）为信息与控制相关科学理论在交通中的应用建造开放、安全的系统平台。

（6）构造信息型道路交通系统，与信息条件下的社会同步持续发展。在已有研究成果的基础上，从信息角度出发，观察分析交通系统构造及其运行调节机制，研究、设计、开发一种将信息融入系统构造与运行机制中的信息交通系统，实现交通的安全、可信、可控、高效发展。

1.3 交通系统运行分析研究的角度

交通管理者、工程师及饱受交通拥堵之苦的出行者，都在探索解决道路交通系统运行面临问题的方法。大量的交通科学研究项目分别从交通工程学、系统论、管理学、智能交通系统，包括本书讨论的信息物理系统等不同方向和视角，对道路交通系统运行进行了诸多深入的研究。

1. 交通工程学对交通系统运行的研究

交通工程学认为道路交通系统是由"人-车-路"构成的，交通系统运行就是人和车在道路上的流动。

交通工程学主要从道路工程发展而来，对道路交通系统运行的研究从道路这个工程系统应用出发，从系统的成分、内容、构造、变化角度，研究道路系统中的物理运动问题，如道路网构成、道路通行能力、车辆行驶速度、路口通行延误和冲突等。在交通工程学研究中，尽管将人（出行者）单独看成一类要素，但当对交通系统运行研究时，往往简化人的行为特性和信息特性，重视对人的物理运动特性研究，甚至直接将人（驾驶员）结合到机动车单元中研究车辆运动，以可观测车辆运动物理量的统计规律代替对人的行为特性和信息特性研究表达。图1-3显示了交通工程学研究交通系统运行的角度和内容。

很显然，交通工程学对交通系统运行的研究简化了行为，忽略了信息，仅从工程、物体相互作用、路网人流、物流等角度研究日益复杂的道路交通系统运行，尽管把握了其系统运行基本的、宏观的规律，却无法从根本上解释交通系统运行中遇到的诸多复杂问题，无法破解交通系统运行面临的问题。

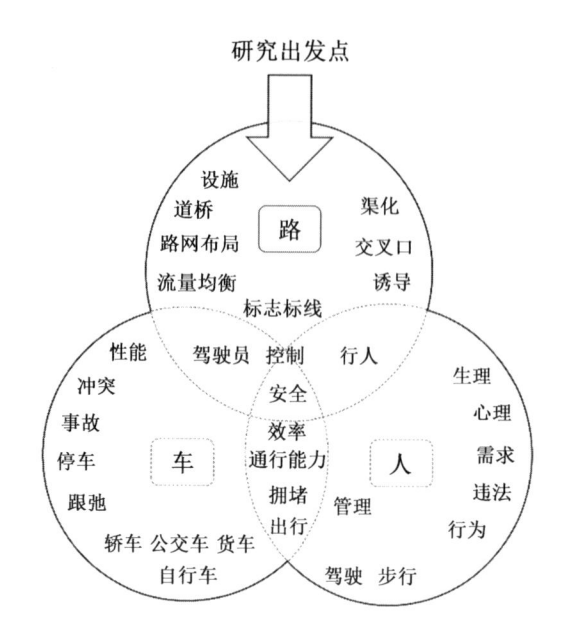

图 1-3 交通工程学研究道路交通系统运行的角度和内容

2. 系统论对道路交通系统运行的研究

系统论是关于系统的一般理论。该理论认为系统由物质、能量和信息组成，道路交通系统也不例外。系统论中的系统要素以一定结构形式构成具有特定功能的有机整体，对于系统的研究多从个体、联系、整体等角度入手。对于道路交通系统的运行，道路系统可以看作静止的平台，是系统整体的框架；人和车是系统运行的两类动态主体；"人-车-路"三类物质要素之间的联系作用，涉及物质作用、能量作用和信息作用三种方式。

系统论从系统构成、运动、信息等角度对道路交通系统运行进行系统分析和研究：研究道路交通系统各类要素构造的关系层次、相互作用关系规律；研究交通控制系统运行输入与输出之间的动态关系；研究交通大系统的稳定性、快速性、准确性、能控性、能观性等多种系统的运行特性；研究交通系统运行规律的模型建立、参数标定，以及交通信息的检测、处理、反馈、执行等调节过程。如图 1-4 所示。

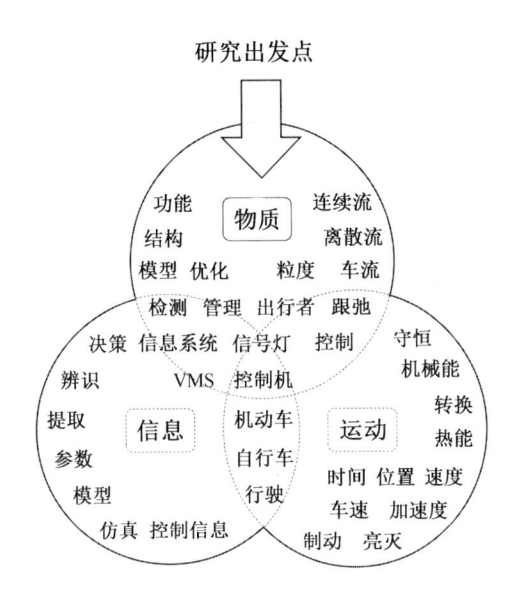

图 1-4 系统论研究道路交通系统运行的角度和内容

系统论认为信息在道路交通系统运行中起到关键作用。道路交通系统不是单纯地由物质构造的系统，这个系统的运动也不仅仅由能量驱动，信息在这个系统的构成和运动引导中起到重要作用。例如，现代交通系统中的重要构成要素——机动车辆，除拥有安全可靠的车体和大功率的发动机外，还拥有先进的电子信息装置，且信息化、智能化、自动化的水平会越来越高；道路上的交通设施除了标志/标线/标牌等静态信息装置，还安装了信号灯、VMS 等网络化的电子信息系统。道路交通系统的运行是物质、能量和信息相互作用的过程。

尽管系统论从系统运动角度出发研究道路交通系统的运行，也重视道路交通系统运行中信息所起到的作用，但对于道路交通系统运行的研究，系统论从交通运行角度研究信息，而且经常将信息流动在交通控制设施（物质形态）与人（生物形态）两类要素之间断开，或者将信息作用于物质系统的机制应用到人的身上，或者直接简化了人的信息感知、处理和应用能力，将复杂的行为简化成信息作用下的运动。这样只能近似描述道路交通系统的运行规律，很难揭示导致复杂交通难题的原因。

3. 管理学对道路交通系统运行的研究

道路交通管理学是研究道路交通管理的特点和规律的一门科学，是运用法学、教育学、技术科学、现代管理科学及相关学科的原理与方法，研究道路交通管理主体、客体及由它们构成的有机整体的运行特点和规律，寻求道路交通管理科学化、现代化、法制化、社会化建设的科学途径，从而达到保障交通安全与畅通及降低事故和节省能源的目的。道路交通管理学的核心内容是"管理"，主要涉及交通管理的理论、原则、依据、方法、手段及各种行为规范和技术规范。因此，管理学的视角认为道路交通系统由人、物和管理制度组成。管理学以制度作为研究道路交通系统运行的出发点，道路交通管理就在于协调道路交通系统中的诸要素，通过相关管理制度的制定和实施来协调人-人、人-物、物-物关系，保障交通系统有效运行。由于人有高度依赖信息的特性，因此，管理必须通过信息系统有效运行来控制道路交通系统中的人、物的发展变化，而系统运行状态的有序度也通过信息量表现出来。所以，管理学以信息为联结要素，研究协调交通系统运行中的人、物和管理制度制约作用，如图1-5所示。

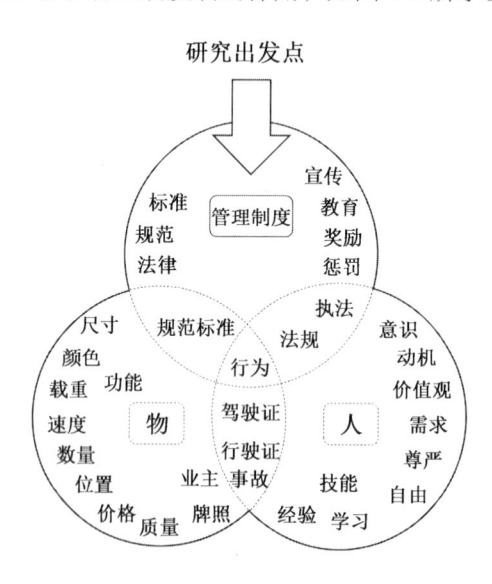

图1-5 管理学研究道路交通系统运行

交通管理是建立在信息基础上对交通系统本身和系统运行进行调节的过程，这个过程相对较为稳定，主要通过管理者（人）来具体实施，这就决定其对交通系统运行的调节作用局限于管理者的信息处理能力范围内。

4. 智能交通系统对道路交通系统运行的研究

一般认为，智能交通系统（Intelligent Transportation System，ITS）是将先进的传感、控制、通信和计算机等电子信息技术装置集成运用于整个交通运输管理体系，而建立起的一种在大范围内、多方位发挥作用的高效率综合管理系统。

ITS 源于 20 世纪 90 年代计算机、通信网络、传感技术等电子信息技术高速发展产生的应用拉动。这个时期人们能够非常方便地借助全新的电子信息产品和技术实现对交通数据的采集、处理、分析，实现了基于模型描述、仿真优化的控制决策计算的自动化，交通信息计算和应用水平显著提高。其特征表现在对道路交通系统运行的干预，由简单局部信号灯的"自动控制"发展成大范围复杂应用信息的"智能控制"。

智能是指信息自动处理能力，可以理解为获取、处理信息，并自动制备和应用有效信息实现目标的综合能力。智能交通系统应用数字计算机等电子信息系统可大幅度提高综合处理交通信息的能力，实现针对交通系统运行遇到的各种问题的解决方案，获取、处理交通信息，具有自动制备与应用交通管理和控制信息的能力。

智能交通系统以广泛使用先进信息技术产品，实现信息获取、计算和应用综合能力的提升为出发点，强调和突出信息在系统运行干预调控中的核心作用，并据此研究道路交通系统运行及其控制方法。智能交通系统相关研究开发将先进电子信息技术带入道路交通系统的运行中，使后者有了基于信息计算的智能。智能交通系统研究道路交通系统运行如图 1-6 所示。

很明显，智能交通系统的重点在交通信息自动处理能力的提升上。智能交通系统中的交通信息仅限于数字化的电子信息——它们在电子信息系统中依赖传感器、计算机、网络、机电一体装置进行处理、通信和施效。但在交通系统运行中，信息绝不仅存在和流动于电子装置与系统中，而且广泛存在于交通工程装置上，交通工具中，或出行者的感官、大脑中，信息只有在这些交通系统的不同要素之间流转、施效才可发挥更大的作用。这已经超出了智能交通系统研究的内容。

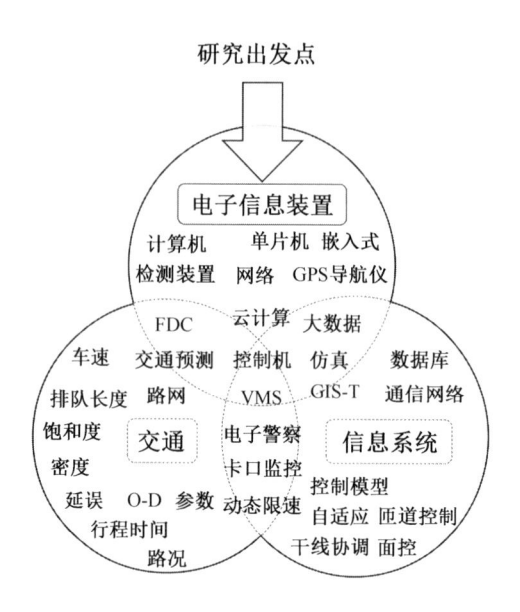

图 1-6 智能交通系统研究道路交通系统运行

5. 信息物理系统道路交通系统运行的研究

从信息的角度观察道路交通系统运行，可以发现，无论是其中的物理系统，如路桥设施、各种车辆、交通控制装置、电子计算机、交通标志/标线/标牌、机动车载导航仪等，还是道路上进行交通活动的人的大脑，都有信息的影子。更为重要的是，在交通系统运行中，信息是各种交通系统构件之间交互作用中最为活跃的要素，离开了信息，道路交通系统根本无法运行。甚至可以说，信息及其交互作用是道路交通复杂多样性的根本原因。反过来，信息调节作用也是实现交通系统运行更加高效、可靠、安全运行的重要调节手段。信息是人或计算机系统可以有效设置、调度、调整、配置的最灵活的要素之一。

道路交通系统由物理系统和生物个体（人）两大类要素构成，这两类要素在信息处理方式、处理水平和信息发挥作用的方式等方面存在巨大的差异。与道路交通系统中人的智能相比，智能交通系统的智能水平较低，智能交通系统面向解决问题的信息自主计算和制造能力远低于人。因而，提升交通系统中的电子信息系统计算能力，提升自主解决交通系统运行中遇到的各种问题的能力，是构造信息型道路交通系统的关键。

从信息角度研究道路交通系统运行及破解面临的相关难题，要建立在信息科学与技术高度发展和交通运输学科快速发展的基础上。交通信息物理系统面临更为复杂的信息进程与交通物理进程、交通行为进程融合的问题,面临着更为复杂的交通系统运行控制和交通行为控制问题,如图1-7所示。

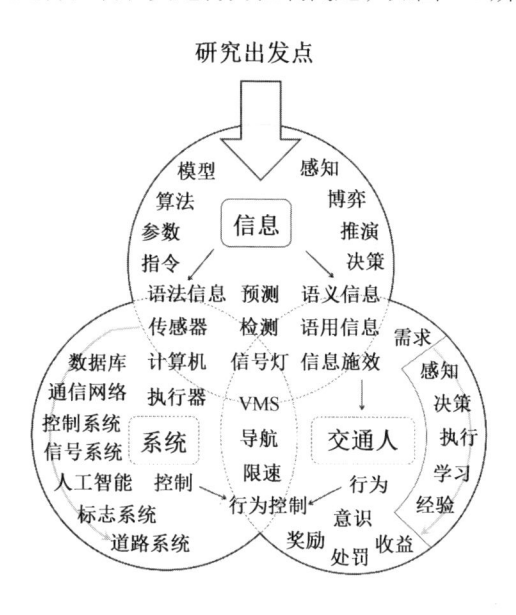

图 1-7 信息物理系统研究道路交通系统运行

第2章
交通系统与运行控制

由人-车-路自然形成的道路交通系统没有安全和效率可言,甚至根本无法运行,无法实现交通的目的。交通控制主要是指面向道路交通系统运行遇到的问题,在保障交通安全的前提下,以提高交通系统整体运行效率为目标,人为地或运用电子信息技术等手段实现对道路交通进行连续动态调节的过程。信息是这一调节过程的核心。

2.1 交通系统运行及控制

2.1.1 交通系统运行与控制的关系

控制理论认为,控制是相关事物之间一种不对称的相互作用过程。在构成控制关系的事物中,主动施加作用、占有相对强势地位的事物可称为控制者或控制器,被动、占有弱势地位的事物就是受控者或被控制对象。其中,控制器接收输入的控制目标,并根据控制目标持续施加作用于被控制对象,使其逐步达到目标的要求。控制器与被控制对象共同组成了控制系统,两者的相互作用就是系统运行的表现。从作用过程和运行效果看,控制是控制器有目标地配置、调度系统物质、能量和信息资源,降低或压缩被控制对象自由运动空间,导向控制目标的系统过程。只要没有实现控制目标,控制作用过程就不会停止,即使达到控制目标,控制作用也不会完全消失,以保证控制对象保持目标状态,因此控制是伴随系统运行的持续作用过程，在描述时，可分解为一系列进程状态。交通控制系统构成与作用关系如图 2-1 所示。

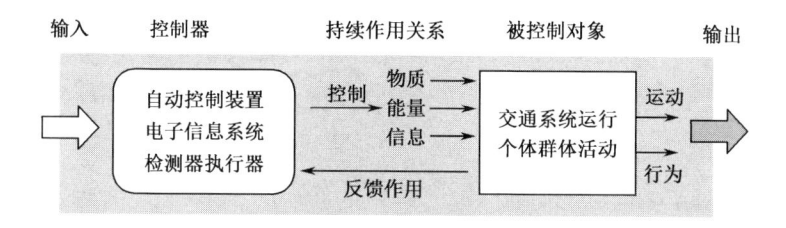

图 2-1　交通控制系统构成与作用关系

实际上，交通系统中到处都有控制系统和控制现象，只不过控制关系疏密有别、控制强度水平高低各异、控制目标表达不同、控制形式表现不同。例如，汽车驾驶员通过方向盘控制车辆行驶方向，汽车发动机电喷装置控制汽油与空气配比，信号机控制信号灯具的亮灭，信号灯控制车辆行止，动态限速标志控制道路上车辆的行驶速度，路径导航系统控制驾驶员路径选择，行人控制自己走人行横道过街，等等。尽管这些控制表现具有控制概念的基本特性，但这些控制的效果是完全不一样的。或者说，上述控制系统中都有控制目标、控制器、被控制对象等构造的控制关系，但这个系统并不一定就能有效工作，控制经常出现失效现象，最明显的就是在许多路口处，行人信号灯往往控制不了行人通行/停止。当交通控制器作用的被控制对象是人时，控制指令信息效用面临很大的不确定性，或者说控制作用不确定，这是因为控制器在交通控制作用关系中经常处于弱势地位，以至于交通控制系统中要素作用关系稀疏、不稳定，甚至控制系统关系"崩溃"，并表现为控制效果难以准确评价。有人称此为"柔性"控制、"诱导"控制或"影响"控制等，实际上是说控制关系松散和不确定。

交通控制是对道路交通系统运行进行有目标的实时调节，是交通控制装置对道路交通系统中运动要素的非对称作用。在通常情况下，交通控制中的非对称作用关系可分为物质能量作用关系和信息作用关系。其中信息作用关系由相关交通法规设定，由交通执法管理维持，具有强制性。随着电子信息技术的高速发展，交通控制装置对控制对象的信息非对称作用越来越显著，强化信息非对称作用是现代交通控制的基础。

2.1.2 交通控制面向的问题与目标层次

服务现代社会的道路交通系统的运行存在着各种各样的问题和矛盾，有些问题可以通过交通控制有效解决，但有些矛盾只能通过交通控制来综合平衡加以缓解，不可能完全消除。归纳起来，主要涉及交通安全、效率和环境与排放等方面。

（1）交通安全问题。如何保障道路交通安全是交通控制系统要面对的基本问题。现代道路交通系统的运行表现是由行人、非机动车、机动车单元等交通实体要素在道路上的行为与运动决定的。这些由交通人主导的交通要素的高速运动可能产生冲突、碰撞、失控等不安全交通事件，累积形成交通安全问题。交通控制首先要在交通管理的基础上，动态分配交叉口、出入口等冲突区域路权，干预或控制人、车的行为和运动，避免、减少和缓解冲突、碰撞和行为失效等情况的发生，保障道路交通安全。

（2）交通效率问题。如何大幅提高道路交通系统运行效率是交通控制关注的核心问题。道路交通系统中的人、车要素自由运动无法保障系统运行效率，特别是在道路交通系统高强度运行时，经常会出现局部或区域交通运行不畅、交通拥堵、瘫痪等交通效率低下的现象。交通控制直接面向道路交通运行的实时状况，动态干预交通运行，应用先进电子装置实时控制交通系统中的运动要素，充分应用道路网络资源，提高交通系统运行效率，为出行者提供快捷的交通出行服务。

（3）环境与排放问题。如何降低道路交通中数以百万计的机动车辆行驶运行的能源消耗、减少二氧化碳的排放水平是交通控制需要面对的重要问题。现代交通以机动化为特征，并以石油能源消费为主要动力来源。相关研究表明，道路交通的碳排放量占全球碳排放总量的 25%以上。交通系统的运行质量直接影响能耗和碳排量水平。车辆低速行驶、停停走走、路口拥堵排队、快速路出入口竞争通行等都伴随高能耗现象。交通控制可通过优化机动车路径选择，均衡路网交通流量，消除拥堵程度和区域，以顺畅交通为控制目标实施通行权分配，来降低交通系统运行能源消耗和对环境的不良影响程度。

上述三个交通系统运行面临的主要问题在实际交通控制系统设计时需要综合分析，在通常情况下，保障交通安全，避免或减少交通事故，降低人身财产损失，必然会减少交通事故导致的交通拥堵，无形中也会对提高交通系统运行效率起积极作用。还应看到在许多情况下，路口设置的信号灯、信号灯的多相位设置、道路限速等控制在保障交通安全、规范道路通行秩序的同时，也降低了交通运行效率。路口设置左转弯待转区域、车辆多次停车通过路口的信号灯配饰方案设计等，在提高路口通行能力的同时，增加了汽车尾气的排放。因而，在设置交通控制目标时，应综合考虑交通系统运行的现状、突出问题和解决方案，根据交通控制系统的能力和特点，综合平衡交通安全、效率和排放。一般可将交通控制目标划分为宏观、中观、微观和行为四个层次。

（1）宏观交通控制目标是对城市道路交通系统范围内的控制目标，是针对大范围持续有效调度发布交通信息，影响群体交通行为的调节过程设置的目标。例如，交通需求管理目标、出行方式选择调节目标、错峰出行调节目标等。

（2）中观交通控制目标是对城市特性或问题相关联的局部区域交通控制设置的目标，例如，局部拥堵区域路网交通流均衡控制目标，疏导或缓解局部交通事故拥堵控制方案的目标，主干线协调（绿波通行）控制方案目标，路口信号灯与路段限速控制系统的目标等。

（3）微观交通控制目标是对交通控制的具体节点设置的控制目标，例如，对道路交叉口信号灯控制设置的车辆通行延误时间最短、路口车辆排队长度最短等控制目标，以及快速路出入口流量控制、潮汐车道交通流向控制、车辆路径选择行为控制等具体目标。

（4）交通行为控制目标是有效约束交通出行、道路通行、车辆驾驶等行为的不确定性或自由表现空间，使之满足交通控制的要求。

交通控制目标以语法信息或语义信息方式表达，可以随交通进程变化，人工或自动进行调整。

2.1.3 交通控制的类型

根据道路交通控制的被控制对象特点、控制信息作用类型和系统协作信息关系，分为三类交通控制。

（1）交通自动控制。无须交通管理者直接参与，交通控制电子信息设备根据事先设定，自动对道路交通系统运行进行干预。这种干预方式建立在高效、灵活操纵交通信息的基础上。从形式上看，交通自动控制需要将传感器、计算机、网络、执行器和电源等大量物质、能量添加或接入道路交通系统中，但其本质上是信息作用于交通系统运行，电子装置等只是信息的承载体。交通自动控制是交通控制的基本单元，如交叉路口的信号灯自动控制。

（2）交通系统控制。道路交通系统运行是由大量车辆在许多路段和交叉路口行驶形成的，因此具有关联性。对一些路口和路段分别实施自动控制往往不能有效调节交通运行，需要将相关联的路口和路段组合起来进行交通控制；同时，交通信号灯控制、道路限速控制、潮汐车道行驶方向控制等不同的交通控制方法也不能彼此独立应用，需要进行控制协调；另外，交通控制还要有相应的动态交通管理配合，如需求管理、专用车道分时管理、交通诱导、交通事件信息发布等。当关联的路口路段、不同的控制方法和动态交通管理协同运行，共同完成交通控制目标时，就形成了交通系统控制。

（3）交通行为控制。几乎所有交通控制指令信息的作用对象都是人，作用的结果是行为改变。人的驾驶行为改变并产生了交通工具的运行表现，最终形成交通系统运行表现。车辆是交通工具，目前无法接收和执行交通控制指令，只能接受人的驾驶操纵。尽管在大多数交通控制研究中，可以忽略或简化交通行为控制，但事实上任何交通控制调节道路交通系统运行都离不开交通行为控制。交通行为控制是指在交通控制指令语义信息作用下，人自我约束交通行为实现交通控制指令语用信息的过程。

2.1.4　道路交通系统管理信息化

交通管理是有效的交通系统干预方式。鉴于本书探讨研究的内容，此节重点讨论道路交通系统管理的信息化相关内容。

（1）交通管理是对道路交通系统的建构过程。对于低效率运行的道路交通系统干预，人们首先想到的是直观简单物理方法，如加密路网、拓宽道路、扩大路口、增设护栏隔离墩、施画道路标志/标线等。这种针对物质要素的干预措施，可提高道路交通系统运行平台的质量，非常有效，是交通管理的基础。这种旨在调整系统结构的干预措施通常周期较长，无法根据交通运行变化灵活调整，因此是对道路交通系统运行的静态干预，是交通规划、基础设施建设改造研究的内容。

（2）现代化交通管理高度依赖信息的作用加以实现。借助现代电子信息技术进行交通管理更加高效，是交通管理发展的方向。动态交通管理系统本质上是信息的获取、传递、加工、处理、施效的过程。在这过程中，可忽略管理对象的具体形态和具体构成，集中研究信息的流动、作用、变换等过程和作用。这就把人-车-路复杂的作用关系问题大大简化了。信息化的管理方法对交通管理系统有着十分重要的作用。

（3）建立在信息化基础上的动态交通管理层次主要有通过各种监测形式和手段及时地对交通分布和交通流量动态变化状况进行检测；运用交通流理论和交通统计方法及有关数学模型，定性和定量地分析出它们状态变化情况，并找出其各种状况分布和时空变化的规律性；根据交通系统状态方程和管理要求进行计算，制订出疏导与分流的控制方案和具体措施；通过交通组织和交通指挥实时进行交通疏导和科学地分散交通流量，以达到缓解交通拥堵的交通管理目标。

（4）交通管理与智能交通系统。"智能交通系统"自20世纪90年代被正式认定以来，发达国家投入了大量的人力和物力从事相关研究、开发和应用，更成为21世纪现代化地面交通运输体系的模式和发展方向，是交通运输进入信息时代的重要标志。在智能交通系统体系结构的研究中，在运行已开发的交通管理系统中，通常把各个智能交通系统子系统集成为一个综合系统，可使相关系统之间的有关信息、数据能够充分共享，在功能上可更好地发挥各个子系统作用，因此，在研究开发ITS各个分系统的基础上，着手研究开发综合交通管理系统，包括通用交通管理系统（Universal Traffic Management System，UTMS），由6个相关的分系统集成：综合交通控制系统（Integrated Traffic Control System，ITCS）、交通信息提供系统（Advanced Mobile Information System，AMIS）、动态路线导航系统（Dynamic Route Guidance System，DRGS）、公共车辆优先系统（Public Transportation Priority System，PTPS）、车辆运行管理系统（Mobile Operation Control System，MOCS）和降低交通公害系统（Environment Protection Management System，EPMS）。

（5）交通管理充分发挥信息应用这一基础手段，才能有效管理交通中的人及其行为。随着电子信息科技的不断进步，有关智能化设备信息采集、计算和应用水平大幅提高，在交通管理中发挥的作用日益凸显，但这些智能装置还不能完全取代管理者。管理者通常要与电子信息系统装置有机结合，让现代交通管理既高效可靠，又充满"人情味"，这样才能避免到处隔离、设卡的围堵——"不管混乱，一管就死"管理方式。

除充分发挥自动采集的交通数据信息的作用外，还应采集出行者实际出行等需求信息。例如，根据出行者的出行意愿提供多种可供选择的交通方式，注重公共交通、步行和非机动车等交通方式的接驳；在城市道路的断面和交叉口的设计中，考虑到行人和非机动车的需要，加大对公共交通、步行和非机动车设施的投入，充分考虑非机动车、步行等交通方式的通行权，保障其交通安全；指路系统应该能为驾驶员选定甲地到乙地的最佳路线，要考虑到天气、拥堵、道路维修等因素，并且在行进交叉路口时能提示转弯方向等信息；交通信息预报系统应该包括车辆所在位置周围道路的交通畅通情况，当地的气候情况等；求助系统就是当驾驶员在发出求助信息受到限制时，能够方便地发出求助信息、交通意外等情况；路桥费征收系统应该能自动征收应征的过路/过桥费，减少旅行时间；交通服务应该还包括向刑侦、治安、安全等其他国家管理机关提供全方位的交通信息，向车辆单位和物流公司提供所属车辆的远程管理信息等。

2.2 交通系统控制论模型

通过对道路交通系统构成的分析可以看到，交通控制不是单纯的机器自动控制系统。尽管一直以来道路交通系统运行控制的相关研究为了方便和简单，对交通控制问题进行了大量简化和近似，但从本质上看，道路交通系统运行控制问题包含一个在特定社会环境中的人机互动的控制问题。对于这样一个系统仅用控制系统（Control System）模型描述并用控制理论（Control Theory）进行研究是不够的，还需要采用控制论（Cybernetics）模型描述并揭示其规律。"控制论""控制理论"在研究角度、研究方法、面向的问题等方面存在明显差异。

20世纪工程与技术为社会化生产带来了巨大变革，科学研究显示了其重要作用。从20世纪40年代开始，在工程技术方面发展了自动控制、通信工程、计算机技术等至今产生巨大影响的学科。同时，生物生命科学、神经生理学、脑科学等学科逐步建立，管理科学、社会学、生物行为学等越来越完善发展。当时，这些学科的科学家们专注自己研究领域的研究内容，取得各自的发展。特别是美国数学家克劳德·香农在信息理论方面研究取得了显著成就。诺伯特·维纳认识到动物（人）和机器中的控制和通信过程存在许多共同特性和规律，特别是信息的传递、变换、处理、衍生等过程，有不少共同规律，如负反馈规律等。以维纳为代表的科学家认为，客观世界，无论机器系统、生物系统、人类社会系统，均可归纳为由三大要素组成：物质、能量和信息。虽然在物质构造和能量转换方面，动物和机器有显著不同，但是，在信息传递、变换和处理方面有惊人的相似之处。

1948年诺伯特·维纳出版了《控制论：或关于在动物和机器中控制和通信的科学》一书（以下简称《控制论》），标志着控制论学科的诞生。控制论突破了工程技术、生物学和社会科学之间的传统分界。控制论，英文为 Cybernetics，由希腊字 Κυβερνήτης 变化得来，意为掌舵人、统治者。维纳在《控制论》一书中认为控制论是关于机器、生物和社会中的控制和通信的科学，是研究信息通信作用于系统的学科。1954年，我国科学家钱学森出版了《工程控制论》（*Engineering Cybernetics*）一书，其后相继出现了生物控制论、社会控制论、人口控制论、经济控制论等学科，将控制论的思想、观念、方法引入生物、社会、经济等方面，广泛服务于人类生产和生活进步。

控制论系统是广义的控制系统，包括生物控制系统、机器控制系统、机器与生物构成的控制系统。控制论研究不同领域中的工程技术、社会经济、生物生态及各种控制系统的共性和方法。主要是各种控制过程中的信息获取、信息处理、信息利用的共同规律，具有边缘性、综合性的技术学科。

控制理论系统通常是自动控制系统，控制理论系统也被称作自动控制系统（Automatic Control System）。它的基本内容是研究机器控制系统（系统内信息流动过程中无生物体）的模型化、分析、设计方法与实现技术，是一门专业性的、过程型的技术科学。从信息（Cyber）角度看，控制系统信息构成单一，系统构成要素的信息能力和功能具有同构性。

进一步，控制论模型根据控制器与控制对象的构成将控制模式归纳为人对机器的控制、机器对机器的控制、人对人的控制和机器对人的控制。

1. 人对机器的控制（人工控制）

人对机器的控制模式是最常见、最直接的控制模式，通常也叫作人工控制。人对机器的控制系统模型如图 2-2 所示。

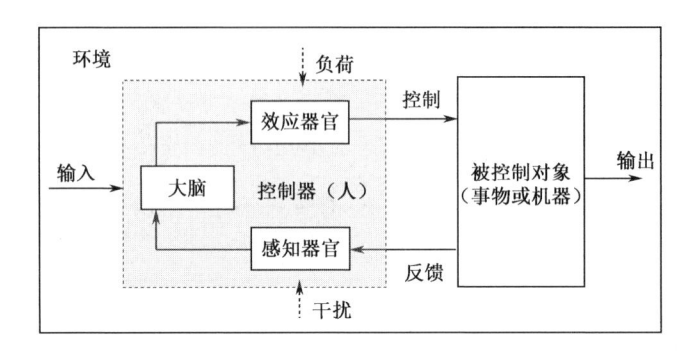

图 2-2 人对机器的控制系统模型

在道路交通控制中，交通警察对交通信号设备进行控制、驾驶员驾驶汽车正常行驶、工程技术人员按照技术规范控制道路标线的施画等，都是最为常见的人对机器（物）的控制。在这一模式中，人起到控制器的作用，对物体或人造机器实施控制。这种控制模式因为具有现在还无法完全掌握、模仿的人类智能，因而具有广泛的适用范围和良好的控制效果。深刻研究这种控制模式有利于掌握和了解人的智能控制工作方式，探索实现人工智能用于交通行为控制。

（1）在交通管理与控制系统中，人工控制对被控制对象的作用很强，即在相同的交通环境中，在被控制对象的特性范围之内，在人的能力的限制下，人具有最大的控制能力、灵活的控制策略和很强的适应能力。

（2）这种模式的控制中，人可以灵活地使用记忆、共轭、反馈（负反馈调节）和随机等控制方法。

（3）在道路交通系统中，人作为控制器，具有较强的环境适应能力。人的感知器官发达，认知效率高，信息采集内容丰富，人的大脑具有独特的信息处理、判断能力及学习和知识积累能力。人的执行机构高效且擅长利用工具，能够利用工具扩大其控制能力。

（4）作为单独的个体的人，与现代计算机相比，其数值计算的精确较低、速度较慢，控制能力受到感知器官、效用器官作用范围的制约是有限的，处理器（大脑）处理能力不能直接水平扩展，且持续工作时间受限。

2. 机器对机器的控制（自动控制）

人为设置的机器对机器（物体）的控制就是通常所说的自动控制，如图 2-3 所示。在这种控制模式中，一种是控制器和被控制对象的构成系统，控制关系以物质、能量为主，通常可用相关物理或电学定律描述，例如，汽轮机转速控制，运算放大器输出控制等；另一种是以信息处理为核心的控制模式。在这个模式中较为特殊的是系统中有一台处理器——专门用来处理各种信息并做出控制决策的专用装置。随着现代数字电子技术的发展，控制器中的处理器通常是指控制用数字计算机系统（硬件和软件），当然也可以是可编程数字逻辑电路（PLC）或嵌入式系统。

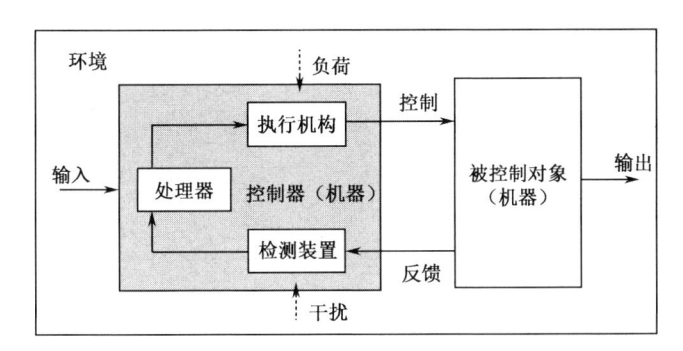

图 2-3 机器对机器的控制系统模型

现代道路交通系统是复杂系统，其控制多使用计算机控制。

自动控制系统结构严谨，功能相对单一，使用寿命长，可靠性强，模块化结构，便于扩张，在其设计范围内环境适应能力强。现在发达城市中使用的交通信号控制系统，几乎都是自动控制系统。

3. 人对人的控制（人员管理）

人对人的控制实质上就是管理问题，是管理学科研究的问题。行为控制正是研究这种控制模式的理论。从控制角度看这种控制关系，控制者与被控制对象是以信息交换为主的控制方案。控制者与被控制对象结构是否严谨，控制能力是否强，取决于信息的效能，重点在于人的信息训练（学习）和违规刺激等一系列与心理有关的行为过程。如图 2-4 所示为人对人的控制（管理）系统模型。

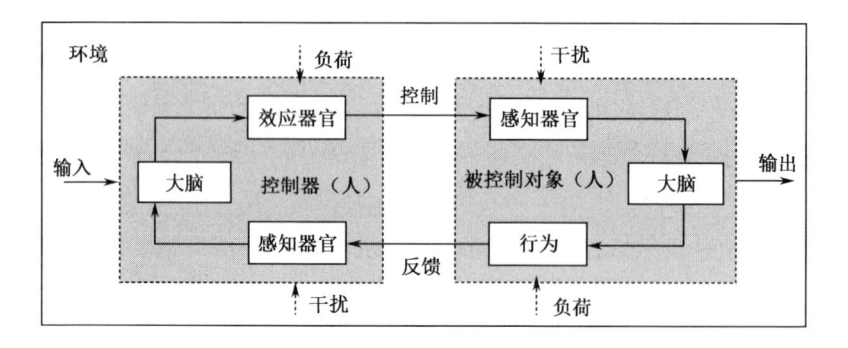

图 2-4　人对人的控制（管理）系统模型

人对人的控制也可以通过借助一些工具或设施来实现。例如，禁止行人穿越高速公路，可以通过设置禁行标志或隔离墩、隔离栏等实现。

4. 机器对人的控制（行为控制）

在生活中最常见的机器控制人的例子就是道路交通系统中信号灯对人的交通行为控制了。如图 2-5 所示为机器对人的控制系统模型，这样一个系统具有什么样的特点呢？以交通信号控制为例进行说明。

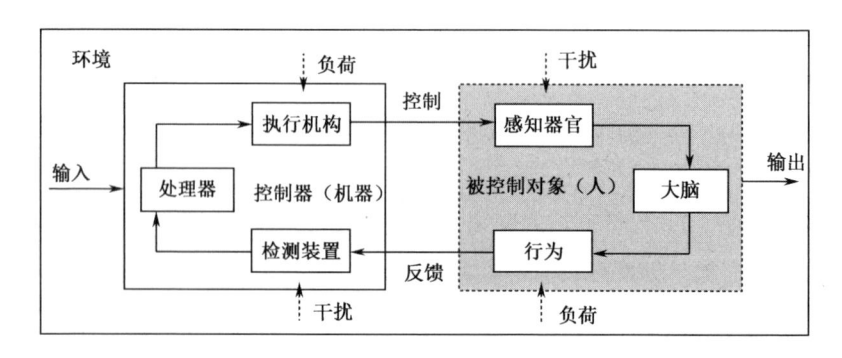

图 2-5　机器对人的控制系统模型

（1）控制器装置在交通控制关系中占主导地位。交通控制器通常由电子、机械设备部件制造而成，是人工制造的"机器"，在一定的社会与道路交通环境中，与被控制对象（人及其驾驶的交通工具）构成有机的交通控制系统。应强调的是，目前多数交通控制器直接作用对象是人（行人、驾驶人），而不是机动车。交通控制器通过对人的交通行为控制实现对交通系统运行的控制。为了对人的交通行为实施有效的控制，交通控制器的功能往往相对复杂，但发出的控制指令却较为简单，以适合人认知信息过程的特点。

交通控制被控制对象——人，包括行人、驾驶员等，是道路交通运行的主体。机动车是这个主体使用的工具，不能独立成为道路交通控制系统运行的主体。人在交通中有意识的运动表现又称为交通行为。交通行为并不直接受交通控制器的控制，而是受大脑控制。大脑是一个强大信息处理器，而且是一个十分特殊的信息处理器系统，综合能力比任何电子信息系统都强大。因此在机器控制人的模式中，只研究控制器的信息处理系统，而不去研究被控制对象的信息处理特点和交通行为控制规律是无法实现有效交通控制的。

（2）交通控制器与人之间的控制关系是信息型的。交通控制器对被控制对象人的非对称作用关系体现在前者的信息强势上，与自动控制模式的物质能量作用关系相比，信息的控制作用并不稳定可靠。但同时也应看到，由于交通自动控制器与被控制对象——人之间的非对称作用，在方式上与其他控制模式具有很大的差异。交通控制器实现交通行为控制作用，很少直接采用物理手段约束、拦截和限制等实现，而是根据人的认知信息过程特点，利用信息作用达到对交通行为控制的效果。关于信息与交通行为控制作用将在第 9 章详细介绍。

（3）系统环境适用性。在以信息作用为基础上建立起来的机器控制人的模式中，环境因素对控制效果起到比其他控制模式更大的作用。人的感知过程是开放的，决策过程影响因素很多，存在大量不确定因素，执行过程与环境的交流比其他物理系统与环境的交流要多得多，交通控制信息只是人与环境交流的一小部分，无论控制指令信息多么强势，都可能淹没在交通行为的环境信息处理应用中，而降低或失去作用。表现为机器对人的控制更容易受到环境和人自身的干扰，相同的控制指令在一些环境下适用，有较好的控制效果，而在另一些环境中则达不到预期控制效果。

2.3 交通控制信息论模型

交通控制面对的是现代道路交通这样一个人类建造的大型工程系统的运行控制问题，兼容并包四种控制模式，试图用一个模型描述它，制造一个控制器来有效控制它的运行，既不现实，也无法实现。

随着对交通控制系统信息本质认识的深入，人们开始关注如何建立交通控制系统的信息论模型问题。这与交通系统控制论模型同样重要。

为了能够建立大型道路交通系统的交通控制模型，通常都要做大量的简化工作，而且这些简化工作都集中在交通控制系统信息特性和信息能力的简化上。信息特性简化方法主要有次要因素简化、非线性问题的线性化、时变参数近似常数化、高维系统降维近似等。信息能力简化更为明显，在现行大多数交通模型描述中，最常见的是对人的交通行为的简化：在很多的交通控制系统模型中，"人"的"行为"变成了"机器人"的"运动"，交通控制模型最后只需要用牛顿力学模型、流体力学模型、热力学模型就可以描述了。这样简化的结果是，交通控制模型能够在有限的计算机控制器中建立起来，相关计算能够简单快速实现交通控制方案的生成、仿真、寻优，并可有效地应用于交通行为规范的道路交通情境中。但由于简化了交通的关键信息特性和信息能力，交通控制问题变成了交通物理系统的运动控制，交通的控制论模型变成了控制理论模型，交通控制系统模型的复杂程度大幅下降，带来了模型描述交通系统运行的失真。

2.3.1 交通控制信息论模型描述

在1.3.2节中，较为详细地对比了研究交通控制的不同角度。交通信息物理系统研究从信息角度出发观察交通控制系统构造、功能、运行及面临的问题，这就需要建立相应的交通控制的信息论模型，为交通信息物理系统研究、开发、设计提供顶层框架。

交通控制信息论模型与交通系统控制论模型有所不同，前者并不关注系统中物质质量、物体尺寸、能量强度等的相互作用关系，而是从信息角度出发，重点描述交通控制系统中的信息作用关系。

以信息的角度观察交通控制的输入、系统、输出关系时，可以看到语法信息、语义信息和语用信息的作用。语法信息、语义信息和语用信息构成了全信息。全信息交通控制模型如图 2-6 所示。

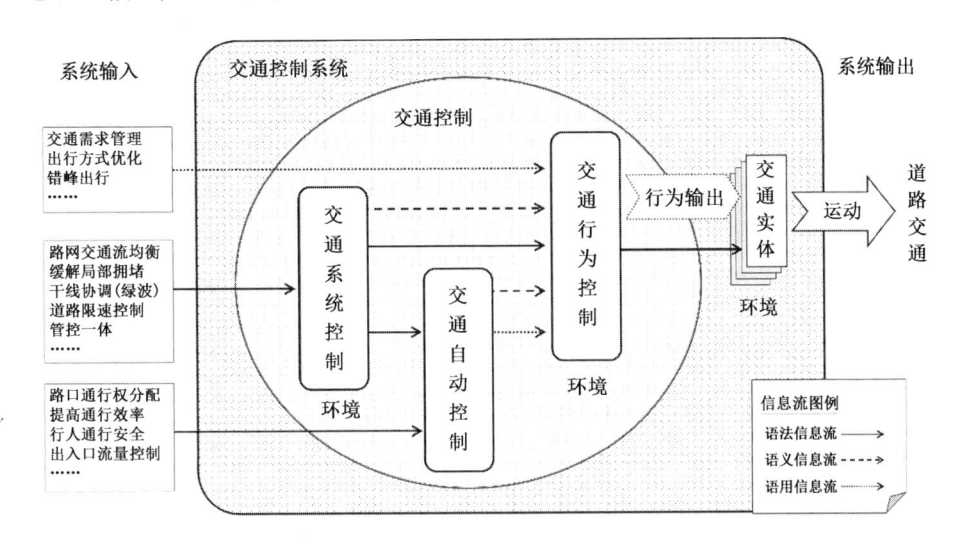

图 2-6　全信息交通控制模型

（1）交通控制的本质是信息及其作用问题。交通控制最终以交通控制系统的形式实现。交通控制系统以电子信息装置为主要技术形式建立交通控制器，提供各种信息的物质载体和能量驱动。

（2）交通控制系统是关于系统输入和系统输出的调节系统，由人、车、路和电子信息装置等物质能量构成，当信息在不同要素中流动、作用时，形成系统。其中的电子信息装置包括传感器、数字计算机及软件系统、通信网络、控制执行装置等。交通控制系统中的信息自动流动和计算，可有效提升信息效用，即可形成"智能交通系统"。

（3）根据信息效用形成和作用机制，交通控制由交通自动控制、交通系统控制和交通行为控制构成。

① 交通自动控制是语法信息效用实现过程；
② 交通系统控制是语法信息和语义信息效用实现过程；
③ 交通行为控制是语法信息、语义信息和语用信息效用实现过程。

（4）交通控制的对象是人、人-车单元和控制系统装置等的集合。

① 交通自动控制作用的对象是信息表达显示装置、交通控制执行装置等，信息流动顺畅、及时，控制信息效用就高。

② 交通系统控制作用的对象是交通自动控制装置、电子信息装置等，信息流动顺畅，受交通系统运动惯性、统计周期较长影响，信息传递滞后、控制信息计算优化耗时较长，控制信息效用较高。

③ 交通行为控制作用的对象是交通人，受控制器与人之间信息作用差异影响，信息流动滞后，信息变换耗时长，信息效用不确定因素增多。交通行为控制对信息环境、信息质量、信息量要求较高。

（5）交通控制输入是关于交通系统运行优化动态的指令集。

① 道路交通系统网络运行宏观优化指令。面向可调度的社会信息资源和交通控制资源发布指令。

② 区域道路交通运行优化控制指令。直接面向区域道路上各种交通控制装置、电子诱导指路装置、行驶路径导航装置等下达控制指令。

③ 道路交叉路口、路段通行路权控制指令。

（6）交通控制关注多层次的交通系统运行输出。

① 整个交通系统与局部交通系统运行表现关注的输出不同。受到时间、空间、事件、信息可达性和观测能力的限制，交通系统的局部与局部、局部与整体之间的运行表现可能有很大的差别。

② 不同层次的交通系统进程受到物理尺度的影响，其系统运行惯性差异巨大。

③ 道路交通系统运行不能简单地用各个子系统的运行表现和表达。

（7）交通控制的"大脑"是实现计算的电子信息装置与系统，"感官神经"网络由交通检测装置、通信系统等构成。与交通系统物理尺度与层次对应，交通控制计算与探测系统规模大、层次多，相关软件系统复杂，信息流动交换障碍多。

（8）交通系统控制、交通自动控制和交通行为控制等采用的电子信息装置的核心是描述道路交通系统及其运行的模型。模型是信息的高级模式，是计算的灵魂。

2.3.2 交通控制对象的信息特性

单纯从现象上观察,红色信号灯使车辆停止通行,绿色信号灯使车辆通行,似乎是信号灯控制着车辆运动的停止或通行。从信息作用对象角度看,信号灯的灯色不是向汽车下达控制信号,而是给驾驶员发布控制指令信号,是驾驶员的驾驶行为使得车辆通行或停止,驾驶员才是交通信号灯控制系统的控制对象。当然,在交通控制系统中,交通检测装置很难检测每个人的交通行为,所以常用检测车辆运动表现来评价信号灯控制的效果。

在交通工程学中,将道路系统中独立进行交通活动的运动单元称作交通实体,常指人及人驾驶的车辆(人-车单元),被认为是道路交通控制的个体对象。但是,交通控制目标的设置通常不以个体运动或行为为参数描述,而是以交通系统运行状况描述作为语义信息,同时检测交通系统运行相关参数,评价控制目标实现情况。这就形成了交通控制指令信息对象和交通控制检测评价对象的双重性,从流动作用上看,信息出现断链,交通控制作用关系处于失效状态。

1. 交通自动控制对象的信息特性

交通自动控制是道路交通控制的主要方式,它借助数字电子计算机系统自动处理数据信息,自动进行控制决策,控制信号灯色的变化、交通限速值变化、导流车辆行驶路径等。交通自动控制进程不需要交通管理者人为干预。

将自动控制理论与技术应用到交通控制中,经常忽略或简化系统中人高级信息处理特性,同时将交通行为简化成交通实体的运动。这样简化的本质是,将人这个高度复杂的信息系统(智能体)转化为简单的交通控制指令传输通信装置或机械执行装置,简化了信息能力。只有这样,交通信号机对信号灯的自动控制才能延伸到对车辆交通的自动控制,进而将交通控制问题转化为自动控制问题,如图 2-7 所示。

2. 交通系统控制对象的信息特性

交通系统控制是指面向交通控制的目标,由多种类型交通自动控制系统协同针对系统运行问题的控制方式。交通系统控制的控制总体对象是一个确定规模的道路交通系统,但系统控制协调的各类型自动控制系统的规模(尺度)和信息量不是持续稳定的，随时间、事件和交通实体数量发生变化。交通系统控制的对象尺度、运行进程、控制目标、面向问题等决定信息采集、计算、信息施效的信息规模，是决定交通信息物理系统实现交通系统进程与交通信息进程融合的关键。交通系统控制对象的信息特性受下列特性影响。

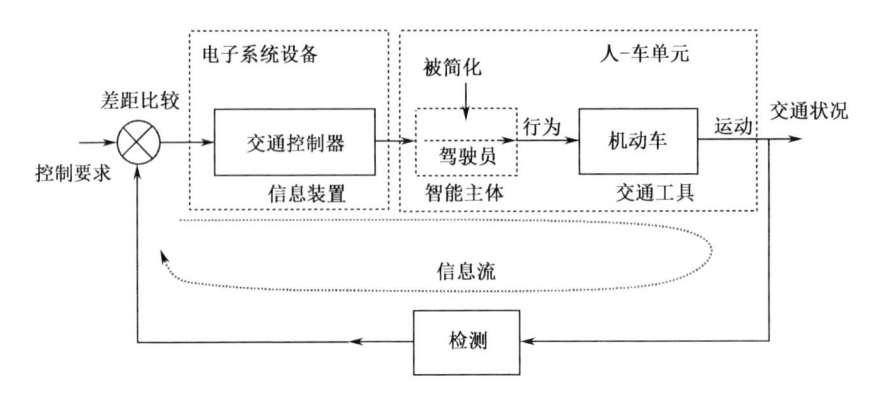

图 2-7　交通自动控制对象信息特性简化示意图

（1）交通系统控制对象物理尺度。如果道路交通系统被模型化为"节点—线段"网络，节点大于 1 时，描述此系统的参数信息的数量、流动性、关联性、交互性将呈指数增大。当节点具有控制功能时，信息处理功能能够应用和处理信息，实现节点进程与信息进程的融合。当节点数量较大时，覆盖交通区域面积尺度大，交通进程相互影响关联性降低，根据大系统分层控制原理，形成多层次、不固定（可动态组合）、变参数的控制对象集合。控制对象信息总量的简单增加，导致相关信息进程的复杂程度剧烈增加。

（2）交通系统控制对象进程的时间尺度。交通系统运行的变化幅度差异很大，且当道路网络动态组合构造不同子系统作为控制对象时，这些子系统之间的运行描述参照的时间尺度差异同样很大。不同时间变化尺度的交通进程需要用不同的交通信息量来描述，同时需要将不同的尺度信息进程与交通系统控制对象进程融合。

（3）交通系统控制对象实时面临的事件、问题的时空尺度。交通系统控制按照需求设定控制目标，同时还要面对交通系统运行无法正常预测的各种问题、突发事件。这些事件对道路系统区域的影响、对道路网络结构的影响、从产生到消失的时间尺度等，都会对交通系统控制对象的信息进程产生影响。甚至改变交通系统控制的区域划分，形成面向问题、事件的交通系统控制区域对象。

目前，交通信息物理系统研究多集中在交通系统控制这个层面。

3. 交通行为控制对象的信息特性

交通行为控制分为个体对象和群体对象，行为进程的信息特性较为复杂，与之相适应和融合的交通信息进程与交通系统控制相比，需要更为精细、有效。

第3章

交通信息物理系统架构

对道路交通系统运行实施有效控制是信息物理系统研究最重要的需求拉动之一。与其他应用信息物理系统的领域相比，交通信息物理系统（Transportation Cyber-Physical Systems, TCPS）面对更为复杂的系统要素构成和运行控制问题。

3.1 道路交通信息物理系统的构成

信息物理系统由信息领域首先提出，主要因为现代信息科学发展和信息技术能力拓展，使其面临应用和发展方向的深入探索。与此同时，其他科学技术领域也希望应用信息扩展其发展空间。

道路交通系统运行管理与控制就是最好的例子。在智能交通系统建设中，大量的交通监控装置、计算机系统、通信网络、全球定位系统、基础设施传感器等，几乎所有最先进的电子信息技术都被应用到道路交通系统。尽管如此，各种交通问题依然困扰着大城市，先进电子信息技术应用得很多，但发挥的作用似乎十分有限，与电子信息技术所表现出来的能力相差甚远。

信息物理系统相关研究将信息科学体系"带到"大型工程系统的构建过程和运行管理与控制中，旨在形成信息进程与物理进程深度融合的新型系统和高效管理控制模式。这显然区别于对现有的大型工程系统进行"信息装修改造"以提升系统性能的信息化工程。

信息物理系统相关研究不仅驱动了信息科学与技术向有效解决复杂大型工

程系统难题方向发展,也为后者的设计建设、建成后的运行管理提供了全面应用信息的解决方案。在这种情况下,交通信息物理系统的研究就为破解交通难题提供了重要的探索方向。

当然也应该看到,探索解决道路交通系统运行面临的安全、效率和环保等问题是信息物理系统研究最具挑战的应用之一。与信息物理系统应用其他类型的系统相比,道路交通系统运行更为复杂。这是因为,在规模上,道路交通系统具有延伸整个国家或大陆的超大物理尺度;在构造上,道路交通系统涉及结构复杂的道路桥梁隧道、行为各异的交通人、高速移动的机动车辆、种类繁杂的先进电子信息设备等;在运行表现上,道路交通系统要素总量随时间变化、各类动态要素动态范围广、不确定性强。最为重要的是道路交通系统还具有一种其他类型系统不需要直接面对的特殊系统构成要素——人,以及特殊的运动表现形式——个体与群体的交通行为。

当然,道路交通系统结构巨大、运行复杂,对这样的系统进行建设、运行管控、车-车协作、车-路协同等干预涉及信息、系统、自动化、交通、道桥、运输等学科理论、方法和技术。因而,在应用信息物理系统来优化交通系统结构、提高管理控制水平时,通常应将道路交通系统分解为多个系统,面对不同的设计、管理与控制问题,分别研究建构信息物理系统。表3-1显示了道路交通信息物理系统的构成。

表3-1 道路交通信息物理系统的构成

系统类型	交通进程	信息进程	功能作用	对象及特点
道路基础设施信息物理系统	桥、涵、隧、路基、边坡等关键交通基础设施的力学结构变化进程	大范围可靠互联的泛在化传感检测,深度感知与预测、预警、监控	道路设施实时监控与交通气象环境探测	物质及其受力的变化
车路协同信息物理系统	在道路上行驶中的车-车、车-路协同关系进程及通信进程关系	无线、高速、高可靠、安全通信,更安全、更高效自适应自动驾驶	高速信息交换,保障道路环境中车辆安全高效通行	信息作用下的物质、能量的运动
交通控制信息物理系统	道路交通系统进程与交通控制进程	交通控制系统模型描述与交通系统控制与交通行为控制指令优化计算	实现更安全高效的动态道路交通控制	物质、能量、信息和行为协同
其他系统	……			

交通控制信息物理系统导论

1. 交通基础设施信息物理系统

在道路交通基础设施全寿命中，结构参数检测、数据处理和计算等信息进程是结构安全及其演化监控的基础，也是结构安全隐患的诊断、预防和排除的依据，对道路从施工到运营的灾害防治和安全运营起到重要的支撑作用。对庞大的路基、路面、边坡、桥梁、隧道、涵洞等基础设施力学形态进行监控，结合空间信息管理技术，可提供灾情动态风险评价等灾害预警结果；实现工程地质分析研究的多源、实时、动态、形象管理；集成多种业务数据源，建立信息共享平台，提供直观方便的分析结果。例如，对长、大型隧道的监控系统具有监视、控制、报警、诱导和决策等作用，使隧道运营管理者能够及时了解隧道内的情况，在遇到异常情况时能够采取相应的措施，预防事故或将事故造成的损失降至最低限度。隧道监控系统通过采用先进的电子技术，采集各种交通数据，通过计算机软件对信息进行处理分析，形成控制策略，及时发布各种控制命令、交通信息，处理各种交通事故，疏导交通流，及时向车辆提供安全服务信息。

交通基础设施信息物理系统是面向人造工程结构变化进程与信息进程融合的系统。

2. 车路协同信息物理系统

车路协同信息物理系统是基于无线通信、传感探测等技术进行车路信息获取，通过车-车、车-路信息交互和共享，并实现车辆和基础设施之间、车辆与车辆之间的智能协同与配合，达到优化利用系统资源、提高道路交通安全、缓解交通拥堵的目的。通过车路协同信息物理系统，可在出行者、智能车载单元和智能路侧单元之间进行实时、高效和双向的信息交互，保障车辆有效地处理周边交通环境信息，辅助驾驶决策，应对复杂路况和高速行驶的各种安全问题，为交通参与者提供全时空的、可靠的交通信息，实现人-车-路的充分协同，以有效提升道路交通系统的安全性和通行效率，改善交通环境，增加出行舒适度。在技术上，智能车路协同技术将综合应用信息、通信、传感网络、下一代互联网、可信计算和计算仿真等领域的最新技术，实现车辆与道路设施的智能化和信息共享，在实时、可靠的全时空交通信息的基础上，结合车辆主动安全控制和道路协同控制技术，保证交通安全，提高通行效率，实现人-车-路的有效协同。

车路协同信息物理系统是面向车辆运动及其与道路协同进程与信息进程融合的系统。

3. 交通控制信息物理系统

交通控制信息物理系统从信息角度出发研究系统作用关系和运行规律，并以信息为手段调控系统运行实现控制目标。

4. 其他应用层面的交通信息物理系统及其特点

由于道路交通系统及其运行与整个社会的运行高度关联，涉及很多方面，并不局限于上述系统应用。例如，交通信息物理系统还可以应用到多方式联运物流运输管理、城市公交客运与火车、轮船、航空、长途客运调度管理、道路与交通资产管理、交通安全控制等诸多方面，每个应用都有其不同的物理进程，与信息进程融合和作用方式差异较大，可分别进行有针对性的研究。

本书主要围绕道路交通系统运行这一复杂的系统过程讨论交通信息物理系统。

3.2 交通控制信息物理系统

在现代社会，由出行者、机动车、道路三类要素完全自由组合所构成的道路交通系统几乎无法安全高效运行，即使拥有最好的道路网络系统、最佳的公序良俗、最优质的机动车辆，也无法正常实现交通功能。道路交通系统显然不是物竞天择、适者生存的大自然系统，而是与现代社会高度融合的服务型工程系统，是现代社会运行的重要基础之一。因而对道路交通系统的管理与控制上端涉及国家法律法规，下端涉及各种先进技术应用细节。研究人员围绕道路交通系统运行所遇到的各种问题开展了大量科学研究工作，以期深刻认识交通系统运行规律，开发有效管控方法，努力提高交通运行效率和安全水平。

以智能交通系统（Intelligent Transportation System, ITS）为代表的先进交通技术，通过在道路交通系统中添加和设置大量先进的电子装置与计算机信息系统，实施对交通系统运行的管理控制，在很大程度上提高了道路交通系统的运行效率和安全水平。但是，随着道路交通规模的急剧扩大，道路使用强度的激增，交通流量在时间和空间上大幅度不均衡现象加剧，以及突发的自然灾害、严重交通事故带来的扰动，道路交通管理控制系统仍然面临着严峻的挑战。事实已经证明，这样的挑战，不是大量添加先进电子装置和计算机信息系统能够应对的，不成体系硬件装置、重复低效的交通信息化和采集海量交通数据无法解决当前大城市交通控制系统面临的诸多严重问题。可以说，如何使道路交通系统的运行更加安全、高效和节能，仍然是现代交通控制理论与工程技术面临的难题之一。

交通控制从最早的信号灯使用到现在的智能交通系统的先进交通控制系统，已历经上百年的探索应用，而且没有就此停止。交通控制技术的飞跃发展，不仅仅是控制器、电子计算装置、网络设备等"硬件"的发展，也是信息科学与计算科学等"软件"的发展。从信息角度看，交通控制发展的本质是信息计算水平的不断提高，而交通控制器、传感器、电子计算机装置、网络设备这些硬件只是信息计算赖以存在的物质、能量的载体。图3-1显示了交通控制发展与信息计算水平的关系。

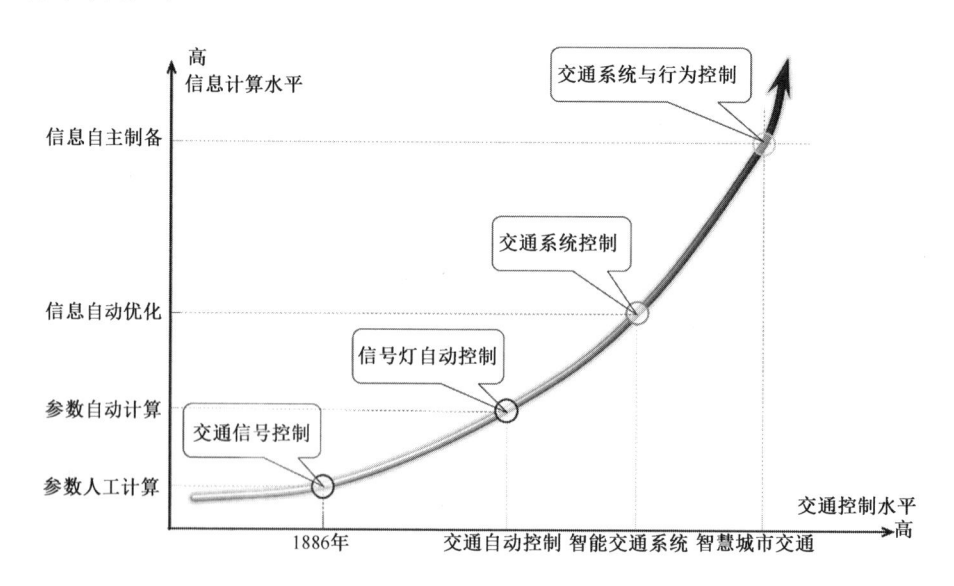

图 3-1 交通控制发展与信息计算水平的关系

因而，交通信息物理系统相关研究往往不考虑具体的电子信息装置与系统等硬件，仅从交通中的信息规律角度出发，研究道路交通系统运行及其面临的各种问题和解决方案，探索应用信息计算来破解交通控制难题新的研究思路。

3.2.1 交通信息物理系统的特点

道路交通系统运行复杂性主要由系统构成要素复杂、要素运动表现复杂和要素之间交互作用方式复杂等构成，这些都在交通系统分析相关文献和著作中得到充分探讨。本节主要从信息的视角出发，观察道路交通系统的运行和控制，探讨交通系统信息物理系统的一些特点。

（1）广泛涉及运动与信息、行为与信息关系等基础科学理论的研究。牛顿力学定律和能量守恒定律可以描述机动车辆的运动规律，但不能描述信息与运动的关系规律。行为科学广泛研究行为规律，信息与行为的关系研究不能直接引入交通行为与信息关系的研究中。交通信息物理系统需要同时应用物质和能量的运动规律，以及交通行为规律和信息作用规律，才能实现将电子信息的进程（计算）融入交通运行的进程，实现对交通系统运行的调节。

（2）信息手段是交通系统运行管控的主要手段。交通信息物理系统认为，交通系统运行复杂多样性的根本原因之一是信息作用的多样性。反之，通过加强信息流动交互、提高信息计算水平、强化信息效用就可利用信息实现对交通系统运行多样性调节，有效管控交通系统的运行。

（3）交通控制指令信息与控制对象信息结构性异化。交通控制检测对象是机动车等载运工具的运动及其参数，交通控制目标参数设置是关于道路交通系统运行状况的评价，而交通控制指令信息作用于交通参与者（交通人）及其行为，这就形成控制目标设置信息——控制指令信息——系统运行检测信息等信息的结构性异化，导致交通信息物理系统必须建立更为复杂的信息作用关系模型与之相对应，增加了信息进程的难度。

（4）道路交通系统运行规律建模复杂困难。由于相关科学研究困难重重，对由人的行为主导的道路交通系统的运行规律研究认识的水平有限，更难以用数学或程序模型有效描述交通系统运行。其中，信息作用下的交通行为对交通运行规律建模何时可以忽略，何时可以简化，何时必须考虑等无法准确掌握。

（5）交通的流动性决定了对相关信息流动要求较高。动态交通实体均由人主导，虽具有交通信息探测能力，但个人直接获取应用的交通信息涉及范围和采集强度均有限，相对于道路交通系统的运行，自然呈现信息"孤岛"。同样交通检测装置获取的信息只有流动才能发挥作用，且流动性水平越高，发挥的作用越大。

（6）交通运行的复杂性决定了对获取交通信息的要求很高。这不仅因为交通系统面广、要素多、变化快、变化幅度大，还因为许多交通系统宏观信息、微观信息无法直接获取，只能依赖对检测数据计算分析、归类汇总、插值估计等算法间接获取。

（7）对机器计算水平要求高。这不仅体现在对计算机速度、容量、精度、可靠性等硬件指标的要求上。支撑交通信息进程的计算水平还取决于交通系统运行规律、控制策略、优化路径、综合决策等数学模型和程序模型、计算算法模型等。这些模型方法是建立在交通学科、控制学科、计算机学科、信息与行为学科研究基础上的，是科学家、科研工作者的智力劳动成果，目前计算机还无法取代。

（8）对提高交通控制指令信息对交通行为的效用要求高。实现信息对行为的效用是交通进程与信息进程融合的重要环节。将交通控制指令信息作用到道路交通系统的运动要素（车）上，必须首先作用于交通参与者（人）的行为上。目前只有交通信号灯控制能够较好地实现控制指令信息的效用，其他交通控制指令信息对于交通行为效用处于影响、诱导、要求、干预等较低水平上，交通信息的效用具有很强的不确定性。

3.2.2 交通控制信息物理系统模型

交通信息物理系统不是对现有交通系统的信息化"装修"，其模型架构当然也不能是交通系统模型的修修补补，而是要根据信息物理系统特征建立相关模型。

1. 交通控制信息物理系统层次模型

根据系统研究的一般方法，首先将交通控制信息物理系统模型分解为理论、方法和技术三个层次，如图3-2所示。

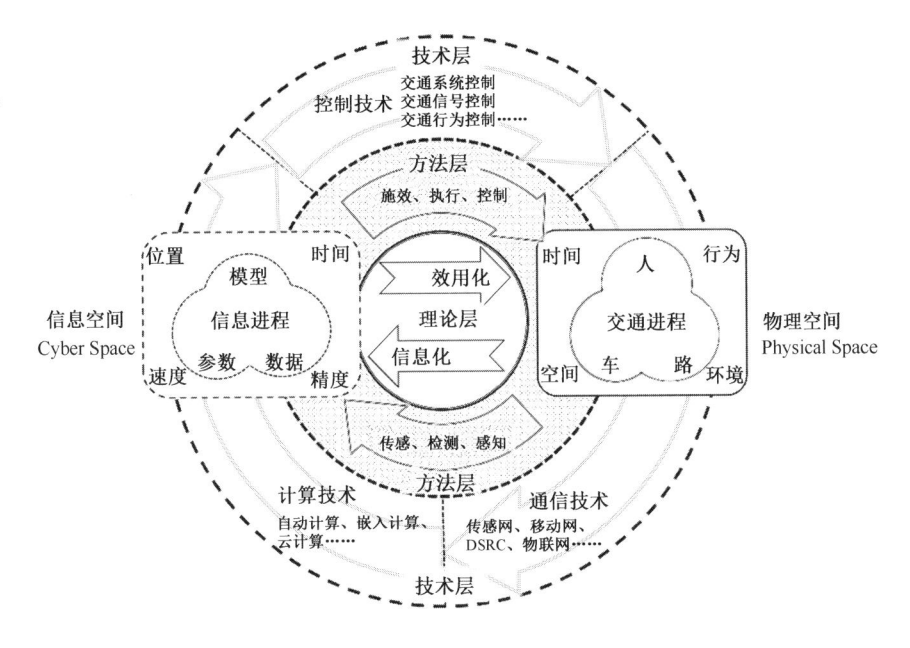

图 3-2 交通控制信息物理系统层次模型

（1）理论层：研究交通系统进程、交通信息进程及两进程融合作用的相关基础理论；研究在信息空间充分描述表达交通系统运动与行为规律、信息空间中对交通信息进行计算等信息化理论；研究信息发挥效用调节交通系统进程等效用化理论。

（2）方法层：研究开发对交通系统进程物理参数检测、行为感知、数据处理、模型建立、参数标定、数值求解、仿真优化、决策实施等技术方法；开发交通控制新手段，提升交通控制指令信息的效用，以及控制指令执行评价等操作方法。

（3）技术层：研究设计信息在交通系统和信息系统之间流动交互作用技术方案，将先进的计算、通信、控制等技术应用到交通信息物理系统中，构造安全、高效、可靠运行的道路交通系统。

2. 交通信息物理系统构造关系模型

信息存在于电子信息系统或人的大脑构造的虚拟空间中，可以描述物理世界中的系统及其运行规律，进行信息计算，甚至可以虚拟化地进行物理系统运行。信息的这种虚拟性使其可以任性表达现实物理系统的静态特性、运动特性、未来特性和危险特性，进而可以根据目标要求，通过信息计算形成干预、调节、控制系统运行的信息方案。当信息与交通高度融合，形成新的系统时，计算出来的信息就可以调节、改变道路交通系统的运行。

服务于信息与交通融合，交通系统与信息系统关系描述模型如图 3-3 所示。

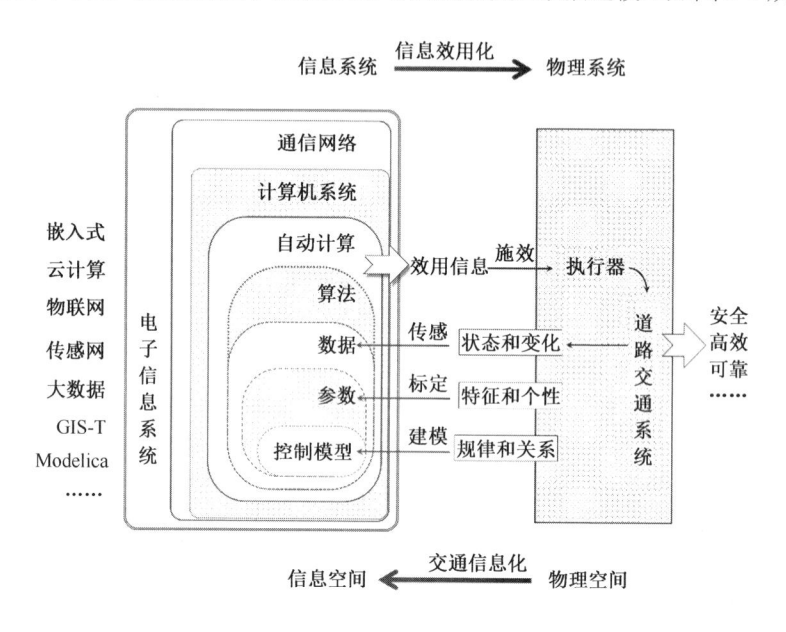

图 3-3　交通系统与信息系统关系描述模型

在关系描述模型中，首先将道路交通系统及其运行植入、映射到信息系统中，即在虚拟的电子信息空间有效、准确地描述交通，称为"交通信息化"。再将信息系统计算出来的信息施加于交通，并产生期望的效用，称为"信息效用化"。

1）交通信息化

交通信息化又可称交通信息建构。这里所说"信息化"不是简单地在道路交通系统中安装传感器、计算机、通信网络、数据库系统等，而是根据构建交通控制信息物理的需求及交通与信息计算的特点，将道路交通系统及其运行准确"映射"到信息空间的过程。即交通信息化是将物理空间中的道路交通系统映射到虚拟的电子信息空间中，并维持这种映射的有效性、准确性的过程。交通信息化可分解为如下三个方面。

（1）建模：旨在电子信息系统中建立关于道路交通系统的要素属性表达、

要素作用关系、运行规律等的描述。这项工作通常由科研人员完成，是对交通系统运行及其控制的基本规律认识过程和描述过程。

（2）标定：根据道路交通系统的实际或具体的应用问题，对交通模型结构进行简化、模型参数取值进行标定、逻辑关系进程测试等过程。这项工作通常由系统工程师完成，是对电子信息系统具体应用环境与对象的配置。

（3）传感：实时检测获取交通系统运行状态并存储，为模型计算数值求解提供实时交通系统运行参数及态势参数。检测传感过程通常依赖传感器自动进行，依靠通信和数据库系统进行数据汇集、存储和处理。

2）信息效用化

信息效用化也可称为"信息交通化"，是信息施效过程。信息施效是指将电子信息系统产生的信息施加到道路交通系统，并产生控制效用，使道路交通系统运行发生期望的变化。在实际的交通控制中，因涉及自动控制、系统控制和行为控制，执行器设计、应用效果表现复杂等因素，信息施效通常是薄弱环节。信息施效主要包括如下三个步骤。

（1）计算：是信息处理面向交通情境、面向控制目标、面向控制对象的高级信息操作阶段，这一阶段成果是加工、衍生、制造出新的信息，包括预测信息、控制信息、诱导信息、约束信息等。信息计算往往根据控制目标和系统运行状态，应用交通系统模型进行求解，多方案仿真优化，最后完成交通控制方案决策。为了提高信息的控制效用，计算过程往往还需要根据控制对象的信息特点，有针对性地进行计算，以提升信息对交通的效用化水平。

（2）转换：将计算出来的电子信息转换成执行器可实施的信息。面向自动控制和系统控制，执行器、控制器不同，信息转换就不同。当电子指令信息作用对象是人时，信息转换不是单一的信息转换过程，还涉及信息语境条件和信息语境构建等多重过程。

（3）施效：控制指令信息施展效能，作用于被控制对象交通实体。交通系统控制指令信息追求效用，不是简单的发布即控制，而是关注对控制对象的效用，并根据效用进行强化或弱化。在交通行为控制中，提升信息控制的效用，对执行器及其应用的方法提出了很高的要求，目前是整个交通控制的薄弱环节。

3) 关系模型的表达

对于交通信息物理系统 TCPS 由交通系统 Tsys 和信息系统 Csys 构成，有：
$$\text{TCPS} = \mathcal{F}_p \{\text{Tsys, TtC, Csys, CtT} | \text{Drv}(\tau, \omega)\}|_t, \quad t \in \{T, nT\}, n \in R$$

其中，

$\mathcal{F}_p$：异类系统构造方法的操作序列；

TtC：交通系统 Tsys 的信息建构，或称交通信息化，TtC = { iMod(τ), iCali(δ), iDet(t), ⋯ }；

其中，

iMod(τ)：系统人工建模，τ 为建模周期；

iCali(δ)：参数人工或自动标定，δ 为参数标定或系统辨识周期；

iDet(t)：传感检测，t 为采样周期或统计周期；

CtT：信息系统 Csys 施效于交通系统，或称信息效用化，CtT = { iComp, iTranf, iExcu, ⋯ }；

其中，

iComp：计算；

iTranf：转换；

iExcu：执行；

Drv(τ, ω)：构造方法的驱动序列，其中，τ 为驱动时机，$\omega \in \{\omega_1, \cdots, \omega_n\}$，有 n 种驱动机制；

T 为进程观察最小时间尺度。

交通控制信息物理系统以实现高效交通控制为目标，在电子信息系统形成的虚拟空间中建立交通对偶系统，在模型、参数和计算决策等层次上信息化道路交通系统及其运行规律，以时间、位置、速度、事件、精度等为参照，计算得到交通控制方案信息，再将优化的控制方案转化为控制指令信息，施加于交通系统，实现信息的效用化。

3.3 信息进程与交通进程的融合

一般所说的融合手段或方法常被应用于新材料或化合物的制备过程中。随着计算技术和数据处理技术的发展，"融合"理念也被引用到检测器自动监测获得的多种数据处理中，产生数据融合相关理论、方法和技术，并延伸应用到信息融合、决策指令融合等计算科学与控制应用领域。

实现信息与交通的融合比数据融合更为复杂和困难，信息和交通是两类完全不同的对象。信息是实在的物质能量系统，信息则是虚拟的，具有非物质属性，可进行计算、存储等操作。

3.3.1 多源数据的融合

数据融合是在计算机等电子信息系统中针对不同来源的数据在一定准则下进行自动分析、优化综合以服务决策计算而进行的前期数据加工，是一种面向复杂、多源、多格式数据的组织、互验、验证、归纳、集成的数据处理过程。数据融合是交通信息物理系统数据处理的技术基础。在数据融合的过程中，通常可以看到数据/信息在计算的作用下，以某种方式拼接、编制、组合、交融、混合、衍生。

汇总相关研究文件资料，数据融合可实现如下功能。

（1）可以提高数据的可信度。多源数据的匹配对接能更加准确地获取环境或对象的某一特征或一组相关特征数据，使交通信息系统所获得的数据具有更高的精度及可靠性。

（2）增加了监测目标特征的维数。各类传感器数据相互补充，收集的数据中不相关的特征增加了，整个系统即可获得某单一传感器所不能获得的独立特征数据，可显著提高探测系统的性能，使对监测目标的数据采集不易受到自然破坏或干扰。

（3）减少了获得数据的成本。在相同的时间内能获得更多的数据，特别是在探测运动速度快的目标时，从而减少了获得同样多数据所付出的代价。

（4）减少数据获取时间，加快数据处理速度。由于传感器数据处理可并行进行，每个单独的传感器可以相对简化其处理的步骤，加上计算机技术在数据融合中的大量应用，许多原来需压缩的原始数据，可以直接作为数据融合系统的输入，通过多组这种数据的互相关联，最大限度地利用其中的信息。

（5）提高了探测容错能力。由于多个传感器所采集的数据具有冗余性，当系统中有一个甚至几个传感器出现故障时，尽管某些数据容量减少了，但仍可由其他传感器获得有关信息，使探测系统可靠运行。因而，经过数据融合处理会使探测系统具有很好的容错性能。

数据融合主要面向传感网络上各种检测方法和检测器制式，主要有集中式、分布式和混合式结构。

（1）集中式融合结构从所有传感器平台获得数据，并将数据传送到中央处理器进行融合处理。即对所收集的数据进行集中处理。

（2）分布式融合结构。各传感器利用自己的量测跟踪目标，将估计结果送到总站，总站再将子站的估计合成为目标的联合估计。即根据需要对所收集的数据进行分类处理。

（3）混合式是上述两种结构的混合体，摆脱了分布式与集中式的缺点，整合了两者的优点，利于融合的效率。

表 3-2 显示了集中式与分布式数据融合的优缺点。

表 3-2 集中式与分布式数据融合的优缺点

结构	优点	缺点
集中式	数据中央集中保存所有数据； 融合处理精度高、方法调整灵活； 可处理较少量的标准化元素； 传感器位置选择灵活； 计算能力与环境较易于控制	对通信要求高； 接收、存储的原始数据量大； 计算资源集中，可靠性要求高； 问题或层次分解困难； 应用接口少
分布式	计算能力分布，且接近数据产生位置； 传输数据质量高，处理性能增强； 已有的平台数据总线（低速）可频繁使用； 问题分解较容易，使用多种需求； 传感器独立运行能力加强	数据集成能力降低； 中心数据融合能力受限； 在恶劣环境下，某些传感器探测性能降低； 将导致计算能力的浪费，并增加开销； 传感器位置选择要求高

无论数据来源、应用的目的、处理的方式多么复杂，数据融合也只是在电子计算机系统中或赛博网络空间中进行的单纯数据信息操作。

3.3.2 信息进程与交通进程编织融合方法

信息是虚拟的，交通则是物理的，是异类构造元素。实现两者融合的目的非常明确，是使道路交通系统更好地运行。这就决定了两者的融合不是静态融合,而是建立在进程基础上的动态融合,是信息计算进程与交通运行进程的融合。没有进程,就没有信息与交通的融合。

如何实现异类元素的融合?观察生活中的编织物可以发现,编织可以将不同的固态物质(通常是具有弹性的物质)制造成新的物品,并拥有新的品性。在不同观察视角下,编织实现了不同品性物质的"融合"。通常编织由物品线性离散化和构造编织两个步骤构成。第一个步骤使得物品线性纤维化,第二个步骤通过控制节点与连线作用来制造出平面或立体的编织物品。

与物品的编织相比,在交通信息物理系统中通过计算、通信和控制等方法实现信息进程与交通物理进程的编织融合要更复杂。图 3-4 以交通信号系统控制为例说明交通进程与信息进程的编织融合。

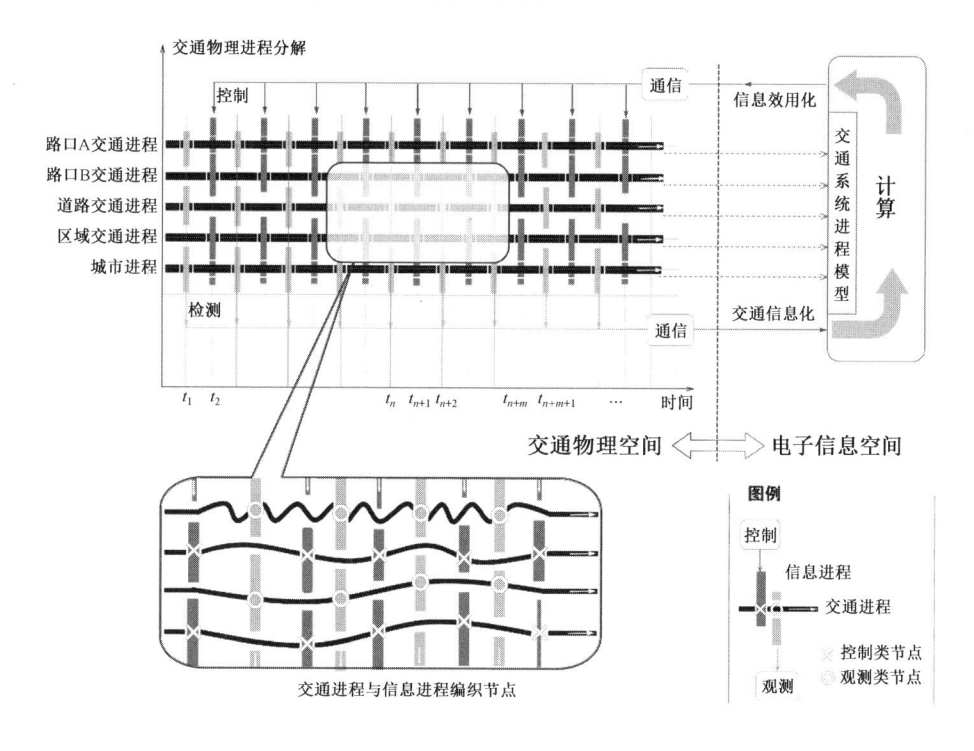

图 3-4 交通进程与信息进程的编织融合

对于构造交通信息物理系统,信息进程与交通物理进程的融合目的就是强化信息进程对交通物理进程的调节与干预。

$\{\text{Tsys}(s), \text{TtC}, \text{Csys}, \text{CtT}|_i^g\}$ 为一个实现系统从 i 状态到 g 状态的融合系统,

其中，Csys 为信息进程集合，Tsys(s) 为交通物理进程状态集合，TtC 为交通进程信息化，CtT 为信息作用于交通进程（信息施效），i 为融合系统的原始状态集合，g 为目标状态集合。

TCPS 是一个交通进程与信息进程编织融合的系统，Fbc 是制造方法：

$$\text{TCPS} = \text{Fbc}\left\{\text{Tsys}(s), \text{TtC}(t), \text{Csys}, \text{CtT}(m), \text{knode}(S, K)\right\}\Big|_i^g$$

其中，s：从初始状态 $i = \{i_1, i_2, \cdots, i_q\}$ 到 $g = \{g_1, g_2, \cdots, g_q\}$ 目标状态的进程；

TtC(t)：交通信息化过程；

CtT(m)：信息效用化过程；

knode(S, K)：制造融合节点，其中，S 为进程观测类节点集合，K 为进程控制类节点集合。

显然，"编织式"融合不是静态过程，而是持续的交通进程和信息进程相互交织的过程。

第一，交通物理进程的离散化。用 $p_i(\tau)$ 来表示离散化的交通物理进程，交通物理进程离散化程度由低到高依次为城市交通物理进程、区域交通物理进程、道路交通物理进程及交叉口交通物理进程等。离散化程度越高，带来的信息量就越大，对融合起到的作用也就越大。

第二，交通运行检测频率。针对离散化程度不同的交通物理进程的检测频率也有所不同，每种离散化的交通物理进程都有自己的固有频率，当系统需要该部分的信息时，根据自身固有频率设定检测频率。检测频率的大小都是根据需要设定的，当交通进程变化快、问题多时，检测频率增大以获得更多的实时交通信息。而当交通物理进程未发生变化或变化较小时，此时只需对交通进程进行稳态检测。

第三，交通控制指令调整频率。交通系统运行调整变化不可能一步到位，需要有一定的时间过程。交通控制指令调整频率应小于交通运行检测频率，也小于信息进程指令计算周期的倒数。

第四，信息进程指令计算周期。计算机的能力不是无限的，大型的交通系统、复杂交通模型及算法、控制方案优化仿真、适度的计算精度等都消耗计算时间。由于计算能力的高速发展，信息进程指令计算周期通常相对较短。

3.3.3 信息进程与交通进程滚动融合方法

从模式上看，滚动融合类似于液体的搅动融合。在驱动的作用下，不同液态的物质被搅拌形成新的液体。显然，搅拌式滚动融合也是进程融合，当驱动停止后，融合消失。

信息物理系统的计算、通信和控制由时间驱动 $d_1(t)$、事件驱动 $d_2(e)$、阈值驱动 $d_3(\delta)$ 和混合驱动进行调度，驱动的集合表示为 $D(\theta)$：

$$D(\theta)=\{d_1(t),d_2(e),d_3(\delta),d_4(\omega)\}$$

（1）时间驱动 $d_1(t)$：是指信息物理系统根据时间的变化调度相对应的最小融合体。如根据不同时段设置的单路口信号灯固定配时控制方案，在特定的时间针对潮汐车流所采取的信号控制方案，这些控制方案的调度均由时间驱动。

（2）事件驱动 $d_2(e)$：是指某一事件发生时信息物理系统调度相对应的最小融合体。如当某个紧急事件发生时驱动信息物理系统采取相应的应急调控方案。

（3）阈值驱动 $d_3(\delta)$：是指当系统运行状况或监测的特征参数达到某一阈值时，驱动信息物理系统采取相应的控制方案。如针对路段拥堵所采取的预警提示或匝道关闭。

（4）混合驱动 $d_4(\omega)$：是指以上三种驱动方式的综合应用。例如，在高峰时段，当发生事故且该路段车速低于阈值时，信息物理系统协调调度高峰时段控制方案、事故预案和大交通流疏堵方案。

信息物理系统的信息进程与物理进程融合的主要步骤如下。

首先，构造交通系统运行不同问题与自动应对方案，形成物理进程与信息进程最小融合单元，称 V 为物理进程与信息进程的最小融合单元集合，$V=\{\text{Csys} \cup \text{Tsys}:V=cp\}$，其中，Csys 表示信息计算进程，Tsys 表示交通物理进程。

其次，建立融合驱动机制 $D(\theta)$，监测交通物理进程 $\text{Tsys}(t)$。

$$\text{Csys}(\tau)\text{Tsys}(t)=D(\theta)V=\begin{cases}d_1(t)(c_ip_i),t\in(t_i,t_j)\\d_2(e)(c_ip_i),e\in(e_i,e_j)\\d_3(\delta)(c_ip_i),\delta\in(\delta_i,\delta_j)\\d_4(\omega)(c_ip_i),\omega\in(\omega_i,\omega_j)\end{cases}$$

其中，

$\text{Csys}(\tau) = \{c_1, c_2, \cdots, c_m\}$，$\tau \in \{\tau_1, \tau_2, \cdots, \tau_m\}$，在 τ 时刻信息系统观察或施效物理进程；

$\text{Tsys}(t) = \{t_1(t), t_2(t), \cdots, t_n(t)\}$，时间 t 参照，具有不同固有频率的物理进程集合。

通过时间、事件、阈值及混合方式所触发的驱动机制来监测和施效物理进程。

最后，面向交通系统运行进程，驱动相应计算进程配对融合；$\{\text{Csys}(\tau), \text{Tsys}(t), V, D(\theta)\}$ 为一个信息进程与物理进程的融合系统，其中，$\text{Csys}(\tau)$ 为信息进程集合，$\text{Tsys}(t)$ 为物理进程集合，V 为物理进程与信息进程的最小融合单元，$D(\theta)$ 为驱动集合。

$$\text{Tcps} = \text{Str}\{\text{Csys}(\tau), \text{Tsys}(t), V, D(\theta)\}$$

融合驱动机制下的交通进程与信息进程滚动融合如图 3-5 所示。

图 3-5 交通进程与信息进程滚动融合

交通进程与信息进程还有许多其他融合方式，如螺旋融合、搓绳绞合融合等。

3.4 交通信息物理系统评价

交通信息物理系统重要的表现形式是网络化的电子信息系统在交通系统中更为广泛的应用,但这种应用不是电子装置密度的简单加大,其评价指标也不能是电子信息装置的密度值。

3.4.1 交通系统运行管控的评价角度

首先回顾智能交通系统应用的相关评价。

智能交通系统将先进的信息技术、通信传输技术、电子传感技术、控制技术及计算机技术等加入道路交通系统中,本质上是通过信息手段自动干预、调节、控制交通系统的运行,提高道路交通安全与效率的水平。智能交通系统的运行高度依赖对道路交通系统进行的信息化工程:在道路网络中布设的交通流传感器、视频检测器等装置,获取和处理实时交通信息;在控制中心安装计算机系统,进行交通管理与控制计算决策;在道路上安装控制指令信息发布装置,用以实现交通管控。评价智能交通系统通常以提高道路交通系统运行自动化管控为目标,强调先进的电子信息系统的应用水平。

对智能交通系统来说,评价交通检测装置布局,通常看安装密度和位置、检测装置覆盖水平、检测时间间隔、重大交通事件发现时间等。而且评价检测装置安装设置还取决于计算需求:面向流量估计的传感器布局优化方法,主要应用于交通 OD 估计、快速路瓶颈判别和交通流分配等;面向速度(或旅行时间)估计的传感器布局优化方法,则主要应用于旅行时间的估计及基于最短行程时间的路径诱导等。这两类方法评价交通传感器的布局优化存在如下不足:①模型假设过多,不能真实反映实际应用需求和具体因素影响;②对于交通流特性存在显著差异的不同地点,没有区别对待;③路网中不同位置(路段、交叉口等)的权重没有区分;④道路交通流量在不同时段分布不均匀,检测强度(检测的参数和频率等)需根据需要调整。

对交通信息物理系统的评价,不能简单延续以道路位置、车辆与行人群体个体、交通事件等交通进程参数为评价参照的评价方法，应从信息分析角度与信息进程角度出发，评价交通信息物理系统。这里尝试一种针对交通信息物理系统依赖计算、通信与控制实现信息进程与物理进程的融合，实现大型交通系统可控、可信、可靠、安全、高效运行的评价方法，并以信息流动性、计算强度和进程融合度评价指数表示。

3.4.2 信息流动性指数

信息流动性指数用于表示交通信息流在交通网络中的流动水平和品质，主要包括对称性指数、质量指数、可靠性指数、共享度指数、可达性指数五个方面：

$$iFlux = f(iSymm, iQual, iRel, iAcce, iSha)$$

1. 信息流动对称性指数（iSymm）

对称性指数用于衡量道路交通系统运行与信息流动效用匹配的水平。在交通中，信息流量的大小应与道路系统中的交通量相匹配。当道路交通系统中的车辆流量、行人流量增大或减少，或车流和人流的增减的变化很快时，交通信息物理系统中的信息流对称加大或减小，形成交通流量与信息流量对称变化。$I_Q \propto F$，其中，I_Q 指信息流量的大小；F 指交通中的交通流量。

高品质交通信息物理系统具有较高的信息流动对称性指数。

2. 信息流动质量指数（iQual）

信息流动质量反映交通信息流动过程中信息适用度水平。粗糙、原始、滞后、矛盾的交通信息流动增加网络负担，加大计算的集中度，且服务交通具体应用的有效信息占比较少。信息精确性（Accuracy）、完整性（Integrity）、及时性（Timeliness）和一致性（Consistency）是高水平信息流动性的决定要素。精确性指信息所表达的物理进程参数与实际的接近程度；完整性指交通信息能够涵盖道路交通系统运行所表达的基本特征、客观状态；及时性表达交通信息能够被及时的检测、传输、计算和应用的水平；一致性是指关键信息内容一致、可相互印证。信息流动质量不仅仅是高效率网络通信的保障，更是交通信息物理系统信息与交通融合的关键。

$$Q = A \cdot \omega_a + I \cdot \omega_i + T \cdot \omega_t + C \cdot \omega_c, [\omega_a, \omega_i, \omega_t, \omega_c \in (0,1), 且 \omega_a + \omega_i + \omega_t + \omega_c = 1]$$

其中，Q 表示信息流的质量；ω 表示信息精确性所占权重。

3. 信息交互可靠性指数（iRel）

信息交互可靠性是保证交通检测、控制的有效运行的必要条件。在传输通道的可靠性度量中包含三层含义：①传输通道物理可靠性，交通网络传输中断是必须禁止发生的，其直接影响系统的正常运行；②传输通道的信息丢失率；③传输能力，可以视为网络性能。传输能力饱和，不能提供传输。从提供服务的角度应视为性能可靠性。

在一定的网络拓扑结构下，时刻 t 每条边 e_{ij} 的成功传输概率为 $p_{ij}(t)$，若源节点 u 到汇聚节点 s 的传输路由为 $uv \cdots ij \cdots ws$，则数据成功传输的概率为：

$$r_u(t) = p_{uv}(t) \cdots p_{ij}(t) \cdots p_{ws}(t)$$

$r_u(t)$ 为节点 u 产生数据成功传输到汇聚节点的传输可靠性，$p_{ij}(t)$ 表征了节点软硬件对数据传输可靠性的影响。

4. 信息传输共享度指数（iSha）

信息的共享和复用不改变信息本质价值，是信息区别于物质和能量的最根本的特性之一。信息在流动中的共享性包括有两层含义：一是信息流交换的双方，即传播者和接收者都可以享有被交换的同一信息；二是信息在交换或交流过程中，可以同时为众多的接收者所接收和利用。信息流的共享性使得各种交通检测信息能够被众多使用者所识别，使得信息流能够以无成本或低成本的方式扩展和传播。信息的共享度由信息规则确定。

$$S = \frac{\sum_{i=1}^{N} p(s_i) \omega_i}{\sum_{i=1}^{N} \omega_i}$$

其中，$p(s_i)$ 指第 i 类交通信息能够被识别的概率，ω_i 指第 i 类交通信息重要度。

5. 信息可达性指数（iAcce）

信息可达性指在道路交通系统运行中涉及的所有要素信息是否可联通。车辆是道路交通系统中的重要运动要素，其特点是大范围快速移动，且具有驾驶行为特性，产生大量的信息。车辆的独立性、移动性决定了只有依靠无线通信方式才能实现信息联通。因而，与道路上安装的交通流检测器、信号灯控制器、可变信息系统相比，车辆与交通系统信息交换具有重要性高、可达成本高、可靠性差、时间滞后长等特点。

信息可达性最终影响交通信息进程与交通物理进程融合程度。

$$k_a = M/N$$

其中，k_a 指信息可达的比例；M 指信息能够可靠到达设备终端的数量；N 指交通要素设备终端总量。

3.4.3 计算强度指数

计算在交通信息物理系统中起着"大脑"的作用，反映或评价计算的指数不是简单的数据处理速度，而是综合计算强度，可将计算强度指数表示为 iComp。

$$\text{iComp} \propto (1/\text{iMSD}, 1/\text{iDC}, 1/\text{iD}, \text{iTL}, \text{iF}, \text{iVer})$$

1. 多源数据指数（iMSD）

多源数据指数是指在计算过程中所涉及的数据种类和数据来源，丰富的数据来源使计算能够更为有效地应对问题，给出更符合实际的交通控制决策。数据的种类可以是一源多种（DS），也可以是多源多种（ST）。数据源包括检测器设备数据源、人为数据源、数据库数据源、知识库数据源、实时计算数据源（如预测数据）等，数据种类包括直接数据、间接数据（感知数据）、决策指令数据、参数数据等。若想对这些不同种类的数据进行混合计算，就需要对这些数据进行同一性换算以实现数据融合。

$$\text{iMSD} = f(\text{DS}, \text{ST}), \quad \text{iMSD} \propto (\text{DS}, \text{ST})$$

2. 计算度指数（iDC）

计算度指数是指计算过程中所涉及的算法对不同程度计算的影响指数。在计算算法中，时间复杂度和空间复杂度是评价算法收敛及优劣的重要指标。所以，在评价计算度指数时，应当将这两个指标当作重要因素来考虑。在计算中，$O(T)$ 表示时间复杂度，$O(S)$ 表示空间复杂度。

$$\mathrm{iDC} = f[\mathrm{O}(T), \mathrm{O}(S)], \quad \mathrm{iDC} \propto [1/\mathrm{O}(T), 1/\mathrm{O}(S)]$$

3. 数据量指数（iD）

数据量指数是指数据的数量和质量对于计算的影响指数。数据处理的基本目的是从大量的、可能是杂乱无章的、难以理解的数据中抽取并推导出对某些特定的人来说有价值、有意义的数据。数据量的大小对数据的采集、存储、检索、加工、变换和传输的每一个过程均有影响，而数据质量的好坏则直接影响计算结果的好坏。在计算中，DM 表示数据数量，DQ 表示数据质量。

$$\mathrm{iD} = f(\mathrm{DM}, \mathrm{DQ}), \quad \mathrm{iD} \propto (1/\mathrm{DM}, \mathrm{DQ})$$

4. 计算时效性指数（iTL）

计算时效性是指在计算前、计算过程中及计算后所需要或输出的数据或信息能够及时、有效、快速地传输给系统。数据的时效性和价值性是紧密联系在一起的，如果数据失去了时效性，也就失去了处理的价值。为保证数据能够及时有效地为计算服务，所以数据的传输速率、计算度指数、多源数据指数和数据量指数等都需要考虑在内。

$$\mathrm{iTL} = f(V, \mathrm{iDC}, \mathrm{iD}, \mathrm{iMSD}), \quad \mathrm{iTL} \propto (V, \mathrm{iDC}, \mathrm{iD}, \mathrm{iMSD})$$

5. 计算灵活度指数（iF）

计算灵活度指数是指在计算过程中各终端获得数据后，是在本地终端进行计算后再将数据传送至中心，还是直接传送到中心由中心按照不同的计算强度或计算方法将这些数据分散到各个私有或是共享云服务的这种灵活安排对计算的影响指数。计算灵活度指数越高，说明本地计算和中心计算的灵活度越高，信息物理系统的整个计算效率就越高。

$$\mathrm{iF} = \max[f(\mathrm{local}), g(\mathrm{center})]$$
$$f(\mathrm{local}) \propto (\mathrm{SN}, \rho, E_l), \quad g(\mathrm{center}) \propto (D, \mathrm{iMSD}, E_c)$$

其中，SN 表示传感器数量，ρ 表示传感器分布均匀度，E_l 表示本地终端计算效率；D 表示数据量的多少；E_c 表示数据分到各个计算的计算效率。

6. 计算结果验证度指数（iVer）

计算的结果验证度是指计算的结果能否对整个信息物理系统进行有效的验证。验证度指数越高说明计算结果的准确性越好。在计算验证度指数时应当考虑以下影响因素：仿真模拟的可交互性 γ [0, 1]取值、模型响应时间 RT 及系统运行时间 LT。即

$$iVer = f(\gamma, RT, LT) \quad iVer \propto (\gamma, 1/RT, 1/LT)$$

3.4.4 融合度指数

对信息进程与交通进程融合评价，可用融合度指数（FI）来衡量，融合度指数（FI）可表示为进程解析度指数（AD）、随动指数（SI）、计算响应指数（CR）和施效指数（AE）之和。

$$FI = AD + SI + CR + AE$$

1. 进程解析度指数（AD）

进程解析度指数是面向交通运行及交通控制的目标，将大范围复杂的交通进程按物理区域、交通事件演化、交通控制装置功能、控制任务和目标等分解为不同的交通进程，以便与不同层级的信息进程进行融合的评价指标。解析度指标与交通进程解析度（Process Analyzing Degree, PAD）、状态解析度（Status Analyzing Degree, CAD）及信息解析度（Information Analyzing Degree, IAD）成正比：

$$AD = f(PAD, CAD, IAD) \quad AD \propto (PAD, CAD, IAD)$$

（1）交通进程解析度。进程解析度是在编织融合中衡量交通进程分解程度高低的指标。对某一件交通事件来说，进程解析度越高，对信息的提取越有帮助。

（2）状态解析度。状态解析度是指在滚动融合中衡量某件事件、某具体时间或由阈值等引发的交通事件的细化程度。对交通事件的细化程度越高，状态解析度越高，对后续解决问题的方式也就越明确。状态解析度与信息解析度成正比。

（3）信息解析度。信息解析度是指由交通进程转化成所需信息程度高低的指标。信息解析度越高对融合越有利，并与进程解析度成正比。

2. 随动指数（SI）

随动指数是指信息进程跟随交通进程或交通问题变化程度的指标。随动指数由检测频率（f）决定。对不同时刻、不同交通问题或交通状态来说，检测频率是不同的。一般情况下，检测频率在设定的范围内越大越好，而在夜晚的交通中，交通顺畅时并不需要高频率的检测，其检测频率能维持最基本的监测功能即可。而本节只考虑交通出现问题时的随动指数，其与检测频率成正比，即

$$\text{SI} = f(\omega, 1/\propto, \text{CR})$$

其中，ω 为采样频率，$\propto$ 为采样失真度，CR 为计算响应指数。

3. 计算响应指数（CR）

计算响应指数是衡量完成对信息输入—计算—输出这一过程的处理速度的指标，其包括模型的选择及计算、仿真的速度。计算响应指数与模型响应时间（Response Time of Model, RTM）、计算运行时间（Running Time of Calculation, RTC）及计算可靠性（Calculation Reliability, CR）这三个参数有关。其函数关系为：

$$\text{CR} = f(\text{RTM}, \text{RTC}, \text{CR}) \quad \text{CR} \propto (1/\text{RTM}, 1/\text{RTC}, \text{CR})$$

（1）模型响应时间。模型响应时间是指在计算过程中对模型的选择所需时间的描述。模型响应时间越小，计算速度越快，即模型响应时间与计算响应指数成反比。

（2）计算运行时间。计算运行时间是指对所获得的信息进行计算，并将计算结果进行仿真，完成这一过程所需要的时间。这一过程所需时间越短，计算运行时间就越短，即计算运行时间与计算响应指数成反比。

（3）计算可靠性。计算可靠性是指在计算处理过程中对计算过程本身是否可靠，并导致计算结果是否可信的评价。当计算问题和方法确定后，计算过程可靠性保障了整个计算结果的可信，影响计算响应指数的评价。

4. 施效指数（AE）

施效指数是指信息进程作用于物理进程所起到的效果指数，是对交通物理进程改善程度的评价。用指令信息的时效性（Timeliness, TL）、系统运行效率（Running Efficiency, RE）、控制精度（Control Accuracy, CA）这三个参数来评价施效指数，这三个参数与施效指数成正比。

$$AE = f(TL, RE, CA) \quad AE \propto (TL, RE, CA)$$

（1）时效性。时效性是指信息仅在一定时间段内对决策具有价值的属性。指令信息的时效性在很大程度上制约着决策的客观效果，即时效性与施效指数成正比。

（2）系统运行效率。系统运行效率是指评价完成检测——控制一次循环的效率的指标。系统运行效率与施效指数成正比，即运行效率越高，对施效指数越有正向作用。

（3）控制精度。控制精度是指系统中控制参数值与控制目标参数的差值是否满足要求，控制精度与施效指数成正比。

第4章

信息的概念与交通信息

本章主要面向交通信息物理系统特定应用，介绍信息的概念及信息的感知、处理、决策、施效等进程阶段。

4.1 信息相关概念

本节主要介绍信息的一些概念和信息的一些基本规律，以便从信息科学的角度认识信息并将其应用到交通信息物理系统中。

4.1.1 信息的一般定义

信息作为一个科学术语被提出和使用，可追溯到 1928 年 R. V. Hartly 在《信息传输》一文中的描述，他认为信息是指有新内容、新知识的消息。关于信息的具体定义则见仁见智。不同的信息定义源自不同的科学技术领域（如通信领域、系统科学、心理与行为研究，乃至哲学领域），服务于其特定的学术研究和技术开发，各有侧重。

信息最初的概念是由信息论的创立者香农提出的，他把信息定义为用来消除不确定性的东西，具体地说就是在信息宿中用来消除对于在信息源中发出的消息的不确定性的东西。1948 年，C. E. Shannon 博士在《通信的数学理论》中给出了信息的数学定义，认为信息是用于消除随机不确定性的东西，并提出信息量的概念和信息熵的计算方法，从而奠定了信息论的基础；诺伯特·维纳教授在其专著《控制论：或关于在动物和机器中控制和通信的科学》中阐述信息是"我们在适应外部世界、控制外部世界的过程中，同外部世界交换内容的名称"；1956 年，英国学者 Ashby 提出"信息是集合的变异度"，其认为信息的本性在于事物本身具有变异度；1971 年，M. Tribes 等人在《科学的美国人》杂志上发表了题为"能量与信息"的论文，认为信息是使概率分布发生变动的东西；1975 年，意大利学者 G. Longo 在《信息论：心得趋势与未决问题》（以下简称《信息论》）中则指出信息是反映事物构成、关系和差别的东西，它包含在事物的差异之中，而不在事物的本身；2011 年又出现了"信息是反映事件（现象、确定性、属性、构成、关系和差别）的内容（东西）"的说法。表 4-1 列出了关于信息的定义和举例。

表 4-1　信息定义及举例

信息的定义	举例
信息是用于消除随机不定性的东西	对于城市道路中的某个平面交叉口，如果没有任何关于它的信息，那么这个路口的形状（属性）和交通状况（状态）对出行者来说存在多种可能：可能是三岔路口或四岔路口，可能有多个车道，道路交通状况可能是拥堵或是顺畅，等等。尽管一切皆有可能，但交叉口的实际属性状态只是可能属性状态中的一种，关于交叉口的信息就消除了路口的属性和交通状况的不确定性
信息是负熵	来自《信息论》和《控制论》的熵是用来描述任何一种物质运动方式的混乱度或无序度，它的矛盾对立面是负熵或信息量。信息增加了交通的有序度。通过学习，出行者可以获得和积累负熵（交通知识法规和知识信息），这些负熵增加了交通有序运行度
信息是有序性的度量	当出行者和交通管理者得到比较全面的关于交通系统信息时，就对交通系统有了比较全面的了解和把握，可以使自己的出行行为或管理的交通系统更加有序、高效。而当信息提供不够时，出行者和交通管理者对交通系统的了解不确定性增大，容易造成系统运行的混乱
信息是被反映的差异	没有信息，对一个交通控制系统来说，道路上所有交叉口的交通状况是相同的，或多或少，或有序，或无序。当获得一个路口的交通信息时，这个路口就不同于其他路口了
信息是人与外界相互作用的过程中所交换内容的名称	行人和驾驶员要想安全地通过交叉口，就必须依据信号灯颜色和交通警察的手势变化来判断是否允许通行。信息就是行人、驾驶员从信号灯、警察那里得到内容的名称

续表

信息的定义	举例
信息是作用于人类感觉器官的东西	在出行中,人们通过感官所感受到的交通状况:安全、舒适、快速、有序、混乱、拥挤等,都是信息
信息是选择的自由度	在交通出行中,从出发地到达目的地,有多种路径选择,有多种乘车方式,人们可以根据自己的知识信息和获取交通信息来选择最为合理的出行路径。没有知识信息,交通信息选择自由度就会变小
信息是通信传输的内容	手机已成为日常生活中不可缺少的沟通工具,人们利用打电话或发短信等方式所交流的信息,都是通过通信传输的
信息就是信息,既不是物质也不是能量等	信息来源于物质,借助物质和能量进行传送,但信息不是物质和能量本身。一次交通事故,它的事故全过程可以被摄像机拍摄下来,之后可以播放出来。事故处理后,虽然事故现场已经不存在,但这条事故的信息仍然存在

经典信息论的诞生有两个来源。一是来源于物理学的熵理论,Boltzmann 在讨论熵问题时就说过:熵是对失去的信息的度量。信息论中的熵 $H(X)$ 和 Boltzmann 熵 S 存在某种等价关系。这说明了两者有血缘关系。二是来源于早期人们对电报通信的研究。16 世纪,Gilbert 等人就研究了电报电码问题,这一研究的著名产物是 Morse 电报电码,使用该电码可以用较少的电报符号传递较长的电文。而 Shannon 熵正反映了使用最优方式编码时,平均每个文字需要的最短码长。

信息科学理论的诞生还来源于对人类自身获取信息、学习思维、应用信息等规律的探索。人类的行为与社会活动高度依赖信息。人的感官、大脑均为生物信息装置,是获取信息、处理信息、指挥肢体进行行为活动实现信息效用的基础。在人类高级社会生活中,信息是取得博弈优势的关键资源。1961 年斯蒂格勒《信息经济学》的发表标志着科学家对人类经济生活中的信息科学规律的探索进入新阶段。

就目前来看,信息的概念和定义与研究应用信息的领域密切相关,没有后者相关的学科知识,很难从语言文字的表达上深刻理解信息的定义及其作用。交通信息物理系统研究基于诸多领域关于信息研究的成果,但这里也不可能一一给出每个领域关于信息的定义。本章对信息概念的探讨围绕信息对交通系统与行为的效用,以及构建交通信息物理系统相关研究进行。

从现象看，信息来自信息源系统 A，借助物质与能量传送并被感知（或检测、认知），在信息宿系统 B 中形成对信息源系统的映射。信息映射消除了系统 B 对系统 A 认知的不确定性，以服务特定应用目的（实现信息效用），是系统 B 以自己的方式掌握的关于系统 A 的信息。信息代表了一个事物或系统的固有属性、运动状态和计算发布内容在另一个事物或系统中具有效用的映射。抽象看，信息源向信息宿传递（或者信息宿从信息源处获取的）的产生效用的非物质或能量资源，即信息。信息及其进程使信息呈现出复杂的形式和内容。如图 4-1 所示是面向效用的信息的概念及进程。

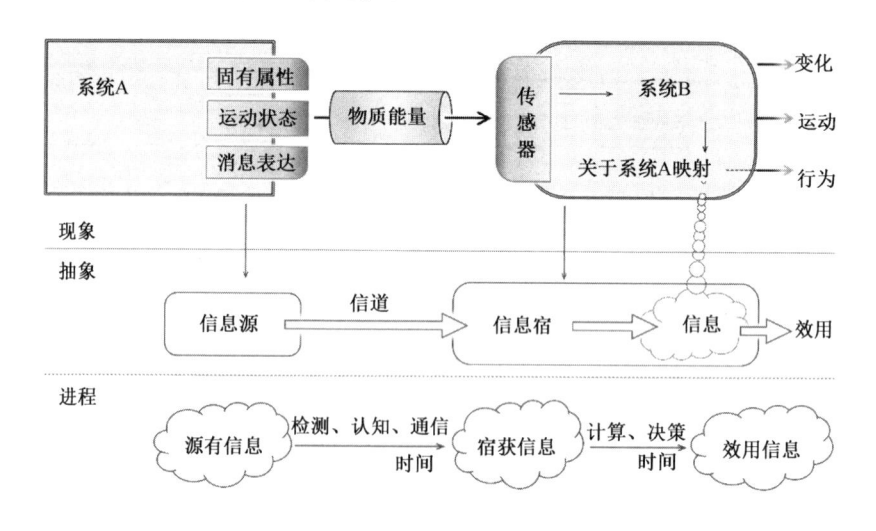

图 4-1 面向效用的信息的概念及进程

第一，信息源是信息的源。图 4-1 中系统 A 的固有属性、运动状态是系统 A 的客观存在，描述它们形成源信息；系统 A 的消息表达则是指当系统 A 以某种表达显示发布装置或系统时，发布的消息资源，它不是系统 A 本身的客观实在，而是系统 A 的产出，同样也可以是信息来源。系统 A 的固有属性、行为状态和计算发布集合构成了"源有信息"。

第二，信息源的自然属性、行为状态和消息表达只有借助物质与能量构成的信道才能实现传播扩散，或被信息宿主动检测获取。传播扩散或检测获取的信息只能是源有信息的一部分，不可能是全部，同时假设这个过程不消耗、不损害"源有信息"。

第三，信息宿是信息到达和作用的目的地。在图 4-1 中，通过传感器获得关于系统 A 的数据、消息等，并在系统 B 中按照一定方式（模型、世界观）建立关于系统 A 的映射。信息宿系统获取的关于信息源系统的信息，不仅取决于信息源，还取决于信息宿认知等特性，称作"宿获信息"。系统 A 和系统 B 可以是异类、异构系统。

第四，信息指向效用。信息的效用表现为对物质能量系统运行的调节作用。在图 4-1 中，信息是系统 A 的属性取值表达和运动状态的确定表达，对于系统 B，拥有这些表达不是目的。这些表达对系统 B 具有效用价值或产生效益信息，才能成为信息。

第五，信息的进程伴随着复杂和多样操作过程。这使得信息具有了源有信息、宿获信息、效用信息、语法信息、语义信息、语用信息等表达形式，包括消息、数据、知识、逻辑、模型、规律等实在的内容，以及检测、认知、通信、转换、计算、决策等操作的过程。

第六，如果系统 B 是人，信息就是一个他在适应自然与社会环境实现生存的过程中，同外部世界进行相互交换的非物质能量内容的表示。人与外界的交流不仅仅是物质与能量，他具有更为强大的信息交互能力，以及内在的信息处理能力，这种能力是人显著区分于机器的关键特性。人依靠大脑进行信息处理，大脑消耗能量进行记忆和思考，产生的不是物质形态产品，而是虚拟的信息，作用于自己的行为表现，实现效用。记忆、知识、经验、推理、猜测、判断乃至意识、世界观、精神均以信息的形式和内容存在，且在大脑中消耗能量而存在，却不是大脑和能量本身。

4.1.2 信息的基本特性

基于上述对信息的理解，可以进一步探讨信息的性质。

（1）普遍性：无论在自然界、人类社会、道路交通系统，信息普遍存在。只要有事物存在，只要有事物的运动，就会有他们运动的状态和方式，就存在信息。

（2）无限性：信息是无限的，即使是在有限的时空中，信息也是无限多的。事物本身的属性、运动的状态和方式都是源有信息，事物是无限丰富的，因而它们的源有信息也必然是无限的。即使是在有限的空间中，如在交通中，各种事物和人无限多样，描述信息自然也是无限的。

（3）相对性：对于同一个事物，不同的信息接收者所能获得的信息内容和信息量可能也不同。第一，机器或电子信息系统由于传感器、通信方式、计算机模型、表达方式的差异，对同样的事物或系统，获得的信息不同。例如，同样的城市道路网络和交通运行，在交通信息控制系统中和动态路径导航系统中，由于获取交通状态的检测方式、通信和计算机控制导航模型不同，得到的信息也是不同的。第二，由于不同观察者有着不同的观察能力、不同的理解能力、不同的目的性，因此，从同一个事物中所获得的信息也各不相同。例如，对于同一块指路交通标志，不同的驾驶员在查看标志之后，从中获得的信息量是不一样的。

（4）转移性：信息可以在时间上或在空间上转移。由于信息可脱离信息源，依赖信息源以外的物质能量而存在，它就可以在时间上或在空间中进行转移。在时间上的转移称为存储；在空间中的转移称为通信。交通系统中时刻都在发生着交通信息的转移，如将交通检测设备获得的交通数据不断集中到数据中心进行存储，以满足管理、控制研究等需要。数据、信息的转移和汇集往往可放大数据、信息价值。

（5）变换性：信息是可以变换的，取决于载体形式，信息可用多种形式表现。信息的变化性使得信息可以借助网络进行通信，借助计算机进行计算。交通事故过程等信息可以被摄像机 CCD 传感器变换成电信号记录下来，被转换成光信号在光纤网络中传送，在计算机中被转换成视频，在人的眼睛中经过视觉神经转换成大脑的认知等。

（6）动态性：信息在表达事物运动时，就具有了动态性质，即信息随时间而变化。就像可变交通标志（VMS）上提示出行者前方交通拥堵情况的信息一样，如果不及时更新，信息就会失去其使用价值，有时甚至带来负面作用。

（7）共享性：源有信息可被多个信息宿获取享用，形成不同的宿获信息的效用。信息不因共享而改变其本身的内容和品质。

了解信息的这些性质，有助于对信息概念的进一步理解，脱离计算机、交通标志或出行者这些具体的信息载体来认识信息的本质。

4.1.3 全信息的概念与构成

对信息的研究有不同的角度，全信息就是其中之一。

不同的物质载体中，在不同能量驱动下信息表现方式差异很大。在交通系统研究中，一些对交通产生影响的信息，通常要经历检测、传送、计算、发布、接收、施效变化等循环过程。信息在道路系统、传感器、通信网络、计算机系统、交通信息装置、人体感官、大脑、肢体、车辆等物态中存在，由光能、电能、机械能、动能、声能、生物能驱动转化、流动。这些过程看上去涉及面很广，研究起来十分复杂。

在交通信息物理系统研究中，对信息的研究是以其效用为导向的，可将信息分为计算机等电子装置处理的、交通信息装置发布的和对出行者产生作用的三类信息，对应全信息的语法信息、语义信息和语用信息。

对于一个系统或事物，获取和应用的那些描述和反映信息源（系统或事物）的运动状态及其变化方式的表达形式、表达含义和效用价值的信息称为全信息。而把仅仅专注于形式因素的信息称为语法信息，把专注于含义因素的信息称为语义信息，把专注于效用因素的信息称为语用信息。

当人作为获取信息的主体时，从认知论的角度观察，在信息的形式、含义和效用三要素中，形式是最先被观察或感受到的要素，含义是要经过形式的分析才能进一步感知到的要素，效用则是需要基于一定的形式感知其中含义，加上人自身的信息品性才能表现出来的要素。

与其他信息研究一样，研究交通信息可从其形式、含义和效用研究入手。借用语言学表述，信息的形式、含义（内容）和效用分别以语法信息、语义信息和语用信息表达，面向信息发挥特定作用，统称为全信息。全信息概念表达信息从产生直到发挥作用的进程中辗转变化所有经历，由于脱离了时间参照，而是以形式、含义和效用为参照来研究信息，故全信息表达有利于从静态形式出发探究信息的本质。全信息的构成及形式、含义和效用转换关系如图4-2所示。

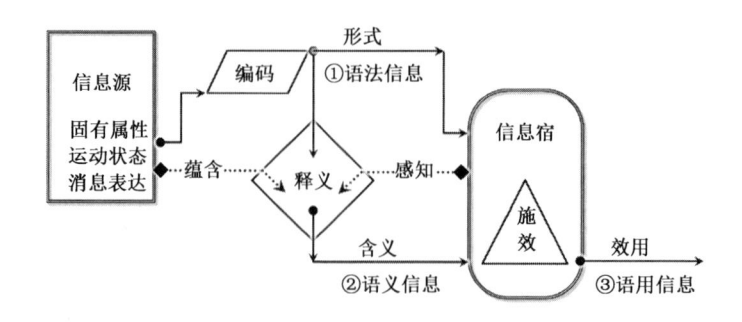

图 4-2　全信息构成及形式、含义和效用转换关系

1. 语法信息

语法信息是信息的基本层次，又称句法信息，是向信息宿（或认知主体）表述事物固有属性、运动状态和消息表达采用的格式化记述或句法描述，是对信息进行编码后表现出来的形式。语法信息不是对某一种信息的称谓，而是服务最终信息的效用，按照信息的性质给信息划分的一个层次（通常所说狭义信息论的研究对象），是在通信信息理论上探讨最多的一个层次。按照事物属性与运动状态的不同，语法信息包括有限属性语法信息和无限状态语法信息，连续状态语法信息和离散状态语法信息。狭义信息论一般研究的就是语法信息，它可能涉及符号的数目、它们持续的时间、信源的统计性质、信道的信息传输能力、编码系统等。如莫尔斯电码所构成的信息，数字排列构成的信息，由各种图形、字母、文字和实物系统组合所构成的信息等。当人们只考察这些信息内部的符号或符号关系时，它们就作为一种语法信息而存在。又如交通广播电台播音员在播报交通信息时，他更关心交通信息广播稿的语法表达，而不关心交通信息所表达的意义，毕竟他在传递信息，不是在驾驶车辆。电子计算机所处理的信息绝大多数是语法信息，即二进制数字语法。交通语法信息不仅包括单纯的表示符号或符号关系（符号的数目、符号持续的时间及符号的结构等）的信息，还包括交通信息源的统计性质、交通信息传输的信道等。

2. 语义信息

语义信息即表示一定意义的信息。例如，在公路上表示禁止驶入的红色标志、陡坡路边设置的黄色警告标志牌等；又如，在交叉路口的交通信号灯中，红灯亮表达停止前进，绿灯亮表达可以通行，黄灯亮则表达准备前进或停止前进。这些按照语法规则（规范、标准）设置标志牌文字图案或信号灯颜色所表达信息的含义就是语义信息。此外，公路铁路两旁的行车标志，表示剧毒物品的图形——骷髅，以及信件、文章、论著等也都属于语义信息或具有语义信息的特征。由于信息的意义往往具有多样性（如一词多义），因而感知和处理语义信息要比传送处理语法信息困难得多，现在只有少数高级智能机能按规则或约定来处理某些语义信息，如识别人的语言，并按照话语的语义完成动作等。

3. 语用信息

语用信息是指信息对信息宿的效用大小。语用信息不仅取决于信息品质等本身因素，还取决于信息宿对信息的需求，也就是信息宿的信息需求与获得信息间的相关性。交通语用信息是指对交通行为具备一定价值或效用的交通信息。例如，准确的交通预测信息可以改变驾驶员路径选择行为，具有效用价值等。语用信息不是指某一类信息，而是指在研究信息作用效果时，观察到的信息特性。

在语法信息、语义信息和语用信息之间，语法信息相对简单，是最基本的信息层次，语用信息则是最复杂但实用的信息层次。在信息理论发展的初期，人们先从语法信息入手认识信息，解决通信中遇到的信息问题，为更深刻地认识信息打下基础。在对交通信息的研究中，更多的是关注信息对交通系统运行的效用信息，只有通信相关的信息理论是不够的，还应当深入地研究语义信息和语用信息。交通信息物理系统相关研究在信息层面必然涉及全信息研究。全信息在交通管理控制中的举例如表 4-2 所示。

表 4-2　全信息在交通管理控制中的举例

形态	载体	形式	描述内容
交通系统电子信息 e（语法信息）	计算机系统、通信网络、控制装置等（承载和处理语法信息）	交通图像、音频、视频	电子装置获取交通运行情况、交通事故位置、资料等来自交通数据采集系统的相关数据
		交通数值数据	检测点各类交通数据及报表、交通系统运行历史数据、统计分析数据等
		交通地理地图	基础地理信息、交通地理信息、车辆 GPS 等
		其他信息	交通控制模型及参数、交通仿真与推演结果、计算机系统与网络安全记录等

续表

形态	载体	形式	描述内容
交通管理控制信息 m（语义信息）	交通信息发布装置（承载和表达语义信息）	交通标志数字、文字	出入口编号、道路名称等
		交通图案	交通管理图案、拥堵分布图片等
		语音、声音	道路交通广播信息、汽车扬声器等
		灯光	信号灯、车辆转向灯等
交通行为效用信息 u（语用信息）	交通人（承载和实现语用信息）	出行需要的交通信息	管理、引导、提示等交通信息等
		获得的交通信息	被正确认知的交通信息等
		影响行为的交通信息	对交通行为产生影响作用信息等
		个人发布的交通信息	出行者给出的交通提示信息等

面向效用的交通全信息及其流动转换如图 4-3 所示。

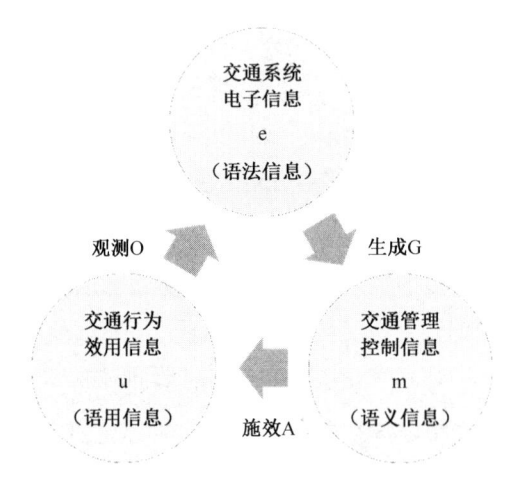

图 4-3 面向效用的交通全信息及其流动转换

4.1.4 信息量的表达

对信息研究只有同时关注信息的表现形式、内容意义和效用价值才具备科学上的意义。一般把仅涉及形式因素的信息称为"语法信息"，把涉及含义因素的信息称为"语义信息"，把涉及效用的信息称为"语用信息"。

语法信息表达概率信息的度量问题。概率信息所消除的是信息宿对统计的不确定性，可用信息宿得到信息之前的信息熵与得到信息之后的信息熵之差来表示。

从香农提出的信源熵的公式：

$$H = -K\sum_{i=1}^{n} p_i \log_2 p_i \tag{4-1}$$

其中，

K：正值的常数；

H：信息、选择和不确定的度量，称为概率集 $p_1, p_2, \cdots, p_n$ 的熵。

容易得出一个消息的统计信息量为：

$$\begin{aligned}I &= H_1 - H_2 \\ &= -K\sum p_{1i} \log p_{1i} - (-K\sum p_{2i} \log_2 p_{2i}) \\ &= K(\sum p_{2i} \log_2 p_{2i} - \sum p_{1i} \log p_{1i})\end{aligned} \tag{4-2}$$

这里，K 为正常数，由所选用的单位而定，而信息量的单位则由对数的底数决定。当对数底数为 2 时，信息量单位称为二进单位，即比特（Bit, Binary Digit 的缩写）；当对数底数为 e 时，称为自然单位，即奈特（Nat, Natural Digit 的缩写）。服务不同应用可选用不同的单位。当对数底为 2 时，K 取 1。由于二元概率是最简单的对数空间，所以可以取二元概率空间熵值作为单位熵，即用比特作为信息量的单位。

例如，有一个人到停放着 1000 辆车的停车场找一辆汽车。由于没有关于这辆汽车的任何信息，他要找的这辆"汽车"的停车位置有 1000 种可能。当停车管理员告诉他："这辆汽车停在南区"，他就获得了信息。但他获得的信息有多少呢？如何描述呢？这取决于停车场南区停了 900 辆车还是 100 辆车：如果是 900 辆车，那么这条信息对他帮助不大，因为要找的那辆车的停车位置有 900 种可能，找起来仍然很费力。停车管理员提供的信息会使这个人对车辆位置的了解越来越确切，也使得车辆停放的位置可能性空间（或称作不确定性空间）越来越小。接着此人来到停车场的南区，停车场清洁工又告诉他"那辆车停在最东侧一排的车位上"，他获得了第二个信息。如果东侧一排有 10 辆车，第二个信息使可能性空间又缩小到了 1/10，两次获得的信息使他要找的车辆在停车场范围的可能性空间缩小为 1/10。实际只要把两次获得的信息量加起来，就是获得的总信息量，这两次信息量的和，与停车场管理员一次告诉他"那辆车在停车场南区最东一排车位上"的信息量是相等的。

结合式（4-1）和式（4-2），采用负对数表示信息熵还有一个好处——只要可能性空间缩小了，获得的信息量总是正的。如果可能性空间没有变化，则 $\log 1 = 0$，获得的信息量就为 0。如果可能性空间扩大了，信息量为负值，表示信息主体原来对信息客体比较确定的认识变得模糊起来。

实际上，如果我们知道某件事情发生的概率是 P_1，而在获得一定信息后发生的概率为 P_2，且 $P_1 \geqslant P_2$，则获得的信息量可按式（4-3）计算：

$$I = -\log_2 P_1/P_2 \text{（Bit）} \tag{4-3}$$

于是上面例子中信息"这辆车在停车场南区"的信息量是 $I_1 = -\log_2 100/1000 = 3.2$（Bit），后来的信息"在最东一排车位上"的信息量是 $I_2 = -\log_2 10/100 = 3.2$（Bit）两条信息的总信息量为：$I = I_1 + I_2 = 6.64$（Bit）。

而信息"这辆车在停车场南区最东一排车位上"的信息量为：$I = -\log_2 10/1000 = 6.64$（Bit），与分别得到两条信息的信息量的和相同。

当然，如果一条信息明确地告诉他"所找车辆在停车场南区最东一排第二个车位上"，信息量为：$I = -\log_2 1/1000 = 9.97$（Bit），该信息消除了停车位置的不确定性。所以，从表象上看，"信息是用以消除随机不定性的非物质能量资源"，从效用角度看，信息起到"使系统运行或行为更为有效"的作用。

4.2 信息过程

4.2.1 基本信息过程

信息过程是指信息实现效用经历的过程，丰富的信息历程可放大信息效用，信息生命周期显示信息拥有的效用价值。信息过程不是封闭的，外部可对信息过程的各个阶段有目标、高水平地干预或强化，可以大幅度提高信息的效用价值，甚至可以创造现实并不存在的高效用信息。外部还可以对信息过程的进展速度、阶段衔接、驱动方式等进行调度控制，形成时间主导的信息过程。

信息过程可分为获取、传输、处理和施效四个主要阶段。这四个阶段没有严格区分或过程的前后排序，不同阶段经常可以混合交织，通常以一个阶段的主要信息操作内容命名阶段名称。如交通检测获取阶段通常伴有简单的数据处

第 4 章 信息的概念与交通信息

理过程，对交通控制来说，这一阶段主要是信息获取。

对于事物或系统，信息过程四个阶段以检测、通信、计算和控制等技术形式实现。当信息经历这四个技术处理过程后，其效用价值将发生着变化。事物或系统的一般信息过程如图 4-4 所示。

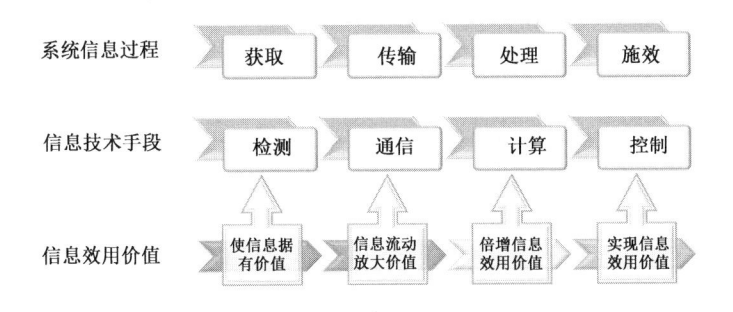

图 4-4　事物或系统的一般信息过程

对人这个特殊的行为系统来说，信息过程则由认知、学习、思考和行动四个主要阶段组成，体现在具体行为上，就是观察、交流、决策和行为控制。经历这四个阶段，信息效用价值提升，使行为获得成功。行为系统与物理系统中的信息过程基本相同，不考虑进程作用，只是表达有区别而已，人的行为信息的一般过程如图 4-5 所示。

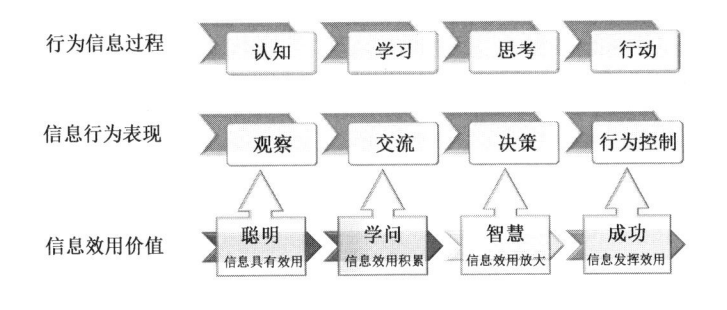

图 4-5　人的行为信息的一般过程

归纳起来信息主要有如下四个过程。

（1）信息获取。信息宿获取信息过程，是信息"离开"信息源开始形成效用价值的过程。依靠传感器对信息进行检测，使信息按照信息宿格式进行转换，实现信息获取过程。对人来说，信息获取过程就是观察、调查等行为过程，传感器就是人的感官，人还可以借助各种仪器装置提高获取外界信息的能力。

（2）信息传输。信息传输使得信息能够跨越时间和空间流动，或有目的地汇集，使信息能够跨时空实现更大的价值。将信息根据传送依赖的物质能量进行转换，待传送到接收端后再根据信息宿格式转换信息，并被接收。人与人之间的信息传输以交流方式实现，对于个体信息传输则主要依靠记忆实现在时间上的信息传输。

（3）信息处理。信息处理是信息过程的核心阶段。该阶段甚至可以调度控制信息过程的其他阶段。有目的的信息处理是更为复杂的高级信息过程，它可使信息效用价值得到成倍提升。当信息处理阶段由电子计算机自动完成时，也可称为"信息计算"阶段。信息处理决定信息的效用价值水平。在电子信息系统中，信息处理通常以自动计算的方式出现，由电子计算机来完成。现代计算科学与技术完全可消除信息中的噪声干扰，提取多层次有效信息，并能够服务目标、提高信息效用来优化、预测、仿真、虚拟、决策、衍生、创造信息。对人来说，这一部分由大脑完成，是经历记忆、思考、判断、推理、想象、决定等智力行为过程，是目前人造机器所无法完全仿造的信息过程。

（4）信息施效。信息施效是信息过程的目的，是信息施展效用、兑现信息价值的阶段。对应用研究来说，信息只有实现效用价值才能成为被研究的信息，否则只是概念或名词意义上的信息。信息施效过程可以通过系统控制或行为控制展现，信息的效用价值通过控制效果具体表现。

4.2.2 信息过程与系统控制

信息与系统控制有着密切的关系。信息和控制分别在表达和操作层面减少对象的不确定性，同为减少不确定的负熵增加进程。

如前所述，信息是一个事物（或系统）在适应外部环境、实现既有目标的运行过程中，与环境进行互交的非物质、非能量形态的资源内容，是该事物（或系统）存在于其可能性空间的特定位置的表达，是消除事物（或系统）属性和存在状态不确定性的资源，是一种排除其他不确定的差异描述。信息过程追求效用，效用的实现过程就是控制过程。

系统控制就是改变系统向不确定的方向自由或自主发展的进程，根据设置的控制目标不断调节系统运行的进程，使系统运行不确定性减少的进程。控制进程离不开对系统运行的监测信息，离不开监测信息与设定目标的比对。信息过程与系统控制相互作用模型如图 4-6 所示。

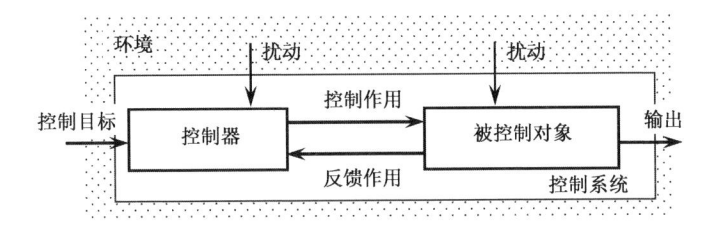

图 4-6 信息过程与系统控制相互作用模型

如果说控制是控制器与被控制对象之间的非对称作用，那么，控制器的强势不只体现在物理尺寸、能量的功率指标上，还体现在拥有更为强大的信息能力，这个能力来自信息持续的获取、转换、传输、计算、施效过程。这一点在交通控制系统中十分明显。

在道路交叉口，信号机控制着信号灯的亮灭，信号灯控制着驾驶员或行人的行为，人的行为活动控制着自身肢体运动，肢体运动控制车辆的油门和刹车踏板，车辆的油门和刹车踏板控制着车辆行进和停止，这是最常见的交通控制现象。直观地看，交通控制是系统不同组成之间的物质与能量的相互作用过程：信号灯的亮或灭是在电能的驱动下实现的，车辆行进是在发动机的驱动下完成的，而发动机的工作受到驾驶员踩踏油门的控制。

仔细分析这些作用会发现，物质与能量的关系不能完全描述交通控制作用关系。例如，信号灯装置与人或车辆没有接触，且红色信号灯亮，虽消耗了能量（电能），但这能量与数吨重汽车停车能量并不守恒。实际上，信号灯作用在驾驶员及其驾驶的车辆上的不是灯具本身，也不是其消耗的电能量，而是以信号灯装置为载体，以电能为驱动的信息。信号灯控制装置对于驾驶员和行人实施交通控制的关键在于信息效用。

图 4-7 是常见的交通警察操作信号灯控制路口车辆有序通行控制系统示意图。

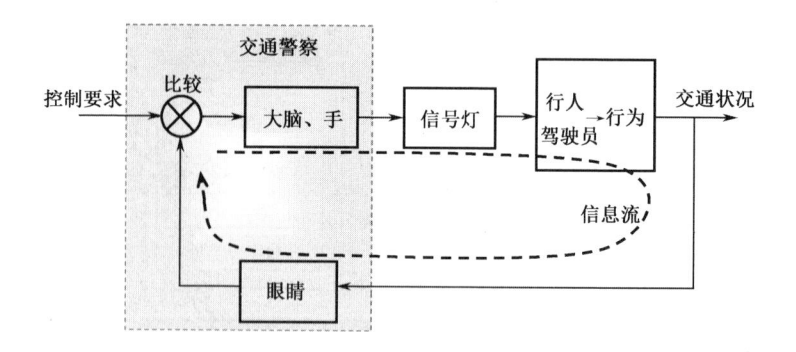

图 4-7 交通警察操作信号灯控制路口车辆有序通行控制系统示意图

归纳起来，信息过程与控制紧密关联：

（1）信息在不同类型要素中循环流动才能形成控制器与被控制对象之间的非对称作用关系；

（2）系统中控制器对于与被控制对象的强势作用主要表现在信息及其持续作用的过程；

（3）有目标的信息过程不间断流动加强了信息效用；

（4）被控制对象对控制器的反作用通常是信息过程，包括持续检测、目标比对、控制决策等；

（5）控制是一个持续调节过程，是交通进程与信息进程交织作用的过程。

4.2.3 信息过程与行为控制

交通信号灯和驾驶员、行人属于不同系统或事物形态的要素，实现前者对后者的控制，属于典型的机器对人的控制问题，即行为控制问题。深入研究交通管理与控制不能回避交通行为控制问题。

如果说行为是信息主导下的肢体运动，就可以认为，行为控制是有目的地应用信息作用于肢体运动的过程。尽管人的行为最终表现也是运动，但人的行为区别于运动的根本在于：行为进程与信息进程高度融合，以至于信息对行为的调节控制作用融入行为的基本进程中，不再被单独提及或进行研究。

4.3 信息与智能

4.3.1 智能的概念

智能交通系统相关研究开发将智能的概念引入交通中，在交通系统的管理与控制发展中占有重要地位。实际上，智能及智能的本质是古今中外许多哲学家、脑科学家一直在努力探索和研究的问题，但至今仍然没有完全了解，以至于智能的发生与物质的本质、宇宙的起源、生命的本质一起被列为自然界四大奥秘。这里只根据有关信息研究的成果来了解智能与信息的关系，以及信息在智能交通中的作用。

韦氏大辞典对"智能"的解释是"理解和各种适应行为的能力"。牛津辞典的释义类似，只是更加具体，它认为智能是"观察、学习、理解和认识的能力"。智能是一种能力，是面对问题、适应不断变化环境发展提升完善自我的能力。

从表象上看，以上这两种对智能的解释都是准确的，因为"观察、学习、理解、认识和适应"的能力确实是智能的基本要素。只是从研究智能的目的来看，它们都没有提供必要的启示和帮助。从目前研究水平来看，智能是一个十分复杂、难以准确描述的概念。同其他能力一样，智能也不是绝对的能力：要么有，要么无，智能可以有大小高低之分。智能也不是不可被研究的对象，智能的规律是可以被认识和被复制的。

可以这样定义智能：智能，就是在给定问题、问题的环境约束和求解问题的目标的前提下，有效地获取相关信息，把信息提炼成为相应的知识和解决问题的策略，利用策略来解决问题，从而在满足约束条件下成功地达到目的能力。

定义表明智能是具体的概念，而不是空洞的概念。任何智能都面对特定环境中的特定问题和特定的目标。定义也指明，智能是一种能力，是获得信息、处理信息和利用信息生成知识和策略的能力。但是，定义又强调了，这种获得、处理和利用信息的能力应当在满足给定约束条件的前提下成功地解决问题实现预定的目标。如果给定的问题-约束-目标是合理的，但不能成功实现目标，那么这种能力还不能称为智能。智能程度的高低，取决于能够解决"问题"的难易程度。所给定的问题规模越大、难度越高，解决问题所需要的智能水平就越高。

智能可从高级到低级划分为不同等级的智能水平。通常认为，在地球上迄今所知晓的各种事物之中，人类具有最高等级的智能度，动物具有较低等级的智能度，植物具有更低等级的度。即使对于人类，不同的人智能度也有所不同。智能不是人类独有的能力，机器也可以具有某种程度的智能。按照智能的概念和智能水平可分性，衡量一个机器是否有智能就应看这个机器是否能够在给定问题-约束-目标的前提下，获得信息，调度获取的知识和智能策略，解决问题实现目标。

智能可以在不同水平上被复制。人类具有最高水平的智能，将人的智能复制到机器上一直是智能研究应用的目的。实现或复制智能取决于对智能本质的认识，在于有效地获得信息，正确地处理信息以便获得知识积累，最终利用这些信息和知识解决面临的新问题。无论是生物界的自然智能，还是人工赋予的机器智能，它们的核心都是围绕信息的过程，智能是与信息、知识密切联系在一起的：没有信息，就不可能有知识；没有信息和知识，就不可能有智能。从智能生成机制的观点看，信息-知识-智能形成了一个不可分割的生态链。任何理解能力、应变能力、观察能力、学习能力和认识能力的基础，都在于获得信息、处理信息、获得知识和利用信息与知识生成策略，否则便无法发现环境的变化，无法理解环境造成的问题和挑战，无法实现正确的应变。实际上知识也是一种信息，是信息中的高级信息。

4.3.2 信息与自然智能

自然智能是在环境中自然形成的生命具有的一种高级能力，用于与自然环境交互，并实现自身生存和发展演化。现在常说的人工智能的原型是自然智能，特别是人的智能，因此，认识和研究自然智能特别是人的智能便成为研究智能科学技术的重要途径。同其他科学研究一样，对智能研究也是从在不同的层次上考察人的智能原型开始的。道路交通系统中充满了这种智能体——人，而且在交通中的很多人通过操纵交通工具强化了运动能力，同时相互制作了一个更为危险和复杂的环境。人在适应现代交通环境，实现交通目的，追求更高的出行效率，所面临的问题甚至对人的智能提出了更高的挑战。例如，在早高峰期间，面对城市复杂路网，解决到达目的地用时最短的问题，单凭一个人的智能根本无法解决。

（1）自然智能依赖信息而存在。自然智能的存在、增长、作用都离不开信息；自然智能表现是信息过程的具体体现；自然智能的存在依附于生命体的信息器官；对自然智能高低的评价标准是信息应用的水准。

（2）自然智能是自主的信息过程。自然智能过程是信息过程的多层次的循环过程；自然智能信息过程的循环是由智能体适应环境挑战的自主驱动（发动机）；自然智能的信息处理（学习思考）过程是自主过程的导向（方向盘）。

（3）知识信息的能动生成和自觉累积，这是自然智能的关键特征之一。知识信息来源、品类多样性；知识信息具有更高水平的信息倍增效用和行为指导效用；能动生成知识信息是自然智能体的进化成果，并导致知识信息自觉积累。

（4）自然智能与行为高度关联。一切自然智能增长均来源于生存活动和信息行为，反过来，高级行为是自然智能的外在表现，二者无法分开；实现适应环境的高效行为是自然智能的存在目的；自然智能与行为的高度关联还体现在行为进程与信息进程高度融合上。

尽管自然智能运行的关键机理还没有被完全认识和掌握，但从其信息特征方面，可以在一定水平上复制自然智能，特别在电子信息系统进行复制，形成人工智能。也可通过研究模仿行为进程与信息进程融合方式、方法、构造和驱动，来构造交通信息物理系统。

4.3.3 信息与人工智能

人工智能又称机器智能，是从人类自然智能中得到的启发，并研究出复制人类智能到机器上，使其具有类似于或接近于人的智能水平，以便扩展人类自身的能力服务。人工智能可以理解为：人工智能或机器智能就是人所赋予机器的一种智能，即机器在一定的环境下针对一定的问题和预设目标而成功地获取信息（信息获取）、提炼知识（认知）和在目标引导下利用信息和知识生成求解问题的智能策略（决策），并把智能策略转换成智能行为从而解决问题实现目标的能力。

研究人工智能的目的是使机器具有一定水平的智能，即使机器具有自动的信息处理能力，从而达到获得环境信息、加工信息、学习积累知识、应用知识生成面向问题的行为策略的能力来有效解决问题，实现某种目标。所以，现实的人工智能系统实际是一种高级电子信息系统,是信息采集、传输、计算和控制的有机综合与集成。

人的智能是最高等级的智能,并不是说人具有无限智能。人的感官获取信息的能力是有限的;人的记忆和知识是有限的;人与人的信息交互能力有时间和空间局限性;人的信息处理能力数量和速度也不是无限的;人的智能受到行为能力约束,实现智能行为水平不是无限的。

具体讲,人的智能从"质"和自主驱动上来说确实是最高级的智能,但是,从某些重要的"量"的指标来说却并不一定是最高的。例如,人的感知获取信息领域有限,不能感知红外、紫外、超声、次声领域所存在的信息,也不能直接获得感官之外的信息;人的分辨精度也比较差,处理的速度比较慢,记忆的容量和清晰度也有限等。现代化的交通系统运行发展各方面的节奏都极为快速,瞬息万变,处理的对象往往非常复杂,信息量极大,敏感性、临界性极强。这样的环境和工作对象对人类的智能不仅在质的水平上,而且在量的指标上都提出了极高的要求,或者说对人类智能的整体水平提出了严峻的挑战。

虽然信息机器具有很高的灵敏度和分辨力,特别是机器具有极高的存储能力、处理和计算速度,但是在道路交通系统运行面临着许多问题,复杂程度往往极高,许多高智商的交通科研工作者联合攻关都不能有效解决。如果单凭工作速度快,而没有智能、没有数学模型、没有技巧,无论如何也不可能解决问题。实现信息进程与交通进程融合,离不开电子信息系统信息采集能力足够强、数据处理速度足够快,同时也离不开信息自主、自动计算的智能水平。

4.3.4 智能交通与信息

智能交通系统(Intelligent Transportation System,ITS)是将先进的信息技术、计算机技术、数据通信技术、电子控制技术、自动控制理论、运筹学、人工智能等有效地综合运用于交通运输、服务控制和车辆制造,加强了车辆、道路和使用者之间的联系,从而形成一种定时、准确、高效的综合运输系统。从这一描述看,智能交通系统就是最大限度地实现对交通信息的采集、处理、加工和共享,并根据所获得的实时信息不断地优化交通系统的控制策略,调整各类交通参与者的行为,实现交通系统的优化运行。智能交通系统的"智能"体现在对交通信息自动采集、传输、处理（计算）和应用施效上。

智能交通系统的主要目标就是比以往在更广泛形式上将电子信息技术运用到道路交通系统，以及利用有效信息连接，将驾驶者、车辆、道路设施集合成一个大型的综合系统。信息、通信、控制的融合是智能交通系统的核心要素。信息是智能交通系统的灵魂所在，有了信息才能够实现对现有交通状况的准确检测和预测，有了信息才能开展先进的交通信息服务，有了信息交通管理系统才能够实现由传统的单一的交通信号控制到智能化的信号控制、智能化交通诱导、智能化的停车管理等一系列全方位、趋于精确的管理和控制。表 4-3 从信息的角度对比了不同交通控制系统的智能水平。

表 4-3　不同交通控制系统的智能水平

交通控制	信息应用	系统控制特征	智能水平
固定配时方案信号灯自动控制	应用定期调查的交通量数据及经验信息，以韦伯斯特等模型确定信号配时	依离线信息实现系统控制目标	有智能特征
感应式信号灯自动控制	动态获取、应用交通系统信息并自动用于控制，能够应对信息缺失（检测器失效）时信号灯自动控制	控制系统内信息闭环流动	较低
自适应式信号灯自动控制	根据动态获取的交通信息判断交通状况的变化，自动给出与之对应的控制方案	自动调整模式适应系统控制变化	较低
干路信号灯协调控制	多要素信息共享，协作追求系统优化	系统之间协调实现控制目标	中级
区域信号灯协调控制	大范围多层次动态交通信息应用；依赖模型的信息自动处理，人工智能的一般应用	系统协调控制	中级
城市动态分区信号控制	基于实时信息的系统参数辨识与系统运行模式识别，人工智能的高级应用	实现大系统协调控制的目标	中级
动态交通信息路径诱导系统	大范围海量综合交通信息处理与时间空间预测发布，面向交通行为个体的信息综合应用	为实现系统控制目标的个体行为引导	高级
自动驾驶系统（高级车辆控制系统）	依优质全局综合信息的交通环境自适应，针对具体对象行为的系统控制	服务于系统目标的个体行为控制	高级

交通系统历经了从道路交通工程系统到智能交通系统的发展过程，正不断地向更高级的系统发展。在道路交通工程系统阶段，以管理为主导，运用传统的管理技术和经典数学方法，按需要集中对道路使用者进行整体控制和规范，相

关交通工程设施的作用是在物理上迫使交通信息的使用者只能怎样做。而智能交通系统应用信息这一"软"资源，面向人的行为特性，利用人的能动性，自动地向道路的使用者发布管控指令或提供交通系统运行信息，实现对道路交通的有效干预和调节。

与智能交通系统相比较，交通信息物理系统不再是对道路交通系统进行信息化"装修"研究，而是从信息角度出发，研究构建一个交通与信息深度融合的信息型道路交通系统。

4.4 交通信息

4.4.1 交通信息普遍存在

在道路交通管理中，交通信息一般是指在交通出行过程中，交通管理者系统发布的有关道路交通系统本身、交通管理、系统运行状况的信息；在交通控制中，交通信息概念还包含了交通自动控制装置涉及的电子信息等。这些交通信息可称为"狭义交通信息"。

广义交通信息是指在道路交通系统运行中涉及的所有信息，包含交通控制计算机设备中存储、计算及描述道路网络模型的信息、各种通信网络中传输的信息、交通设施（标志、标线、宣传标语……）传达的信息、交通控制信号灯代表的信息、出行者（人）在进行交通行为过程中涉及的信息等。

交通信息普遍的存在于道路交通系统中。从出行者的角度看，道路标志标线、指路牌信息、信号灯色变换、车载导航设备提示、收音机交通广播的拥堵预报等，是交通信息；从"交通人"角度看，过马路要走人行横道、交通违法后收到的法院通知、交通警察现场指挥手势、对交通事故现场的记忆等，也是交通信息；从交通管理与控制系统的角度看，道路交通量、平均车速、路口车辆排队长度，交通事故及其影响，计算机信息系统中交通数据库的内容，交通控制与通信系统中处理和传送的内容都是交通信息。

交通信息正在成为交通科学研究的主要对象之一。根据信息科学的基本原理，交通信息是指道路交通系统与环境交换的、系统内部人车路信息装置等要素之间交换的、人或计算机信息系统自身处理加工的服务于交通系统运行所有非物质能量资源。交通信息覆盖面很广，涉及机器（计算机、网络等信息系统中的）信息、信息装置（信号灯、交通标志表达的）信息、人（感官认知、大脑中的）信息和交通系统运行状态等要素的信息。

如同信息在其他领域认识和理解一样，人们对交通信息的认识还处在经验水平上，特别是信息与交通行为关系等方面，远远没有上升到信息科学理论的高度。

4.4.2 交通信息分类

交通的信息普遍存在，并且在不断地更新和增加。由于研究、开发、应用角度不同，交通信息的分类存在着许多不同的方法。这里通过不同的视角对交通信息进行分类，达到对交通信息多方面多角度的认识，同时可以初步了解交通信息进程与交通进程的关系。

1. 按交通信息来源的分类

根据交通信息的来源可将交通信息划分为道路信息、交通管理信息、出行者信息、车辆信息、环境信息，如表 4-4 所示。此分类方法多用于交通工程学相关研究。

表 4-4 交通信息来源分类

信息分类	描述内容	应用
道路信息	描述道路系统及交通系统运行。包括道路等级、路面状况、车道宽度、车道数目、道路坡度、弯道半径、立交类型、出入口等，还包括交通流量、道路车辆行驶速度、拥堵路段、停车场等	交通管理、交通出行、交通控制
交通管理信息	法规信息、道路联通性信息、限速信息、通行约束信息、诱导信息等	交通管理、交通控制
出行者信息	包括驾驶员信息、出行行为信息、通行行为信息等	交通规划、交通管理
车辆信息	描述车辆及其运行。包括车型、车辆生产国和品牌、出厂年份、行驶距离、车重、车内设备、检修等级等；还包括车辆行驶位置、行驶轨迹、运行车速、货物等	交通管理、运输管理

续表

信息分类	描述内容	应用
环境信息	自然环境包括地形地貌、地质情况、自然灾害、季节气候、雨雪下降量、风速、气温、路面结冰、能见度、沿路人口分布及服务情况等。 社会环境信息包括各地区的交通政策和经济发展水平、社会治安情况、军事价值等	交通规划、交通安全管理、交通管理与控制

2. 按交通信息的时效性分类

根据对交通信息的时效性进行分类为静态交通信息和动态交通信息，用于区分交通信息获取时间、变化频率、有效作用时间，如表4-5所示。交通信息的时效性对交通管理与控制十分重要。

表 4-5　交通信息时效性分类

信息分类	描述对象	描述内容
静态交通信息	道路信息	路网信息、施工、维护信息等
	出行道路交通信息	换乘信息、服务时间、发车间隔、费用等
	通行限制信息	限高、限宽、限重、限车型等
	辅助服务及其他	停车场、加油站、旅游信息等
动态交通信息	事件信息	事故地点、严重程度等
	路况信息	通行条件等
	交通控制信息	信号灯控制指令、实时限速信息
	应对措施信息	出行路径、出行模式等
	气象信息	大雨、雾、雪等影响出行的天气等
	其他信息	预测通行条件、换乘地、停车场状况等

3. 按交通信息的载体、存在方式分类

根据交通信息的载体、存在方式分类，可将交通信息划分交通电子信息、交通指示指令信息和交通行为信息，如表4-6所示。

表 4-6　交通信息载体、存在方式分类

信息分类	信息形式	描述内容
交通电子信息	交通检测统计数据	检测点的日、周报表；支持导入人工交通调查的各类交通数据等交通系统运行监测的历史数据、空间数据、统计分析数据和决策数据
	交通视频、音频、图像信息	交通运行检测视频、交通事故现场影像资料等来自交通数据采集系统的记录
	交通地理信息	基础地理信息、交通地理信息、GPS 信息
	其他信息	记录系统运行如容错处理、过滤、格式化、打包传输等报告的信息
交通指示指令信息	交通标志数字、文字信息	出入口编号、道路名称等
	图片信息	警示类图片
	声音信息	道路交通广播信息、汽车喇叭
	灯光信息	信号灯、车辆转向灯
交通行为信息	出行需要的交通信息	管理、引导、提示等交通信息
	接收到的交通信息	被认知的法律、规定和实时获取的交通信息
	发挥作用的交通信息	对交通行为产生影响作用效用信息
	交通指挥信息	交通指挥者发出的信息

4. 按交通信息的进程分类

根据交通信息的检测获取、通信传输、处理计算、施效控制四个过程进行分类，如表 4-7 所示。

表 4-7　交通信息进程分类

信息进程	采用技术	描述内容
交通信息检测获取	环形线圈检测采集技术	可得到车流量、车道占有率、车辆识别、车速估计等数据
	视频检测采集技术	通过摄像机采集交通现场图像视频，技术处理后还能得到车流量、车型等交通动态信息，或对监控范围内交通事件自动报警
	雷达微波检测采集技术	交通雷达测速仪用于道路交通巡逻、车流速度检测等；远程交通微波检测用于收集各车道的车流量、道路占有率和平均车速，并探测静止车辆的排队状况
	车辆 GPS 信息采集技术	利用全球定位卫星信号，获取行驶位置、速度等信息

续表

信息进程	采用技术	描述内容
交通信息通信传输	数据压缩处理技术，数据传输网络、无线移动数字通信网络等	通信传输可汇集道路网络上的交通信息、移动的车辆信息，可实现高效分布海量存储，可集成调度计算能力等
交通信息处理计算	检测数据处理、交通流与行程时间预测计算、交通模式识别、交通控制方案优化计算等	可自动实现自动检测数据的处理、基于交通控制模型的控制方案计算，以及交通系统运行模式识别、交通控制方案优化计算等
交通信息施效控制	交通信号灯控制	通过信号灯发布控制指令信息，控制车辆在交叉口通行
	道路限速控制	通过道路限速控制装置与系统，控制车辆路段行驶速度
	驾驶员路径选择行为控制	通过实时优质路径诱导信息，控制驾驶员选择形式路径

5. 按交通信息功能分类

根据交通信息的功能，可将交通信息分为交通管理与交通控制，具体内容如表4-8所示。

表4-8 交通信息功能分类

信息分类	描述内容	具体功能或作用
交通管理	依据计算机硬件及数据库软件支持，运用数据库技术和专家系统两种先进的管理技术	包括机动车辆信息管理、驾驶员信息管理、交通违章信息管理、交通事故处理系统、交通拥挤疏导系统、财务管理系统和文书管理系统等
交通控制	将采集到的交通信息反馈到控制系统，实施控制策略	交通信号控制采用先进的信号控制策略对交通流进行控制，从而实现城市或区域的交通流运行的通畅和平衡；快速路进出口控制根据快速路及其相关道路交通流状况，对快速路的进出口进行控制，以达到减少交通阻塞、协调路网运行的目的；还包括基于轨道电路的列车运行控制系统和基于无线通信的列车运行系统

通过以上对交通信息进行的分类观察可以发现，交通信息根据研究、管理或应用需要分类，无论交通信息存在于何种物质中，或依赖何种能量而操作，信息本质都是相同的。因此可以按照信息本身进行分类，即按照交通全信息进行分类。

6. 按交通全信息分类

从交通全信息角度可将交通信息分为交通语法信息、交通语义信息和交通语用信息，具体如表 4-9 所示。

表 4-9 交通全信息分类

信息分类	解释	功能与作用	描述对象（具体化）
交通语法信息	交通信息本身的表达、描述的规则	借助物质能量载体进行信息存储、传输、转化、计算、表达的交通信息	指示路名、地名的文字数字，出入口文字或编号，光纤通信网络中的数字信号，对出行者发布交通信息所使用的语言文字语法规则等
交通语义信息	解释交通信息表达的含义	交通信息在载体表达时，形成信息依赖信息宿的信息释义	交通标志使用的图案、符号，交通信号灯等
交通语用信息	交通信息所产生的效用	交通信息施效特定对象时，考察的信息效用价值	信号灯指令、信号灯倒计时、道路拥堵信息、实时交通行车路径导航交通信息产生的作用

对于交通信息区分语法、语义和语用信息十分重要。其中语法信息是最简单、最基本的层次，语用信息则是最复杂、最实用的层次。

对信息的研究是从通信领域开始的，因此在信息理论研究的初期，并不需要特别关注语义信息和语用信息，只是围绕通信关心信息传输来研究语法信息。交通信息要在不同构成的系统或事物之间通信传输才能发挥更大的效用，对信息的研究不能总是停留在语法信息这个基本电子信息通信层次，而应当面向语义信息和语用信息的问题深入地研究。语法信息只能解决通信工程这样一类传递信号、信息的问题，而凡是有智能、有设定目标行为的系统，追求运动或行为进程与信息进程高度融合的系统，都必然要进行语义信息和语用信息的深入研究。特别是信息科学技术要有效地扩展人类信息器官的功能（特别是扩展人类的智慧能力），服务于行为控制，就不能不研究语义和语用信息。

4.4.3 交通信息的特点

道路交通信息具有信息的基本特点，在具体应用到解决交通问题层面时，有以下特点。

（1）交通信息来源广、种类多、表现形式迥异、数据量大。现代交通系统本身具有尺度庞大、要素种类和数量多、系统运行速度高低交错跨度大、交通行为因素占主导地位的基本特点导致信息产生量巨大，加上迅速发展的信息技术，致使信息采集的来源渠道和种类很多，如来自传感器的交通流量信息，来自摄像机的视频信息，来自动车辆定位系统（Automatic Vehicle Location, AVL）、探测车辆（Probe Vehicle）的行程时间、平均行驶速度信息，来自 GPS 定位系统的车辆方位信息、来自电子交警的车辆违章信息、来自报警电话的交通事故信息等，表现形式包含数据、图像、声音、视频等。而且交通实时运行，这些种类的信息会导致信息采集量在较短的时间内迅速膨胀。以北京市的 SCOOT 系统为例，遍布于城区各主要交通干线上的 1000 多个传感器每个月所产生的数据量达到几十个 GB。如果要把 100 多台摄像机的视频信息也包括进来的话，信息量将会大得无法承受。

（2）交通信息的分布范围很广，移动信息源多，面临更高流动、共享需求。交通地域分布、交通管理的部门负责制、车辆和个人信息移动性和独占隐私性、通信网络功能效率差异等，极有可能造成一个个相对独立的信息"孤岛"，从而降低了信息流动性，阻碍了交通信息进程及其与交通进程的进一步融合。

（3）信息有着明显的层次性。从智能交通系统角度看，信息可以分为采集、融合、决策、协作和服务几个层次。这些不同层次上的信息的特性是各不相同的，用途也各异。如位于底层子系统提供的信息通常作为上层信息加工和应用的基础，它们之间的信息交换较少；而上层的信息则主要面向信息的具体应用，并且信息在各个上层子系统之间的交换和共享则相对频繁。从交通全信息角度看，更具有语法信息、语义信息和语用信息。

（4）很强的时空相关性。交通系统及其运行产生的信息，大多数是时间相关和空间相关的。如车流量数据，只有在与一定的时刻及路口相联系时才有意义，否则就不能为人们所理解和利用。而这些信息的时间及空间相关性又为进行交通信息的控制、预测、研究等提供强大的支持。如可以利用交通流的时间相关性，进行交通流的时间序列分析，对交通流的发展变化趋势进行较为精确的预测；也可以利用交通流的空间相关性，分析交通流在路网中的分布特征，为实时交通控制提供参考。

（5）交通信息作用目的、目标关联性。交通信息常有交通流检测信息、交通信号控制指令信息、交通事故信息、交通违章信息、公交调度信息、交通地理信息、天气信息、停车场信息、收费信息等。根据这些不同的作用目的、目标，就可以将交通系统运行中获取、采集和处理得到的信息分类组织，配合交通进程的调整优化，提高交通信息目的性。

（6）交通信息的生命周期。信息进程决定了信息具有生命周期，经历采集（产生）、处理计算（成长）、施效（成果）和丢弃（消亡）生命过程。动态交通信息采集速度快、数据量大，生命周期短；交通系统模型及参数信息等，由交通科研人员开发，生命周期较长；出行者从小学习掌握的交通法规、交通知识、经验和常识等信息几乎与人的生命周期一样长。

（7）交通信息因涉及个人交通行为和交通系统运行安全，因而涉及一定的安全和隐私保护问题。

第 5 章

交通控制系统模型描述

交通控制系统模型是交通控制系统特征及其运行规律的表达，本质上是借助信息描述交通客观现实和运动规律。反映交通规律的模型可在电子信息系统构造的赛博空间（Cyberspace）中记录存储，实现对交通规律的信息化（Cyberize）表达，为分析决策交通控制方案奠定了计算基础。

5.1 交通系统模型表达

在交通信息物理系统中，计算不是简单的四则运算、汇总统计的数据加工，而是高水平的信息操作处理过程，是建立在交通模型基础上对系统发展进行预测，对控制方案优化并决策控制的复杂信息操作过程。

模型按形式可以分为物理模型、数学模型、结构模型和仿真模型四种类型。其中以信息方式表达的模型可称为非实物模型。从语法信息角度看，非实物模型有借助图文记叙的知识理论模型、用数学符号表达的数学模型、采用计算机程序语言存储的程序模型、以数据列表描述的数据模型等。从发展的角度看，非实物模型建立过程经历了三次重要的方法提升：感官反应建模方法（如绘画）、文字理解建模方法（如写作）及数学符号建模方法。用数学符号和工具表达出来的模型就是常见的数学模型。本章主要讨论交通非实物数学模型。

交通模型就是面向要解决的交通问题，对交通系统的物理能量属性、运行规则、环境交互模式和信息作用特性的描述，这种描述通常使用数学公式程序框架等信息语言方式表达。

建立模型包括三个基本过程：模型的建立、求解和验证。

模型的建立是对研究对象观察、分析和归纳的过程，是信息提取的抽象思维过程。当研究对象是复杂大系统或精密行为机体时，建模往往是海量数据信息处理的复杂智力过程。为了能够面向特定问题快速建立模型或提高模型精度，对大系统所建模型往往只能描述某些目标函数和特定约束条件下的规律，具有局限性。

模型的求解依赖于数学算法的发展，这也是模型发挥作用的关键。一个好的分析模型，如果只是建立了它的目标函数和约束，而不能用数学方法将其求解出来，就不能得到很好的应用；同样一个好的在线服务管控模型，如果不能在指定的时间内完成计算求解，就不能提供有效的服务或实施对系统的管控。进一步，在交通信息物理系统中，模型及其算法速度决定交通信息进程的品质、速度和效能。

模型的验证主要检验模型的正确性。在现实中有些模型是可直接验证的，有些模型不能直接验证，只能对其进行间接论证、逻辑判断或进行推理解释和分析。模型验证可获得模型精度分布、适用区间、效用特征等模型特征。

总之，模型是关于数据信息的信息，是研究对象（模型对象）特征与规律的抽象仿真描述。"理论与模型是我们能够将获取到的信息组织起来，用以解释我们的观察，启发我们如何开展下一步研究，引导提示如何解决难题。"

交通模型是对交通系统特征及其运行与规律的抽象化表达，是对交通进程进行信息化表达的灵魂。目前，交通模型的建立、算法应用优化和模型验证都不是机器的自动过程，而是科研工作者的智力劳动过程。实际上，交通模型已广泛应用于各种交通研究，包括道路基础设施建设、交通管理、交通控制、交通诱导、交通仿真等。这里只是针对构建交通信息物理系统，列举交通模型，分析其在交通信息进程中的功能应用。

交通信息物理系统建立在信息进程与物理进程融合的基础上，交通模型应能够被计算机系统进行计算，也就是说，交通信息物理系统中的模型是指能够被计算机语言翻译的逻辑模型和能够进行数学运算的数学模型，目前许多交通现象尚无法模型化。例如，行人过街的"从众现象"——人行横道上人数较多时，多数行人行为变得较为鲁莽,一旦人群中出现率先抢行者,其他行人往往会跟从。"溢出现象"——现有人行横道宽度不足以容纳双向过街行人,部分行人在人行横道两侧行走。这两种现象都是行人在过街时的行为规律,目前只能用文字建模的方法表达,很难能被计算机语言翻译而服务于交通信息物理系统,因此无法应用到交通信息物理系统。

道路交通系统运行模型按照其描述内容,主要分为道路交通的网络、运行、行为和信息四种类型。这四类模型相互关联:道路网络模型是描述道路交通路网及其功能属性/特性/规律的模型,是其他三类交通进程模型的基础模型;交通运行模型描述交通系统运行时呈现的运动规律,是系统进程的描述模型;交通行为模型描述人、车辆等交通实体的行为特性规律,是行为进程的描述模型等;交通信息模型是描述道路交通系统中信息运行规律的相关模型(如交通信息与行为规律、交通标志信息量及其效用、交通系统与信息关系模型等),如表 5-1 所示。

表 5-1 交通模型及其信息化功能

类型		信息化功能	开发模型	应用示例
道路网络模型 (静态模型)		规律性描述路口、路段、区域道路物理尺寸、设施作用、管理措施、通行能力、连通性等	路网拓扑模型、通行能力理论、路阻模型	GIS-T
进程模型	运行模型	描述流量、速度、密度、排队、信号灯参数等与环境、控制等的关系规律	交通信号控制系统模型	SCOOT
	行为模型	描述交通群体、交通个体行为、通行行为规律	集计/非集计模型、车辆跟驰/换道模型、可接受间隙理论	在线仿真优化
	信息模型	描述交通信息与交通系统运行、交通行为作用关系的规律	智能体模型	Modelica

5.2 道路网络模型

道路网络是交通系统运行的平台,道路网络模型则是所有交通系统模型的基础模型。高效的道路网络模型是交通计算的关键基础,直接决定计算进程是否能够满足与交通进程融合的需求。例如，不能建立好的路网连通性模型，路径计算将十分低效耗时，当路网很大时，超长时间计算的动态路径没有任何实际意义。尽管路网模型不直接参与交通控制方案计算，但在计算进程中也起到至关重要的作用。

通过提取和自动计算道路网络、交通设施等的共性、特性和可用性，道路网络模型可规范、高效地表达道路网络系统及交通设施的地理属性、物理属性、管理属性、关联属性和计算属性等，如表5-2所示。

表 5-2 道路网络模型

模型化特性		模型变量	释义	
特征类属性	地理属性	地理位置	道路的基本地理信息描述	测绘数据
		坡度		
		转弯半径		
		地理环境		
		……		
	物理属性	宽度、长度	道路的基本物理参数	测量数据
		路面材质		
		桥隧限高、限重		
		方向		
		……		
	管理属性	名称、编号	由交通管理、道路运行管理等部门设置的交通管理或经营收费、拥堵收费等均是道路网络运行的重要特性数据部分	设置数据
		车道数、渠化		
		限速、限行、禁行		
		收费		
		……		
计算类属性	关联属性	交通设施关联	道路上的交通设施、监控装置都与道路模型关联才能准确表达其功能和作用；任何采集和描述交通的数据或相关计算都要与道路网络模型关联才有意义	索引或句柄数据
		监控设备关联		
		数据与计算关联		
		……		
	计算属性	参照系	用于地理定位或计算的参照系，如GPS定位世界大地坐标系统84（WGS-84），计算距离的西安54参照系（Xian 54）平面参照，或桩号描述道路位置的线性参照系	坐标、投影、单位、拟合等数据

续表

模型化特性		模型变量	释义	
计算类属性	计算属性	连通性	计算生成的道路网络可达、可连通表达	拓扑数据
		路阻、费用	由交通预测模型、交通检测数据、车型收费规则等模型计算生成的相对自由流道路交通流阻抗或费用支出	计算数据
		……		

交通地理信息系统（Geographic Information Systems for Transportation, GIS-T）是高度依赖模型的信息系统，即交通地理信息系统不仅存储大量数据信息，而且存储数据模型、计算模型和表现模型，可为道路网络的模型描述、计算、表现和数据存储提供平台级的支持。

交通地理信息系统（GIS-T）是地理信息系统（GIS）的一个行业应用分支，是专门用于道路交通管理的计算机软硬件系统。是在 GIS 基础上，加入交通专用的几何空间网络、线性参照等技术，并配以交通专用的建模手段而组成的信息系统，是 GIS 与多种交通信息分析和处理技术的集成。不仅如此，GIS-T 通常还具有很强的计算能力，可以进行道路系统的地理空间分析计算、针对交通领域的决策支持计算（DSS）、路径优化等，为交通的规划、建设和管理的定量化、科学化，以及交通信息快速查询和分析提供工具，并为决策提供辅助支持。交通地理信息系统中的模型与计算如图 5-1 所示。

GIS-T 的研究对象是兼具线性分布和网络分布的交通信息，以及交通信息的影响与被影响区域，其核心模型主要有三个方面。

1. 数据结构模型

交通对象种类多数量大，可分为基础地理信息、交通专题信息和社会经济信息三类基本信息。基础地理信息包括自然地理要素（如植被、水系、地貌等）和地表人工设施（如房屋、道路、地名、境界等）数据；交通专题信息可分为静态信息和动态信息两类，是附着在交通网络和设施上的各种交通属性关联信息；社会经济信息是关于区域内的社会、经济、环境、交通运输状况等数据，综合反映区域内的社会经济状况。

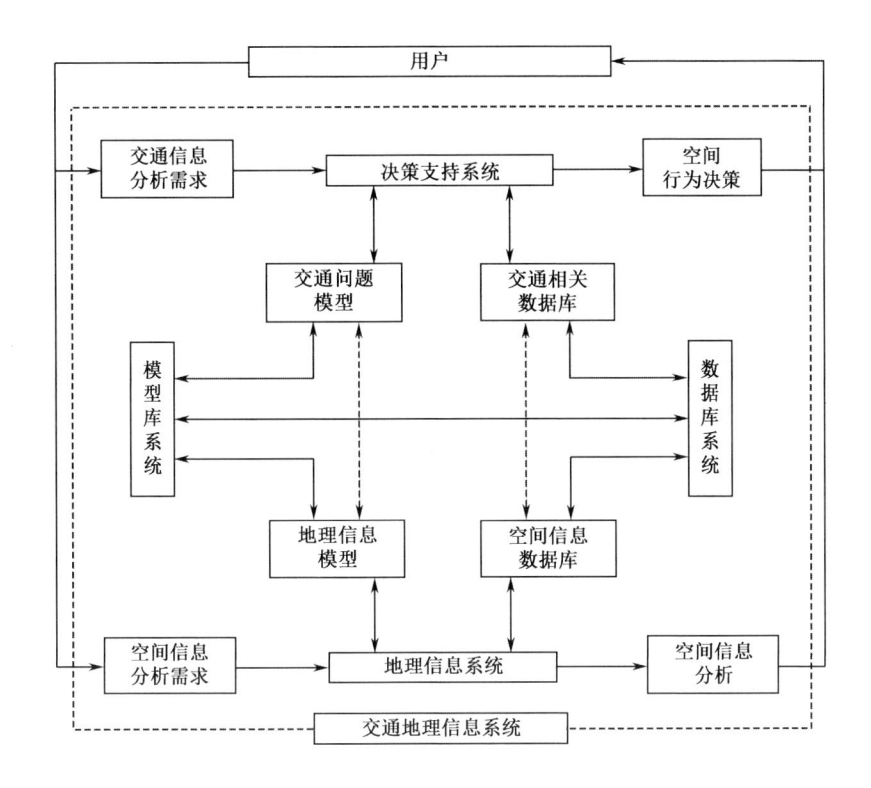

图 5-1　交通地理信息系统中的模型与计算

城市交通网络模型分为以下四个部分：

（1）道路节点模型。交通网络是一个带权有向图，在实际操作中，需根据具体情况而定。城市交通系统是个随机性很强、复杂的巨型系统，出行者的出行链是一个有方向的线路，所以不能简单地把道路抽象为网络的边，交叉点抽象为网络节点，从而组成一个带权有向图，而必须把具体地址抽象为图的节点加入 GIS-T 中。由于网络中边和节点的属性是有所不同的，因此需要根据实际情况进行赋值。

（2）交叉口和道路模型。道路是由多个车道组成的，不同的车道代表着不同的交通属性信息。在最优路径或网络分析中，考虑的因素与车道密切相关：①同一道路不同方向车道具有不同的交通特征；②交叉口处不同方向车道与邻接车道有着不同的拓扑关系。此外，车道可在连续线的任何点开始或结束。因此，在交通网络建模中，应当把车道作为基本建模要素。

（3）立交桥建模。在传统道路建模中常常把立交桥简单地作为一个节点，不能准确反映实际的交通情况。基于车道的道路建模方法则可以很好地解决这个问题。

（4）公共交通网络模型。公交网络的建模并不需要把道路交叉点作为节点加入公共交通网络图中，公交车只能按照固定的路线行驶，在经过某一交叉口时，公交车也只能按照规定的方向转向。对公交车来说在交叉口只会带来一些行程延误，在计算交通阻抗时需要额外计算交叉口的阻抗。

2. 数据组织模型

数据组织模型用来表达交通地理信息系统中数据之间的联系与逻辑组织形式，通常可通过模型化的计算自动生成。

（1）基于弧段-节点的数据模型。该模型在 GIS-T 领域得到广泛应用，成为道路交通网络表达模型的一个主流，把实际交通网络表达为弧段和节点的集合。该模型表达了基本的交通网络，同时支持最短路径算法和空间拓扑分析等功能。

（2）基于线性参照和动态分段数据模型。线性参照系统由线性网络、线性参考方法和动态分段组成。线性网络即交通网络，由传统的弧段-节点拓扑网络构成；线性参考方法用来确定线性分布事件在交通网络中的位置，用交通网络中已知位置引出的路径和偏移距离来定义一些未知的位置，常用的参考方法有里程桩参考、分段参考等。动态分段是在传统弧段-节点数据模型的基础上利用线性参照系统和相应算法，在需要分析、显示、查询及输出时，在不改变道路空间数据的情况下，使道路的各类属性集（以一维线性参照系统为基础）与道路空间位置（以二维参照系统为基础）建立关联，不必随每个属性集的分段不同来修改对应二维空间中的坐标数据技术。

（3）基于导航的数据模型。导航数据模型使 GIS-T 数据模型能够维护弧段和节点的拓扑关系、交通要素的二维地理参照和事件的线性参照。该数据模型对每个弧段加入相应的车道信息，用于提供转向、障碍、交通状态等信息，便于分析和模拟。

3. 数据计算及其计算模型

GIS-T 通常具有复杂的空间分析计算能力，包括线性特征的叠加分析、不同参照系下线性数据转换、最短和最佳路径分析、资源分配分析、相邻和最邻近分析、车辆路由选择能力分析、网络负载模型分析等。这些分析建立在复杂的计算基础上，高度依赖各类型计算分析模型，且对计算效率要求非常高，只有这样才能提高信息进程的速度节奏，适合以在线方式实时应用到交通管控中。

道路网络模型是较为成熟的交通模型，借助于 GIS-T，可以实现道路网络模型建立及与模型相关的计算。

5.3 交通控制与诱导模型

交通控制与诱导是一个持续地对交通进行调节的过程，描述这一过程的模型具有动态特性，对相关的模型计算必然有时间要求。

5.3.1 城市交通控制系统模型简介

城市交通控制系统对已经产生的将要通过某个路口的车流进行控制，改变不同方向的车辆通过路口的等待和通行时间，从而使车流量在路网上的时间分布发生变化，以减少路口内的交通流冲突，提高现有道路的通行能力。利用交通信号实现交通流控制的主要手段是通过调节信号参数，如信号周期、绿信比、相位差等，来优化信号控制。该信号优化模型的目标函数是下列系统测量性能的不同组合：平均车辆延误时间、最大个体延误、系统车辆停车比例、停车次数、通过交通系统的平均最大行程时间等。

按照控制范围城市交通控制系统可分以下 3 种类型：单点交叉口交通信号控制（点控）、主干道交通信号协调控制（线控）和区域交通信号系统控制（面控）。下面仅对区域交通信号系统控制中的集中控制模式作一简单介绍。

1. 定时脱机区域交通信号控制系统（TRANSYT）

TRANSYT 是一种脱机配时优化的定时控制系统，利用交通流历史及现状统计数据，进行脱机优化处理，得出多时段的最优信号配时方案存入控制器或控制计算机内，对区域交通实施多时段定时控制。定时控制简单、可靠、效益费用比高，但是不能适应交通流的随机变化，特别是当交通流量数据过时后，控制效果明显下降，而重新制订优化配时方案又将消耗大量的人力做交通调查。系统包括两个主要组成部分：①交通模型：用来模拟在信号灯控制下的交通网上的车辆的行驶状况，以便计算在一组给定的信号配时方案作用下的网络运行指标。②优化过程：系统目标函数为延误和停车的加权和，通过"爬山法"技术，计算最小性能指标。

为克服离线控制方法的不足，研究人员想到通过在线控制或实时控制的方法进行控制，用不同的方法建立了各具特色的自适应控制系统，归纳起来有方案选择式和方案形成式两类。方案选择式以 SCATS 为代表，方案形成式以 SCOOT 为代表。

2. 实时方案选择式自适应控制系统（SCATS）

SCATS（Sydney Co-ordinated Adaptive Traffic System）是一种实时自适应控制系统。其控制结构用的是分层式三级控制，即中央监控中心—区域控制中心—信号控制机。在区域控制中心对信号控制机实现控制时，通常将每 1~10 个信号控制组合为一个"子系统"，若干子系统组合为一个相对独立的系统。系统之间基本上互不相干，而系统内部各子系统之间，存在一定的协调关系。随着交通状况的实时变化，子系统既可以合并，也可以重新分开。中央监控中心除对整个控制系统运行状况及各项设备工作状态作集中监视外，还有专门用于系统数据管理库的计算机，对各区域控制中心的各项数据及每一台信号控制机的运行参数进行动态存储（不断更新动态数据库）。

3. 实时方案生成式自适应交通控制系统（SCOOT）

SCOOT（Split-Cycle-Offset Optimization Technique），即"绿信比-信号周期-相位差优化技术"，是在 TRANSYT 的基础上发展起来的，其模型及优化原理均与 TRANSYT 相仿，不同的是方案形成方式的控制系统，通过安装在各交叉口的每条进口道上的车辆检测器所采集的车辆到达信息，联机处理，形成控制方案，连续地适时调整周期长度及相位差三参数，使之与变化的交通流相适应。

SCOOT 优选配时方案的主要环节包括：

（1）交通监测：含交通量、车辆占用时间、道路占用率和拥挤程度等的参数监测。

（2）小区划分：SCOOT 中的小区划分应事先判定，系统运行以小区为依据，运行中小区不能合并和拆分。

（3）模型预测：包括车队预测、排队预测、拥挤预测和效能预测等。

（4）系统优化：包括控制策略优化、绿时长-绿信比优选、相位差优选和周期程度优选等。

5.3.2 城市交通诱导模型与主要算法

城市交通诱导是对道路网络上已存在或即将发生的交通流，再连接其终点的各条路径上的数量分布进行调整，通过诱导行驶在不同路径上的车辆，达到道路网交通流量均衡的优化目标。

借助 GPS 和移动通信，交通流诱导由原来单一群体诱导发展到个体最佳路径诱导，可以通过车载 GPS 诱导装置分析实时变化的路网交通状态，为起讫点计算最佳行驶路径，如日本的 VICS 系统、欧洲的 DRIVE 系统等，通过合理诱导车辆，达到道路网交通流量均衡优化的目的。动态交通诱导通常根据实时道路交通状态进行诱导计算，实时调整诱导路径。

1. 行程时间预测模型

城市交通流诱导系统通过实时地采集和发送交通信息，适时地引导交通流量合理分布，从而达到高效率利用道路网络的目的。城市交通流诱导系统的正常工作依赖于其交通信息的准确性和及时性。交通状况信息包括交通流量、占有率、车速、行程时间等交通特性、交通时间和拥挤程度信息。交通信息的短时预测对交通控制和公共交通等系统功能的有效发挥也具有决定性影响，是实现预测型决策的前提。因此，行程时间的预测倍受研究者的关注，如历史趋势法、时间序列法、卡尔曼滤波模型、非参数回归模型、神经网络法。

2. 建立在网络模型上的路径优化方法

城市交通诱导系统所要解决的重要问题是使车流在城市路网上得到均衡分配，提高城市路网的利用率。为达到上述目的，对车辆进行实时路径规划是必不可少的。对城市交通诱导系统而言，在中心式诱导系统中，路径规划任务由交通信息中心完成，指挥中心根据车载信息装置提出的目的地申请，为其计算最优路径。在分布式诱导系统中，路径规划工作由车载信息装置完成，装置通过对接收到的实时路网路段交通情况分析，进行车辆行程时间预测计算，然后车载信息装置向驾驶员提供时间最优路径。因此，最短路径问题一直是计算机科学、运筹学、地理信息科学等学科的一个研究热点。国内外大量的专家学者对该问题进行了深入的研究，它们在空间复杂度、时间复杂度、易用性等方面各具特色。经典的最短路径算法有 Dijkstra 算法、Floyd 算法、Benman-Ford-Moore 算法、Pallottino 算法、启发式搜索（Heuristic Search）算法——A*算法等。

对于车辆诱导系统，无论是交通信息中心的计算机处理能力还是车载信息装置的存储能力和计算能力都十分有限，面对一个庞大的路网，寻求小存储量、小计算量的最短路算法是非常有必要的；对于实时车辆诱导系统，实时性是首要考虑的目标，其往往要求算法必须在短时间内完成，因而探讨算法在运行时间方面的改进，也是必不可少的。所以，进行车辆路径计算和选择时，应该在最优解和时效性两个点做一平衡，有时甚至可以牺牲算法的精度。这涉及算法的精度与其存储量及计算时间之间的综合平衡。针对车辆诱导系统的特点，近年来在最短路算法方面取得了一些新的研究进展，如双向搜索算法、分层搜索算法、k-最短路算法、基于神经网络的最短路算法等。

5.4 微观交通模型

在信息空间描述交通系统运动（即在赛博空间建立交通系统进程的映射），描述交通流中车辆运动及前后车辆之间的作用关系是重要的交通模型之一。交通流理论中的跟驰模型是研究微观交通流问题的主要方法。

车辆跟驰模型描述交通流车辆跟驰行为已有近半个世纪。纵观跟驰模型的发展历程，各种不同的思想方法相互交融，共同促进了微观交通流理论的发展。由于跟驰模型的重要地位，许多不同领域的学者都采用各自的理论方法对跟驰行为进行了分析与建模，试图从不同的角度来解释观察到的微观现象。

1. 刺激-反应类框架

刺激-反应框架是跟驰模型建模最基本的一种框架，它将前导车对跟驰车驾驶员的作用表示为一种刺激，这种刺激可以是相对距离、相对速度等；将驾驶员的感知能力作为其对刺激的一种敏感系数，根据不同驾驶员的生理心理特性可以取不同的参数值；而驾驶员的反应则可以表示为跟驰车的加速度，如：

$$反应 = 敏感系数 \times 刺激$$

刺激-反应框架作为经典的跟驰行为建模思想，体现了跟驰行为中许多本质特征。根据跟驰车驾驶员刺激的来源不同，可以将其分为 GM 模型、Newell 模型和 Helly 模型，其中，GM 模型以相对速度作为跟驰驾驶员的刺激来源，Newell 模型以车头间距作为跟驰驾驶员的刺激来源，Helly 模型以相对速度和车头间距的综合刺激作为跟驰驾驶员的刺激来源。

2. 安全距离类模型

安全距离模型认为驾驶员总是期望与前导车保持一个相对安全距离，当前导车突然制动时，跟驰车驾驶员能够有足够时间做出反应并减速停车。因此，安全距离模型也称为碰撞避免（Collision Avoidance，CA）模型，主要模型有 Kometani and Sasaki 模型、Gipps 模型，其中 Kometani 和 Sasaki 首先提出了安全距离模型的概念，通过前导车和跟驰车的速度来计算安全的跟驰距离；Gipps 模型考虑车辆的加速度约束和安全距离约束，由于考虑了驾驶中诸多因素的影响，是最为重要的安全距离模型。这一类模型大多是基于牛顿运动学定律建立的，由于其能模型形式比较简单，因此在微观交通仿真软件中有着广泛的应用。

3. 心理-生理类模型

驾驶员是人-车-路交通系统的核心，从表面上看，跟驰行为描述的是前后两车的运动关系，但其本质上描述的是跟驰车驾驶员跟随前导车的驾驶行为。因此，心理-生理类模型以驾驶员的感知和反应特性为基础，期望在建模过程中引入人的因素，符合真实驾驶行为。主要模型有 Wiedemann 模型、Van Winsum 模型、DVA 模型。

4. 模糊逻辑模型

模糊逻辑（Fuzzy Logic）理论是跟驰模型发展过程中的一个转折点。该理论通过模仿人脑不确定性的概念判断和推理的思维方式，对于模型未知或不能确定的系统及对象，应用模糊集合和模糊规则进行推理表达。模糊逻辑善于表达界限不清晰的定性知识与经验，它借助于隶属度函数概念，区分模糊集合，处理模糊关系，模拟人脑实施规则型推理。因此，模糊逻辑的概念更符合人的观察、思考、理解和决策过程。

在模糊模型中，人被抽象为一个模糊控制器，其输入为前导车辆的状态信息，输出为经过一系列思考后的决策信息。Kikuchi 等首次提出了模糊逻辑模型，他们试图将 GM 模型模糊化。近些年，许多学者均在研究模糊逻辑模型，但实际的交通情形相当复杂，需要设计大量的规则，这也阻碍了模糊逻辑模型的进一步应用。

5.5 居民出行行为模型

居民出行是道路交通系统运行的原因和动力，因此居民出行行为模型也是交通系统运行的重要模型。在交通信息物理系统中，居民出行行为模型还是交通大数据解释模型，这不是对海量的交通数据进行的简单分析和处理，而是根据交通信息物理系统计算要求分析，并对城市交通中居民的出行行为进行准确的预测，使信息进程超前于交通进程。

1. 集计模型的发展与应用

集计模型从 20 世纪 50 年代开始在国外的大中城市得到广泛的应用，"四阶段"预测法（Four-step Process）是集计模型代表。集计模型实现了交通规划从之前的定性经验分析到定量分析的进步，使交通的研究模型化、精确化。

"四阶段"方法也有其局限性，淡化了出行发生、方式选择、出行分布及交通分配之间的密切联系及动态的相互依赖性。同时，还包含了众所周知的不一致性。例如，用来进行出行分布和方式划分的出行时间矩阵与交通网络分配所得出的出行时间不一定相同；区域范围小区出行产生和吸引的总量通常互不一致，还需要进行调整。人们的出行行为仅仅是家庭日常活动的一个方面，生活中其他方面的内容和方式的变化将极大地影响人们出行的频率和选择特征；每日发生的如家—工作单位—商店—家这样的多目的地、多个停留点的出行链，使得出行次数和出行成本之间的关系相当复杂,而"四阶段"法在处理这种出行链时过于简单化。更为重要的是"四阶段"方法缺少对人的行为特性的微观解析。

2. 非集计模型的发展

非集计模型以实际产生交通活动的个人为单位,对调查得到的数据不进行按交通小区统计等处理而直接用于建立模型,它能够准确地描述个人或家庭的出行决策过程。从 20 世纪 60 年代非集计模型提出至今,非集计模型的理论方法和具体模型得到了很大程度的发展。经过几十年的开发和应用,非集计模型已经包括 MNL、NL、Probit、PCL 等多种基本模型。

集计模型和非集计模型的对比如表 5-3 所示。

表 5-3 集计模型和非集计模型的对比

项目	集计模型	非集计模型
模型标定方法	回归分析等	极大似然估计等
计算工作量	比较小	比较大
适用范围	标定模型用的小区	任意
政策表现能力	小区平均值的变化	各个自变量的变化
捕捉交通现象的方法	产生、吸引—分布—交通方式划分—交通分配	出行频率—目的地选择—方式划分—路线选择
调查单位	单个出行	单个出行
分析单位	小区	个人(家庭或企业)
调查效率	需要的样本多	需要的样本少
因变量	小区统计值(连续量)	个人选择结果(离散量)
考虑个人属性的难度	困难	容易

效用最大化理论是所有非集计模型的理论基础。作为行为决策单元的个人(或家庭、某种组合)在面对众多选择肢时该如何进行抉择呢。在实际研究中,选择肢表现为个人和选择肢中某些特性变量的相关组合。个人在面对选择肢集合时,很自然地会选择他认为对自己来说效用最大的选择分肢。这一假定称为效用最大化行为假说。它是所有非集计模型的理论基础,无论非集计模型的具体形式如何,都首先假设选择过程服从这一假说。

3. 基于活动的出行需求预测模型的发展

20世纪70年代，非集计模型，即应用 MNL、NL 及其他一些决策规则建立的基于活动的预测模型系统开始应用于出行需求预测领域，这也是非集计模型应用于出行需求预测研究的理论前沿。

基于活动的分析方法以居民个体出行为研究对象，对调查得到的数据不按交通小区统计而直接用于建立模型，主要研究出行链、出行时间分配、个人出行决策模式等方面，发展出效用方法、认知-行为方法、活动方法（与时间地理学结合把人的活动看作相互联系的）等非集计模型。

基于活动链原理模型的一个最突出的特点在于寻求人们出行的内在原因。因此，行为模型主要以研究人类行为（特别是出行行为）的理论为基础，以人们关注"人们为什么要出行"这一本质作为主要问题，来揭示出行在人们日常活动中的特有属性。行为模型将人们的活动需求或参与活动的愿望看作产生出行的真正原因，并认为对出行行为的任何理解都应从属于对活动参与的先行认识。由于视活动与出行是一种直接的因果联系，行为模型就有可能把出行行为放在一个更宽阔的社会经济背景同时又受到时间、空间限制的条件下来进行研究。

由于预测方法的不同，基于活动的出行需求预测分为两大类：计量经济学模型和混合仿真模型。

第一个完整的计量经济学模型是 1978 年由 Ruiter 和 Ben-Akiva 在旧金山（San Francisco）地区开发的基于出行的 MTC 系统。模型发展的第二阶段是 20 世纪 80—90 年代在荷兰开发的基于往返行程系统。之后，Damm、Kitamura 和 Ettema 等学者先后开始研究描述出行者一日活动的模型。最终在 1995 年和 1996 年，由美国的 Ben-Akiva 和 Bowman 等人开发了日活动计划系统，这也是目前计量经济学模型中较为先进的模型系统。

基于活动模型的另一分支——混合仿真模型也经历了三个发展阶段：1986 年由 Recker 等开发的 STARCHILD 系统、1995 年 RDC 公司开发的 AMOS（Activity-Based Modeling System）和 Netherlands 开发的 SMASH（Simulation Model of Activity Scheduling Heuristics）系统。可见，经过多年的发展和应用，基于活动的预测模型已经发展为规模庞大的模型体系。

5.6 计算建模（仿真建模）

基于之前提到的交通信息物理系统的主要特性，这里介绍一种基于方程建模的 Modelica 编程语言。同时结合交通信息物理系统特性和 Modelica 语言特性，分析 Modelica 语言应用于交通信息物理系统的可行性，并介绍基于 Modelica 语言的完全开源工具软件 OpenModelica 的基本组成模块。

1996 年欧洲仿真协会 EUROSIM 针对多领域物理统一建模技术展开研究，提出通过国际开放合作，研究设计名为 Modelica 的多领域统一建模语言。1997 年 9 月，Modelica 语言 V1.0 版本正式发布。经过广泛的国际合作，基于 Modelica 语言的模型库迅猛增长，并已公布了 13 个免费共享模型库和 6 个付费的专业领域模型库。其模型库已覆盖汽车动力学、系统动力学、燃料电池、热动力、模糊控制等，同时许多专家仍在致力于推广 Modelica 语言的应用范围。

5.6.1 Modelica 语言的基本特征

目前已开发了许多基于 Modelica 语言的商用软件，如 Dymola、MathModelica 等。这里结合交通信息物理系统特性，介绍 Modelica 语言程序的基本特征。

1. 面向对象建模特点

Modelica 语言将面向对象建模方式视为作用于处理复杂大系统的一种模型组织概念。Modelica 以类为中心组织和封装，从而实现模型的重用性。Modelica 语言和一般的面向对象程序设计语言一样，支持采用分层结构机制、组件连接机制和继承机制。然而它在连接方面更加简洁，可以省略许多实现细节，如不需要编写代码以实现组件之间的数据传输等。

2. 陈述式物理建模特点

Modelica 语言具有陈述式设计思想，即根据实际系统的拓扑结构构建相应的模型。在基于 Modelica 语言建模过程中，物理单元对应模型的组件，物理单元之间的真实物理连接对应于组件之间的逻辑连接。这种方式建立的系统充分发挥了 Modelica 类的重用性能，并且有着与实际系统相似的分层结构，可以通过相应的组件连接图粗略地表示实际系统的结构分布。因此，对于具有复杂系统建模仿真特性的交通信息物理系统，基于 Modelica 语言的建模仿真能更好地、更简洁地、更切实际地表示实际系统的结构特性和信息交互关系等相关信息。

3. 非因果建模特点

在交通信息物理系统的数学建模分析中，往往会将交通行为、交通状态变化及系统运行状态等信息抽象地描述成数学公式，从而进行研究分析。然而在传统的建模仿真过程中，往往需要将非因果的自然连接关系，转变为因果的赋值语句，这大大地增加了建模的复杂度。

在 Modelica 语言中，描述类功能行为的是数学方程而不是赋值语句。而方程具有非因果特性，即声明方程时并没有限定求解方向，因而比赋值语句更加方便、简洁、灵活。Modelica 语言同样兼容因果连接的赋值语句编程方式。因此在进行物理世界的非因果关系建模的同时，也可以进行信息世界的信息交互建模，从而满足交通信息物理系统建模仿真过程中物理系统和信息系统的深度融合性。

4. 基于数学方程的统一建模特点

Modelica 是基于方程的建模语言，其可以通过统一的数学方程来描述系统内模型组件。此外，无论是同一领域组件之间的连接，还是不同领域组件之间的连接，均可以用特定连接器的数学方程描述相应的交互功能，进而实现不同领域的统一建模。在建模仿真过程中，相比其他的编程语言，基于数学方程统一规范来描述信息物理系统可以简化不同领域技术之间的转化过程，从而具有更强的兼容性。

5. 混杂动态建模特点

Modelica 语言不仅仅是方程式建模，与传统 C/C++ 语言也具有较高的兼容性，并提供相应的 C/C++语言接口。对于系统仿真时出现的连续变量和离散变量交互混合的情况，Modelica 语言通过 if 语句、when 语句等方法实现事件驱动的混杂动态建模。

5.6.2 OpenModelica 基本组成模块

类是 Modelica 语言的基本单元,包含三种类型的成员:变量、方程和成员类。变量即类所定义的时变或时不变参数,变量可以是内部变量,也可以是从其他类所定义的变量继承而来的;方程即变量之间的数值约束关系。与传统的 C/C++语言不同,方程的求解方向在方程声明时是未指定的,方程与其他相关联的类的内部方程交互求解,从而决定了整个系统的求解过程。同时为了简化建模复杂性,并强调模型的重用性和继承性,类仍可以包含成员类,从而以封装好的类为出发点,由简到繁,建立复杂的模块。

类概念是 Modelica 语言中一般类和特定类的统称。特定类具有特殊用途,在语法规范上有一定的限制,如 model、connector、block 和 type 等。由特定类的用途及交通信息物理系统组成,在完全开源的工具软件 OpenModelica 中,将类分成两部分:组件和连接器。

1. 组件

组件用以描述系统组成单元,或者根据需要描述相应的功能模块,一般组件由关键字 class 修饰。特定组件是一般组件的特殊化形式,在适当的条件下也可以替代一般组件。表 5-4 给出了组件功能和特定用途。

表 5-4 组件功能和特定用途

组件	功能	特定用途
package	程序包	消除名字冲突和组织模型层次
class	类	通用类
model	模型	陈述式模型
record	记录	数据结构
block	框图	兼容基于框图的因果建模
type	类型	类型别名
function	函数	通过算法实现过程式建模

2. 连接器

Modelica 在提供功能强大的组件同时,也提供了相应的组件接口模块,称作连接器，而建立在组件连接器上的耦合关系称作连接。在 Modelica 语言中，其连接器支持因果连接和非因果连接，因果连接即表达的连接是因果耦合，非因果连接即表达的连接是非因果耦合。在对系统进行建模的同时，模型模块必须有明确的接口，即连接器，用以实现模块与外界的交互。在相应的软件中，Modelica 连接器的主要用途是定义相应模块接口的属性与结构。

5.6.3 交通信息物理系统单元模块实现

根据交通信息物理系统架构，可以基于 Modelica 语言创建五类组件模块：对象模块、检测模块、决策模块、执行模块、通信模块。

为了实现系统仿真模型的快速建立，本节介绍基于 Modelica 语言的应用于交通领域的信息物理系统模块库，首先充分提取对象的通用模型，开发常用的功能模块，在保证模型库完备性的同时赋予模型规范的接口，再将各个子库有序地整合起来形成合理的整体架构，以便于模型库的管理、使用和扩充。如图 5-2 所示是分析系统功能后将各个物理实体抽象做简单化处理所设计的交通控制物理系统模型库架构。

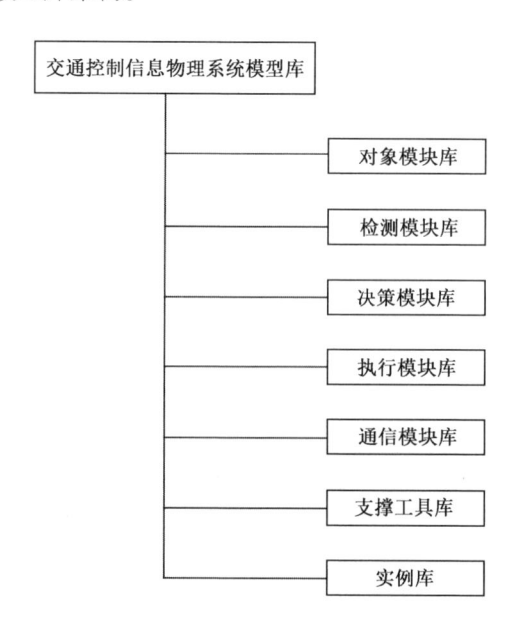

图 5-2 交通控制物理系统模型库架构

1. 对象模块

根据交通信息物理系统研究对象的需要,可以建立相应的对象模块。其中,对宏观交通流模型而言,对象模块可以是道路、十字交叉口等;对微观交通流模型而言,对象模块可以是人、车等。本节考虑宏观交通流模型,以元胞传输模型(CTM)为基础,建立宏观交通流模型模块。

鉴于采用 Modelica 这种面向对象和基于方程的建模语言对路网基本组件建模,将对象模块分为路段模型模块和连接机制模块,其中路段模型模块为基于元胞传输模型建模的路段,连接机制模块是用以描述元胞传输模型的连接机制。

1) 路段模型模块

基于元胞传输模型的路段模型模块,可以分为三类,分别是源元胞、阱元胞和中间元胞。其中,源元胞仅向路网提供车辆,没有上游元胞;阱元胞仅接收上游元胞传输的车辆,没有下游元胞。中间元胞既能接收上游元胞传输的车辆,又能向下游元胞传输车辆。在这里分析中间元胞的动态变化,如图 5-3 所示为基于密度的元胞模型。

图 5-3 基于密度的元胞模型

2) 连接机制模块

元胞传输模型将元胞连接分为三类:线性连接、汇合连接和分离连接。其中,线性连接表示两个元胞的单向车流传输,汇合连接表示两个元胞通过汇合点共同向一个元胞进行车流传输,分离连接表示一个元胞向两个元胞进行车流传输。结合元胞密度变化方程给出三种连接传输关系,并基于此设计相应的连接机制模块。

(1) 基于密度的线性连接如图 5-4 所示。

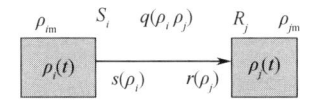

图 5-4 基于密度的线性连接

（2）基于密度的汇合连接如图 5-5 所示。

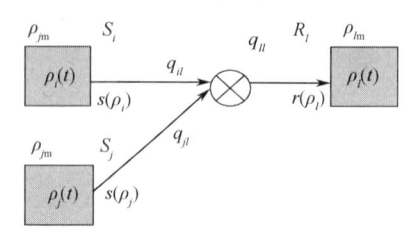

图 5-5 基于密度的汇合连接

（3）基于密度的分离连接如图 5-6 所示。

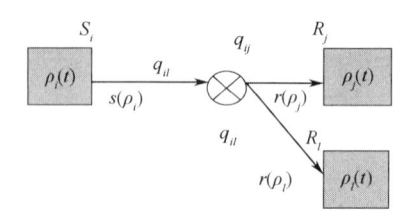

图 5-6 基于密度的分离连接

2. 检测模块

在建模时，由于检测器能够检测的都是道路或交叉口上的车辆或交通信息，在此处做初步简化，把需要的车辆参数在路段建模时提取出来，在仿真的过程中一方面可以实时地看到这些参数的变化，另一方面可以由检测模块获取并传输给控制器以便进行控制决策。因此将检测器作为一个类，对于某路段（Road）上的成员 a 的访问就可以写成 Road.a，如图 5-7 所示。

注：Vehicle detector：车辆检测器。

图 5-7 检测模块的实现

3. 决策模块

实际建模中把现实中用于计算并发出控制指令的计算机看作一个对象，而决策模块主要是承载控制算法的功能组件,是对数据处理、控制决策过程的抽象描述。在这里主要介绍交通信号灯的定时控制模型和单交叉口排空切换控制模块(见图 5-8)。定时控制模块可以对交叉口信号灯的周期、相位、相序和红绿灯时间等参数进行修改,该模块结合人机交互思想,将这些参数作为外接参数提供给用户,从而方便用户修改。单交叉口排空切换控制模块是以交叉口入口路段的排队长度为变量,通过排空切换控制算法,计算各相位相应的绿灯时间,从而将决策得出的相位配时提供给信号灯。

(a)交叉口定时控制模块　　(b)单交叉口排空切换控制模块

注:Control:控制;empty swiching control:排空交换控制;Controller:控制器。

图 5-8　控制模块功能组件

4. 执行模块

执行模块主要是对交通信息物理系统内执行单元进行抽象建模,是实现控制决策的功能组件,本身没有计算功能,如红绿灯接收信号机的配时方案,VMS 接收交通控制中心发出的诱导信息,车载收音机播放的是交通广播中心发出的广播信息,通过这些信息驾驶员可以根据实时信息去选择是否改变或如何改变自己的交通行为。

这里讨论在信号灯控制下的传输关系(见图 5-9),即在绿灯时间内两个元胞正常线性连接进行车流传输,而在红灯时间内两个元胞不进行车流传输,从而可以抽象地用数学方程描述为:

$$q(\rho_i,\rho_j) = \begin{cases} \min\{s(\rho_i),r(\rho_j)\}, & \text{若 } t \text{ 属于绿灯时间} \\ 0, & \text{若 } t \text{ 属于红灯时间} \end{cases}$$

于是,执行模块库中的信号灯模块的输出可以抽象地描述为$\{0,1\}$阶跃信号,当相应的相位在绿灯时间内,其信号为$\{1\}$,当在红灯时间内,其信号为$\{0\}$。因此,建立信号灯模块,如图 5-10 所示,其输入是相应的控制策略,输出是$\{0,1\}$阶跃信号。

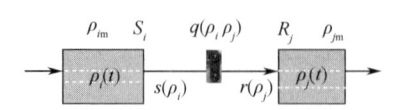

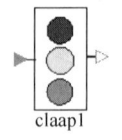

图 5-9 信号灯控制下元胞的线性连接

图 5-10 信号灯模块

5. 通信模块

信息的交互具有方向性，因此，用数学方程或数学描述并不能很好地对其进行建模。本节运用在 Modelica 连接机制信号流的形式实现组件之间信号的传递，从而构建相应的通信模块。随着交通信息物理系统建模的深入，未来也必定需要建立相应的通信模块，用以对现实物理系统通信部分的建模。

对整个系统而言，如何把系统中的各部件转化为能够用计算机语言描述的模型是实现整个模型库搭建的关键。路段模块库主要是对实际的路网进行分割，把实际的路段根据已有的宏观交通流模型（如元胞传输模型）分解为基本的交通流传递单元。连接模块库是对模型中各节点相连接时的传输关系，主要包括多路段融合与分离、交叉口处各方向出入口车辆传递关系。决策模块库是对系统中控制中心计算、决策的建模实现。检测模块库是对各种检测器的模拟封装。执行模块库是对执行设备，如信号灯、VMS、广播信息的封装，考虑到简单的计算机仿真不具有自适应和自学习能力，所以先考虑起到强制性作用的信号灯模块实现。在已开发的交通程序包中，支撑工具库主要包含的是 OpenModelica 工具软件自身所带有的基础模块，实例库存放的是基于已设计好的模块搭建的实际路网模型。如图 5-11 所示是模型库各功能模块的展开图。

图 5-11 模型库各功能模块的展开图

5.7 模型算法及有效性分析

5.7.1 模型算法

算法（Algorithm）即采用何种数学方法对所建立的数学模型进行求解。Webster 辞典对算法的解释是，算法即在有限步骤内解一个数学问题的过程，步骤中常常包括某一操作的重复。

尽管现代计算机速度很快，但交通信息物理系统面临的交通系统问题的规模和复杂的程度同样很高。从数据角度看，对交通系统运行的检测数据构成了真实意义上的大数据。这些数据中包含交通系统运行规律、交通行为规律和交通信息规律等。面向特大城市的交通系统，挖掘这些规律，形成交通信息物理系统要求的信息进程，与交通运行同步融合应用，对算法精度和速度要求很高。

例如，出行者要找距离最近的出租车，计算机该怎么处理这个请求呢？最简单的办法就是把整个城市的出租车都列出来，计算出它们的所在位置与出行者之间的距离，再进行排序，然后返回最近的结果。但该如何计算距离呢？图论里有不少算法可以解决这个问题。

这么做也许是最直观的，但绝对不是最迅速的。如果一个城市只有为数不多的出租车，这么做应该没什么问题，反正计算量不大。但如果一个城市里有很多出租车，又有很多用户都有类似的请求，那么服务器所承受的压力就大多了。在这种情况下，该怎样优化算法呢？

首先，可以把整个城市的出租车做一次"预处理"。如把一个城市分成若干个"格子（grid）"，然后根据用户所在的位置把他放到某一个格子里，只对格子里的出租车进行距离排序。

如果格子大小一样，那么绝大多数结果都可能出现在市中心的一个格子里，而郊区的格子里只有极少的结果。在这种情况下，应该把市中心多分出几个格子。更进一步，格子应该是一个"树结构"，最顶层是一个大格——整个城市，然后逐层下降，格子越来越小，这样有利于用户进行精确搜索，如果在最底层的格子里搜索结果不多，用户可以逐级上升，扩大搜索范围。

上述算法对出租车的例子很实用，但它具有通用性吗？答案是否定的。交通模型千变万化，很多时候需要把一个复杂的问题分解成若干简单的小问题，再选用合适的算法。

事实上，交通中数学模型的发展、应用与算法的改进是相关联的。研究人员针对具体的交通问题建立数学模型，需要经过基础研究者的努力，证明数学模型解的唯一性，最后需要数学分析专家对数学模型建立数值求解方法，直至在计算机上得以实现。例如，1952年著名学者Wardrop提出了交通网络平衡定义的用户平衡（UE）原理和系统最优（SO）原理，奠定了交通流分配的基础，但是没能对原理进行数学建模和求解。直到1956年Beckmann针对Wardrop的UE原理提出了UE问题的数学规划建模及其相应的算法，1985年Sheffi系统地总结了UE问题的建模方法及其求解算法，将Beckmann提出的非线性数学规划问题用凸组合法加以分解，从而转化为线形的数学规划问题，并且用Frank Wolfe算法求解。由此可见，在交通中一种理论的提出并不代表着能够在实际中进行应用。交通模型建立的难点和重点是如何对先进的交通理论和方法进行数学建模，利用数学语言进行描述，从而寻找相应的算法进行求解。

算法的形式可以多种多样，针对不同的模型要求需要设计不同的算法来进行求解，而一个算法的质量优劣将影响到算法乃至程序的效率。因此，需要对算法进行分析，目的在于选择合适算法和改进算法。一个算法的评价主要从时间复杂度和空间复杂度来考虑。

1. 时间复杂度

时间复杂度是指执行算法所需要的计算工作量，定量描述了一个算法的运行时间。算法的时间复杂度是问题规模 n 的函数 $f(n)$，因此记作：

$$T(n)=O[f(n)]$$

随着问题规模 n 的增大，算法执行的时间的增长率和 $f(n)$ 的增长率成正比，所以 $f(n)$ 越小，算法的时间复杂度越低，算法的效率越高。

按数量级递增排列，常见的时间复杂度有：常数阶 $O(1)$、对数阶 $O(\log_2 n)$、线性阶 $O(n)$、线性对数阶 $O(n\log_2 n)$、平方阶 $O(n^2)$、立方阶 $O(n^3)$、k 次方阶 $O(n^k)$，指数阶 $O(2^n)$，等等。

2. 空间复杂度

算法的空间复杂度是指算法需要消耗的内存空间，定量描述了一个算法占

用的存储空间。类似于时间复杂度的讨论,一个算法的空间复杂度也是问题规模 n 的函数,记作:

$$S(n)=O[f(n)]$$

对于一个算法,其时间复杂度和空间复杂度往往是相互影响的。当追求一个较好的时间复杂度时,可能会使空间复杂度的性能变差,即可能导致占用较多的存储空间;反之,当追求一个较好的空间复杂度时,可能会使时间复杂度的性能变差,即可能导致占用较长的运行时间。另外,算法的所有性能之间都存在着或多或少的相互影响。因此,当设计一个算法(特别是大型算法)时,要综合考虑算法的各项性能、算法的使用频率、算法处理的数据量的大小、算法描述语言的特性、算法运行的机器系统环境等各方面因素,才能够设计出比较好的算法。算法的时间复杂度和空间复杂度合称为算法的复杂度。

算法的精确性与其原始数据的准确性有直接的关系。

(1)调查数据准确度的保证。在交通中,参数标定对数据的精确性要求较高,因此交通调查数据是否精确对结果的影响很大。根据调查经验,现场人工调查往往会产生较大的误差和许多不确定因素,并且数据的可复查性不强,容易导致最终标定结果的失败,因此交通中的调查多采用录像观测法。由观测人员在现场选择好观测角度,拍摄交通流录像,然后在实验室进行微观交通流数据的观测。这种方法既保证了现场出现特殊情况时能有足够的应对措施,又可以反复回放录像,增加更多的数据量以支持参数的计算,同时很好地支持了奇异数据的回访和排查工作。

(2)微观层次奇异数据的排查。从数学条件和交通特性条件两个方面确定了奇异数据的排查原则和排查标准,具体的排查条件为:①数学奇异点,仅仅从数学角度分析,将与其他数据差异性明显的数据作为奇异数据处理,也就是剔除个体特征与总体特征差异明显的样本;②交通流特性奇异点,在排除了数学奇异点以后,剔除不符合交通特性的数据,判别标准根据不同的交通特性制定。

城市交通系统是一个由不同类型出行者、多种交通方式所组成的巨型系统,具有随机性很强、复杂的特性。城市交通系统的管理和控制涉及交通网络设计、交通预测、公交线网优化、信号协调控制、最优路径安排等问题,不同的问题对应着不同的算法。智能交通的快速发展,对算法的质量提出了挑战。研究者越来越多地将先进算法引入交通系统中解决实际问题。

5.7.2 模型有效性分析

校核与验证（V&V）的概念出现在 20 世纪 60 年代。1967 年，美国兰德公司的 Fishman 和 Kivtat 明确指出，模型有效性研究可划分为两个部分：模型的校核（Validation）和验证（Verification）。这一观点被学者普遍采纳。模型校核指通过比较在相同输入条件判断和运行环境下模型与实际系统输出之间的一致性，评价模型的可信度或可用性。模型验证则是判断模型的计算机实现是否正确。尽管确认和验证在各文献中的定义不尽相同，但对于二者之间的区别，专家的看法却是基本一致的。简单地说，模型校核是检验研究对象的一种模型向另一种模型的转换过程是否有效；模型验证指的是在适用范围内针对建模与仿真的对象，模型具有理想的精度。

从建模的角度来说，模型校核要解决的问题是模型转换过程中保证转换的精度。具体地说，在把求解的问题转化成模型描述，或把现实世界转化成计算机语言的过程中，其精度的评估就是模型校核问题。如平面数据模型在 GIS-T 领域得到广泛应用，由节点和连线两个基本元素组成，模型要求在所有路段的相交处必须产生节点，即使在立交、高架或跨越情况也不例外。但是随着城市交通的发展，两条道路立体交叉而互不相同的情况越来越普遍，为较少数据冗余，发展了非平面数据模型。然而，此模型放弃了平面数据模型在弧段-节点拓扑关系中的一致性、拓扑自动化及网络分析中的优势。基于此，又提出了基于特征的非平面数据模型，将网络拓扑数据独立表达，把网络拓扑和几何数据分离开，这才很好将现实交通网络抽象为计算机语言，满足交通管理者的使用要求。

模型验证的目的是检验和评估从实际系统的理论模型到计算模型之间的转换是否正确，从而建立模型的可信度评估。经过模型确认后的模型是否合理，必须要进行检验，这个阶段也很重要，在实际应用中最容易被忽视。首先是经验检验，即看模型是否符合要研究的交通问题的常识，特别要强调对变量的系数，尤其是符号进行分析。其次是统计检验，目的是检验模型参数估计值的可靠性，包括相关系数、决定系数、t 检验和 F 统计量等。最后还要进行预测检验，这是检验估计值的稳定性及对样本容量变化时的灵敏度，确定所建立的模型是否可用样本观测值以外的范围。一般有两种做法：①用扩大了的样本重新估计模型参数，将估计值与原来的估计值比较，看差异的显著性；②将不包括在样本内的实际值与同期的预测值相比，看差异的显著性。表 5-5 为常用的模型验证方法。

表 5-5 模型验证方法

动态关联分析法	数理统计方法			时频分析法	其他方法
	参数估计法	参数假设检验	非参数假设检验		
TIC 不等式系数 灰色关联分析 回归分析 ……	点估计 区间估计 最小二乘法 极大似然法 贝叶斯估计 ……	t 检验 F 检验 χ^2 检验 贝叶斯方法 ……	符号检验 秩和检验 游程检验 序贯检验 ……	时间序列 古典谱分析 现代谱分析 小波分析 ……	经验评估 灵敏度分析 模糊方法 ……

随着计算机仿真技术在各个学科和工程领域的普遍应用，利用计算机仿真技术对模型进行验证日益受到人们的关注。仿真模型验证包括理论模型有效性验证、数据有效性验证和运行有效性验证三部分内容，其中运行有效性验证是模型验证的核心。

（1）理论模型有效性验证是对理论模型中采用的理论依据和假设条件的正确性及理论模型对问题实体描述的合理性加以证实的过程。理论模型有效性确认包括两项内容：

① 检验模型的理论依据及假设条件的正确性。它具有两个含义：一是检验理论依据的应用条件是否满足，如线性、正态性、独立性、静态性等，检验过程可以利用统计方法进行；二是检验各种理论的应用是否正确。

② 子模型的划分及其与总模型的关系是否合理，即分析模型的结构是否正确，子模型间的数学/逻辑关系是否与问题实体相符。理论模型经确认有效后，才能对其进行试运行。最后根据输出结果评估模型的精度。若理论模型无效，则应重复分析、建模及确认的过程。

（2）数据有效性验证用于保证模型建立、评估、检验和实验所用的数据是充分的和正确的。

在模型开发过程中，数据用于模型的建立、校验和运行。充分、正确、精确的数据是建立模型的基础。数据有效性确认包括对模型中关键变量、关键参数及随机变量的确认，以及对运行有效性确认时所使用的参数和初始值等数据的确认。

（3）运行有效性验证是指就模型开发目的或用途而言，模型在其预期应用范围内的输出行为是否有足够的精度。

运行有效性确认的目的是对模型输出结果的精度进行计算和评估。其前提是实际系统及其可比系统的数据均可获取。通过比较模型和实际系统在相同初始条件下的输出数据，可对模型有效性进行定量分析。与实际系统相类似的系统，确认为有效的解析模型、工程计算模型，以及经过确认的模型都可作为模型的可比系统。

理论模型验证、数据有效性验证及模型验证是运行有效性验证的前提。经运行有效性验证被认为有效的模型即可作为正式模型投入运行，利用它进行实际问题的研究。若模型在运行有效性验证时被验证为无效，其原因可能是理论模型不正确或计算机模型不正确，也可能是数据无效。具体原因的查明需从分析与建模阶段开始，重复模型的构造过程。若实际系统及其可比系统不存在或完全不可观测，则模型与系统的输出数据无法进行比较。在这种情况下，一般只能通过模型验证和理论模型确认，定性地分析模型的有效性。

理论模型有效性包括：①表观确认，分析对与模型有关的所有信息进行评估，确定需要附加分析的内容，以提高模型的可信度水平；②历史分析，对与模型有关的历史信息的评估，以评价模型对预期应用的适宜性。③预期应用和需求分析，对预期应用的效果进行评估，以确定那些对资源的有效利用起关键作用的需求。④模型概念和逼真度分析，对模型的算法和子模型进行评估，以辨识那些不适用的假设，并确定子模型的逼真度是否能保证模型的预期应用。⑤逻辑追踪分析，通过模型逻辑评估模型中指定实体的行为，并确定这些行为是否都是所期望的。

第 6 章

计算与计算交通系统

用机器实现高速高效的计算是人类最伟大的发明之一。数字电子计算机及相关科学与技术的发展彻底改变了"计算"的地位：它已成为继理论、实验之后的第三种科学形态。在信息物理系统中，计算是信息升华、效用提升、进程推进的核心部件。在网络互联的赛博空间，计算可以建构一个虚拟的交通系统，与现实中真实的交通系统对偶存在。

6.1 机器计算

在现代科技时代，广义机器计算的概念是指在电子计算机及网络系统等机器装置中进行的所有形式的信息操作过程；狭义机器计算是指在数字电子计算机系统上对数据进行筛选、统计、排序、求和等处理操作，以及对数据进行模式识别、模型求解、仿真优化、方案决策等逻辑推理和数值求解等计算过程。

6.1.1 机器计算与计算水平

现代机器计算是物质、能量和信息高度融合的过程：电子元器件装置（物质）在计算程序（信息）控制下，消耗电能（能量）对目标数据集进行数值运算、逻辑判断、模型求解、仿真寻优、控制决策的高级数据信息处理、信息衍生制造、虚拟现实等数字电子计算机系统运行过程。

机器计算装置从物质类型的结绳计数、算筹、算盘、计算尺，发展到需要能量驱动的手摇计算器和电子计算器，并在 20 世纪开发出指令信息与计算过程高度融合的程控数字计算机。

图 6-1 描述了机器计算在物质、能量和信息构造的三维空间的发展进程。需要说明的是，图中的信息是指控制计算过程的控制指令信息，即现代数字计算机的计算程序指令。

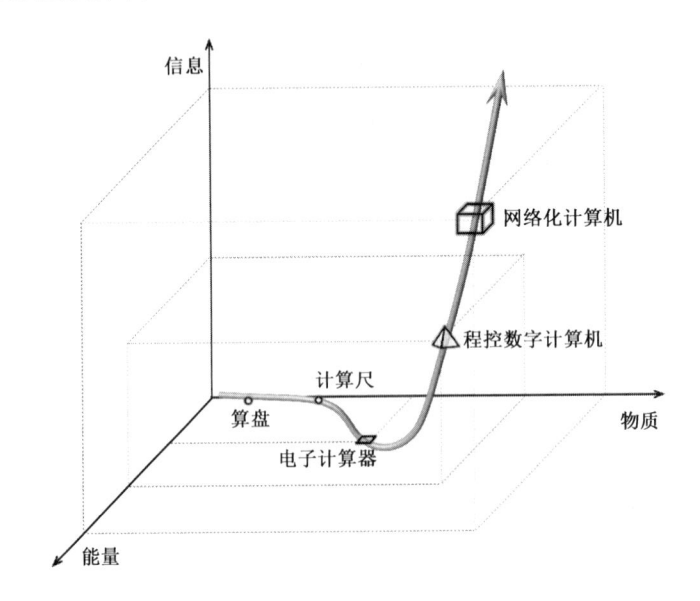

图 6-1　机器计算在物质、能量和信息构造的三维空间的发展进程

服务不同数据处理、信息加工过程和交通管理与控制目的，机器计算水平具有明显差别，这些差别最终以数据或信息的效用价值体现。计算主要有如下五个层级：

（1）数据处理。在计算机及相关电子系统中，对存储的数据直接进行计算，或对存储的信息进行语法处理，通常称为数据处理。例如，对机动车驾驶员管理信息系统中存放的文本字符、数值数据等语法信息进行加减、求和、计数、排序等运算处理。数据处理是语法信息的计算过程。

（2）信息提取。通过统计、聚类、拟合、识别等数据处理计算方法，可以发现交通检测数据中特定信息，以"感知"方式掌握、完善、理解数据描述的交通对象更多的信息。例如，通过视频、检测线圈数据，提取路口车辆排队时间信息。信息提取使得计算能够获取交通数据所展示的交通系统运行的进程信息。

信息提取是语义信息获取或发现的计算过程。

（3）模型抽象。依据数据描述的物理进程和信息处理应用目的、用途，应用科学理论和方法，对原始数据、文字等进行参数提取、规律模型抽象化描述。例如，应用交通流理论、交通行为规律等，对交通检测数据进行处理，提取道路网交通分布、交通出行规律，建立交通控制系统模型。模型抽象过程通过机器计算自动实现十分困难，目前主要还是由交通科研人员人工实现。模型抽象是高级语义信息的计算过程。

（4）优化决策。机器计算中的优化决策本质上是信息的衍生和制造的筛选过程，是建立在数据输入、目标设定、模型调度、算法求解、仿真优化基础上进行决断的信息过程，如交通信号控制系统最优方案的确定过程。优化决策是语用信息的建立过程。

（5）信息施效。要使得控制信息发挥控制作用，即实现信息的效用，同样是计算的一个重要内容。一般情况下，对于一个物理系统过程，在控制器与控制对象非对称的作用中，当双方都是物理系统装置，借助物理、能量方式完成信息施效过程，相对较为简单。但在交通控制中，对于人（出行者）实施的交通控制，则不是简单物质、能量的作用关系，而是信息作用于交通行为的过程。信息施效是针对运动或行为的语用信息的调整过程。

如图 6-2 所示是五个机器计算层级与信息效用价值提升示意。

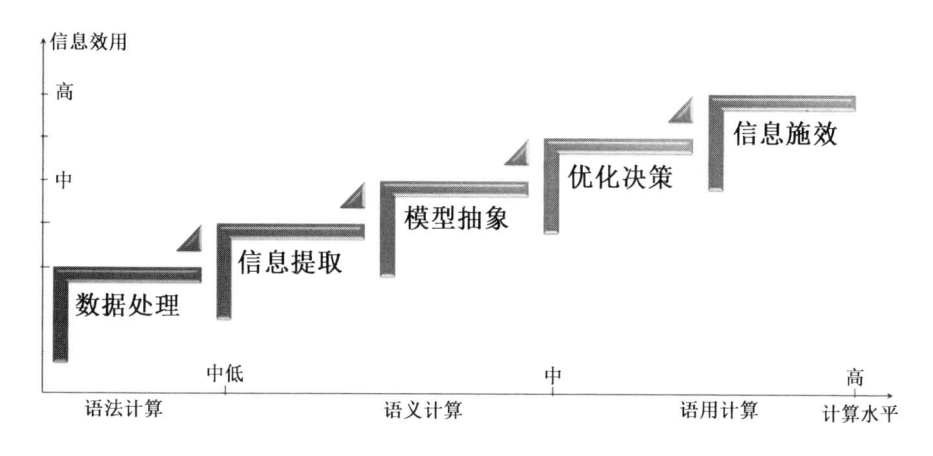

图 6-2 五个机器计算层级与信息效用价值提升示意

现代通信电子技术构造了计算机通信互联网络，不仅实现了全球电子信息的互联互通，还为全球计算能力的集结提供了可能。集结在一起的计算能力，构造了一个信息以电子形式存在、变换和计算的巨大虚拟空间，"机器计算能力"得到了极大的扩展。计算科学及相关科学的发展促进了网络化数据计算与信息处理软件的开发，使得"机器计算智力"得到广泛的提高。机器计算能力与智力的迅速拓展，使电子信息技术构造的虚拟信息空间充满活力，蓬勃向上，并积极作用于物理世界和人类行为进程，服务于人类社会发展进步。

6.1.2 电子计算机的发展

1946 年，美国生产了世界上第一台电子计算机"电子数字积分计算机"（Electronic Numerical Integrator and Calculator，ENIAC），中文名埃尼阿克。它是美国奥伯丁武器试验场为满足计算弹道需要而研制成的，后经多次改进，成为能进行各种科学计算的通用计算机。这台完全采用电子线路执行算术运算、逻辑运算和信息存储的计算机，运算速度比继电器计算机快 1000 倍。但是，这种计算机的存储容量太小，计算进程控制仍然是人工外加式的，即计算指令信息由人逐步指定，尚未完全具备现代计算机的主要特征。

新的重大突破是由数学家冯·诺依曼领导的设计小组完成的。1945 年 3 月他们发表了一个全新的存储程序式通用电子计算机方案——电子离散变量自动计算机（EDVAC）。随后于 1946 年 6 月，冯·诺伊曼等人提出了更为完善的设计报告《电子计算机装置逻辑结构初探》。同年 7—8 月，他们又在莫尔学院为美国和英国二十多个机构的专家讲授了专门课程《电子计算机设计的理论和技术》，推动了存储程序式计算机的设计与制造，实现了计算进程与指令信息的融合。1949 年，英国剑桥大学数学实验室率先制成电子离散时序自动计算机（EDSAC）；美国则于 1950 年制成了东部标准自动计算机（SFAC）等。至此，电子计算机发展的萌芽时期遂告结束，开始了现代计算机的发展时期。

计算机器件从电子管到晶体管，再从分立元件到集成电路，以至微处理器，促使计算机发展。

电子管计算机时期（1946—1958 年），计算机主要用于科学计算。计算机的逻辑元件采用电子管，主存储器采用汞延迟线、磁鼓、磁芯；外存储器采用磁带；软件主要采用机器语言、汇编语言；应用领域以军事与科学计算为主。其特点是体积大、耗电大、可靠性差、价格昂贵、维修复杂，但它奠定了计算机技术的基础。

晶体管计算机时期（1958—1964年），晶体管的发明推动了计算机的发展，逻辑元件采用晶体管以后，计算机的体积大大缩小，耗电减少，可靠性提高，性能比第一代计算机有很大的提升。主存储器采用磁芯，外存储器已开始使用更先进的磁盘；软件有了很大发展，出现了各种各样的高级语言及其编译程序，还出现了以批处理为主的操作系统，应用以科学计算和各种事务处理为主，并开始用于工业控制。

第三代集成数字电子计算机时期（1964—1970年），计算机的逻辑元件采用中、小规模集成电路（MSI，SSI），计算机的体积更小型化、耗电量更少、可靠性更高，性能比第二代计算机又有了很大的提升，这时，小型机也蓬勃发展起来，应用领域日益扩大。主存储器仍采用磁芯，软件逐渐完善，分时操作系统、会话式语言等多种高级语言都有新的发展。

1970年以后，大规模集成电路数字计算机到来。计算机的逻辑元件和主存储器都采用了大规模集成电路（LSI）。随着大规模集成电路技术的迅速发展，计算机除向巨型机方向发展外，还朝着超小型机和微型机方向飞跃前进。1971年年末，世界上第一台微处理器和微型计算机在美国旧金山南部的硅谷应运而生，它开创了微型计算机的新时代。此后各种各样的微处理器和微型计算机如雨后春笋般地研制出来，潮水般涌向市场，成为当时首屈一指的畅销品。这种势头直至今天仍然保持。特别是IBM-PC系列机诞生以后，个人微型机市场迅速发展，进入办公室职员桌面，进入家庭，进入各种日常社会生产、社会活动和人类生活的计算领域，机器计算得到巨大应用普及。

1980年之后的20年，随着通信协议TCP/IP的逐步发展、成熟和应用，Internet（互联网）开始借助数字电子计算机系统实现信息的互联、互通和应用服务，反过来也刺激了机器计算本身发展和应用扩展。机器计算不仅面向庞杂的数值计算、分析计算、模型计算、仿真技术等数据计算，还面向更为复杂的信息处理、加工、分析、感知、辨识、推演、施效等更为广义的信息计算。

21 世纪以来，在信息广泛应用引导和信息科技发展推动下，机器计算全面进入人类社会生活的细节方面，并在各个层次水平上与社会运行深度融合，如航天、军事、交通、社会管理、商品制造流通销售、医疗、气象预报等，几乎都无法离开机器计算而存在。在交通生活中，机动车辆、交通监控装置、交通信号灯、不停车收费 ETC、公交 IC 卡、共享自行车智能锁等处处都有计算发生，以智能手机为代表的个人电子产品的普及，使人真切感觉到"计算无所不在"，计算与生活高度融合。

适用各种信息应用层次计算需求，分布式计算、平行计算、网格计算、云计算、超级计算、嵌入计算等计算模式广泛开发应用，提供了广泛存在、高度灵活、弹性极佳计算平台，支持并驱动各种层级的信息进程，既可与现代社会大型交通系统进程融合，也可与个人路径选择行为进程融合。

6.1.3 计算能力

计算能力首先取决于计算机的硬件能力。计算机硬件内部电子构件可在电能的作用下发生状态的变化，以记录和表达数据和信息，并可通过操作电能实现计算。通常，数字计算机硬件由五个基本部分组成：运算器、控制器、存储器、输入设备和输出设备，采用二进制来表示程序和数据。这里的程序就是计算进程控制指令信息的集合。采用"存储计算控制程序"的方式，将程序和数据放入同一个存储器中（内存储器），计算机能够自动高速地从存储器中取出程序指令加以执行。可以说，计算机硬件的五大部件中每一个部件都有相对独立的功能，分别完成各自不同的工作。如图 6-3 所示，五大部件实际上是在控制器的控制下协调统一地工作。首先，把表示计算步骤的程序和计算中需要的原始数据，在控制器输入命令的控制下，通过输入设备送入计算机的存储器存储。其次，当计算开始时，将存储器中的程序指令逐条送入控制器，控制器对指令进行译码，并根据指令的操作要求向存储器和运算器发出存储、取数命令和运算命令，经过运算器计算并把结果存放在存储器内。在控制器的取数和输出命令作用下，通过输出设备输出计算结果。

计算机信息处理技术是集获取、输送、检测、处理、分析、使用等于一体的技术，其主要作用是对信息进行管理、处理和制造。信息处理的一般过程，是计算机使用者针对待解决的问题，事先编制程序并存入计算机内，然后利用存储程序指挥、控制计算机自动进行各种基本操作，直至获得预期的处理结果。计算机自动工作的基础在于这种存储程序方式，其通用性的基础则在于利用计算机进行信息处理的共性方法。

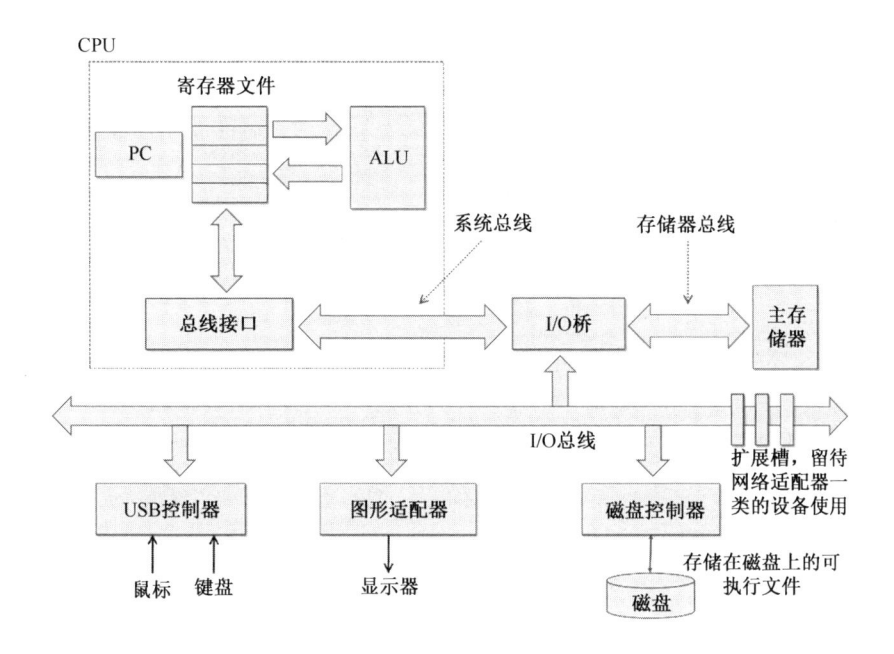

图 6-3　数字计算机基本结构

计算能力反映了处理数据和信息的速度和质量，是解决复杂数据计算难题的基本保障。计算能力是指 CPU 单位计算次数、信息与数据的存储能力。CPU 的性能和速度取决于时钟频率和每周期可处理的指令（IPC）。CPU 频率就是 CPU 的时钟频率，简单地说是 CPU 运算时的工作频率（1s 内发生的同步脉冲数）的简称，它决定计算机的运行速度。

通常来讲，同系列微处理器，主频越高代表计算机的速度也越快，但对于不同类型的处理器，它就只能作为一个参数参考。CPU 的运算速度还要看 CPU 流水线各方面的性能指标。由于主频并不直接代表运算速度，所以在一定情况下，很可能会出现主频较高的 CPU 实际运算速度较低的现象。因此，主频仅仅是 CPU 性能表现的一个方面，并不代表 CPU 的整体性能。

提高计算机的计算能力，可使用多内核处理器。其基本原理是在一个集成电路集成两个以上独立的处理器（可称为内核）。在理想的情况下，双内核处理器性能是单内核处理器的两倍。在现实中，因不完善的计算控制算法，多内核处理器性能远远低于理论，只有 50%左右。但增加内核数量的处理器，依然可增加一台计算机的计算能力。这意味着该处理器可以处理大量的不同步的指令和事件，可分担第一内核繁重的计算工作。有时，第二内核将和相邻内核同时计算相同的任务，以防止计算系统的崩溃。

借助通信网络，计算机可以实现信息的互联互通，也能实现计算协同，扩展计算能力。

6.2 云计算交通信息

大型城市级的交通控制计算具有峰值计算量大、数据依赖性强、计算模型复杂、计算时效性强、可靠性和安全性要求高、接口众多等特点。云计算在计算基础设施、计算方法平台和计算应用范围等方面提供了一个有效的解决方法。对于交通，云计算不是简单提供了一种海量计算能力，而是提供一种面向交通进程需求的信息聚集与信息分发的服务机制。

6.2.1 云计算技术

云计算（Cloud Computing）的概念首先由 Google 提出，是近年来发展起来的一种计算形态，是网格计算、分布式计算、并行计算、效用计算、网络存储、虚拟化、负载均衡等传统计算机技术和网络技术发展融合的产物或这些计算机科学概念的实际应用，正在逐渐形成一种新的信息计算体制。这种体制将具有计算能力的计算机硬件连接起来形成计算设备物联网，使信息采集、处理和应用形成"富互联网应用"（Rich Internet Application, RIA）。

1. 云计算的框架简介

云计算采用面向服务架构（SOA），主要提供三种服务模型：基础设施云服务，基础设施即服务（Infrastructure as a Service, IaaS），如 Amazon EC2, S3 等，为交通云计算提供几乎无上限的计算能力，实现海量交通信息实时计算处理；

平台云服务，平台即服务（Plateform as a Service, PaaS），如 Google App Engine、Amazon Web Service、Microsoft Windows Azure，为各种交通信息应用软件提供开发平台，实现交通信息灵活开发应用；应用云服务，软件即服务（Software as a Service, SaaS），如 Salesforce.com ESRI ArcGIS 10.0，为各种交通信息应用提供软件的服务，实现交通软件的租用和效用计算。三种服务类型由通用性向专用性逐渐过渡。从云计算框架看，计算能力、软件系统和数据都是资源，并且强调信息消费者同时也是信息提供者。此外，按照云计算提供服务的共享程度，可以将云计算分为三种类型：公有云，即通过 Internet 提供服务；混合云，即通过 Internet 和 Intranet 提供公共和私有服务；私有云，即通过 Intranet 提供私有服务。云计算的三个服务类型和三种类型的云如图 6-4 所示。

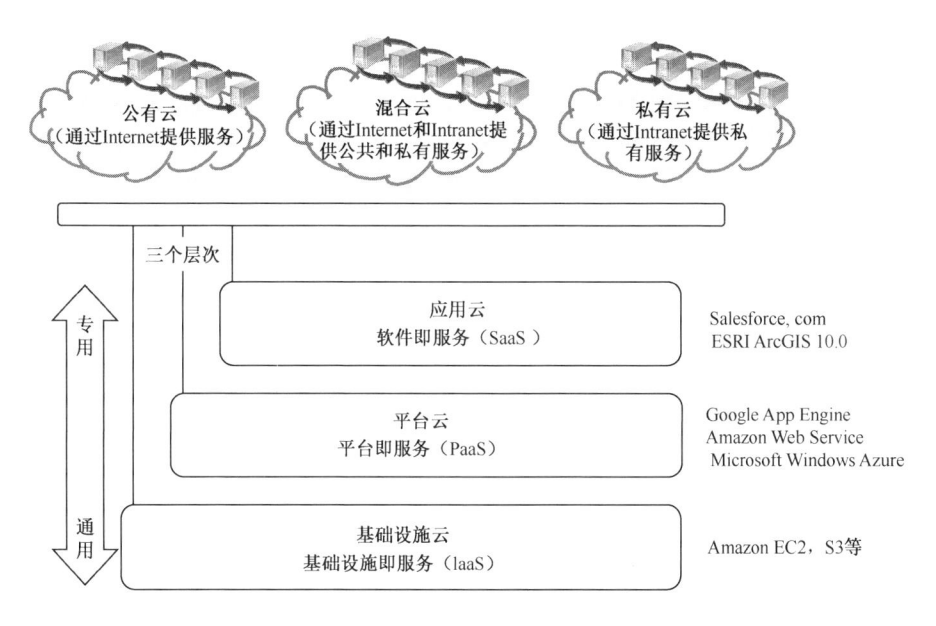

图 6-4 云计算的三个服务类型和三种类型的云

狭义云计算是指 IT 基础设施的交付和使用模式，指通过网络以按需要、易扩展、高可靠的方式获得所需的资源。广义云计算是指计算与信息服务的模式，指通过网络连接的计算设施、系统平台和软件应用可扩展的服务。这种服务可以是与 IT 和软件、互联网相关的，也可以是任意其他服务。它具有超大规模、虚拟化、可靠安全等特点。

2. 云计算的技术特点

1）虚拟化技术

云计算最大的特点是利用软件来实现硬件资源的虚拟化管理、调度及应用，通过虚拟平台使用网络资源、数据库资源、计算资源、存储资源、硬件资源等。因此，云计算利用虚拟化技术可在大幅度提高资源利用率的同时，降低维护成本。

2）灵活定制

用户可以根据自己的需求和喜好定制相应的服务、资源及应用，云计算平台则根据用户的需求来部署相应的服务、资源、应用及计算能力。

3）动态可扩展性

在云计算体制中，允许实时的将服务器加入现有的服务器群中，来提高"云"处理能力，而当体制中的某计算节点出现故障时，则可以先将该节点的任务交给别的节点，而在故障排除后可实时在现有集群中加入。

4）超大的计算和存储能力

云计算云端由大量服务器集群组成，具有极大的计算和存储能力，使得用户可以在任何时间、地点，采用任何设备连接到云计算系统来享受云计算的各种服务。

5）数据、软件在云端

在云计算模式下，用户所有的数据、软件都可以直接存储在云端，可以在需要时直接在云端下载使用。对于价格比较昂贵、维护费用较高而又不经常使用的软件，用户可以在云端进行短期软件租赁，既节省了软件购买费用，又不必进行定期的软件运行与维护。

6.2.2　交通云计算建构信息计算服务体制

云计算不只是一个计算的技术方法或计算的汇集，还构造了一种服务于特定目的的信息运行体制，这个体制与地球表面自然气象意义上的云产生、形成和降雨服务具有相似特点。云计算所构建的信息计算服务体制对于交通进程与信息进程高度融合应用具有指导意义。

交通信息检测生成具有概然性、弥漫性、同时性、个体性、运动性等特性；

交通信息服务应用则具有宏观性、专用性、时效性、适应性、价值性等特性。交通信息检测生成与服务应用之间就是云计算:云计算不是简单的大规模运算过程,还必须有完整的与交通进程高度融合的信息计算服务体制。

1. 交通信息云计算的"自然循环过程"原理

在大自然的气象环境中,云是大气层中水汽循环的产物,是蒸发—凝结—降水—蒸发的周而复始的过程,如图6-5(a)所示。由于太阳照射,近地面地层被急剧增热,空气中的水蒸气由于蒸腾作用而发生上升运动,在上升的过程中随着温度的降低,水蒸气液化成小水滴或凝华成小冰晶,这些很小的微粒被空气的上升气流顶起,形成云,并在风、稳定等生态因素作用下飘浮移动。当云中的小水滴和小冰晶越来越多,达到一定程度时,上升气流无法支撑,就会下落,在下落过程中,随着温度升高,小冰晶融化成水滴,与原来的小水滴一起降落到地面上,形成了雨。雨水降落后增加了空气湿度,日照后又会形成大量的水蒸气,通过日照蒸腾作用后形成云,继而再形成雨。如此循环往复,周而复始,服务于万物生长的生态圈。

同样,交通信息过程也可以是一个交通信息获取汇集、计算处理决策发布、服务交通出行的不断循环的生态圈。在这个体制中,由"出行者与管理者对信息的需求"作为驱动,通过"蒸腾作用"将交通信息通过通信网络上传,形成交通信息"云",并对海量交通信息进行"云计算",根据出行者与管理者的不同需求,输出信息结果"雨",服务于不同交通出行需求,提升交通效率。这一过程也会周而复始,形成交通信息循环,服务交通出行和交通系统运行控制,如图6-5(b)所示。

正因如此,交通信息云计算不是一个简单的信息计算的方法,而是强调信息采集、通信汇集、协同计算、决策服务和信息施效的信息机制。信息来自交通,云计算将它服务于交通。

交通信息云计算的循环过程有如下特点。

(1)交通系统运行信息来自通信网络连接起来的各种交通检测设备、交通信号控制装置、移动车载GPS装置等,信息最终汇集、存储形成交通信息云。

(2)交通信息云服务可根据交通出行、交通控制与管理的特定需要,由云计算系统实现云存储、云计算和云服务,并通过各种通信系统信息发布至出行者、管理者和控制系统。

（3）在交通信息云计算中，交通信息消费者同时也是交通信息提供者，实现交通信息泛在检测，信息高水平计算和多层次水平的信息服务和交通控制。

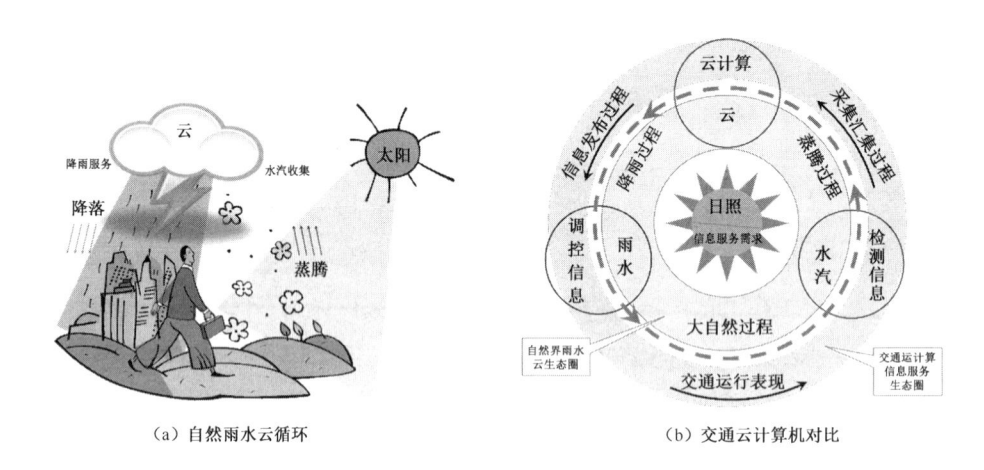

（a）自然雨水云循环

（b）交通云计算机对比

图 6-5　对比自然云的云计算信息服务体制示意图

2. 交通云计算部署

根据交通行业信息应用的特点，交通云计算通常可以配置行业云和公有云计算体系，通过向交通行业或广大的交通出行者提供云计算和云服务实现交通管理与出行服务。

（1）部署交通信息计算基础设备云服务，为海量的交通数据提供存储和计算的设施，适合大型交通数据分析、数据专题研究等应用。

（2）部署交通信息计算平台云服务。交通信息计算平台云服务为交通软件运行和开发提供了平台，使得开发人员在基础设施架构上快速轻松地开发、维护、升级和扩展交通信息处理软件。

（3）部署交通信息应用云服务。交通领域所用软件涉及交通规划、地理信息、交通仿真、数据挖掘、车流调度等，专用性很强，价格昂贵，用户可以在应用云服务中使用软件并根据使用功能和时间长短付费，无须购买安装维护软件本身。

3. 交通云计算技术目前面临的问题

（1）数据安全问题。使用交通云计算服务，用户并不清楚自己的数据具体托管服务器的位置及具体是哪个服务器管理。交通数据安全和准确直接影响交通控制指令信息的可用性，影响交通信息服务价值。在目前的条件下，互联网信息的防盗、防篡改、防窥视等性能存在漏洞。

（2）网络可靠性问题。在大城市交通高峰时间，交通管理与交通控制相关的信息计算量巨大。云计算机制依赖网络进行信息收集、存储、计算和发布，特别是计算资源分布各处，依赖网络实现协同大量计算机系统完成计算任务，对网络可靠性要求很高。随着通信技术发展，网络可靠性逐步提高，但面对各种自然或人为灾害，网络通信仍然面临多种挑战。

（3）应用服务有效性问题。由于交通云计算信息泛在化的来源、信息需求的不均衡、云计算信息处理模型方法的效能等问题，可导致信息服务的失衡、局部匮乏、局部风暴成灾。例如，在大型城市早高峰进行海量自动驾驶车辆路径安排时，可能导致路径设计的信息效用急剧降低。

6.2.3 交通信息云计算与交通进程融合

这里以在道路上行驶车辆 GPS 定位与运动信息为例，说明交通信息云计算与交通进程多层次融合。可将交通信息云计算应用分解为交通信息云生成、交通云计算和交通云服务三个部分。图 6-6 描述了车载 GPS 交通信息装置及移动网络普及情形下，交通信息云应用中云计算进程与交通进程的多层次融合，形成的交通出行服务、交通系统运行控制与指挥管理交通信息物理系统。

1. 车载 GPS 交通信息形成交通信息云应用过程

（1）大量出行者在期望利用信息实现高效出行需求的驱动下，将其车辆 GPS 从封闭的定位导航系统中借助移动通信连续实时传递出来，汇集到云计算存储服务。

（2）海量 GPS 信息的存储不会受到限制，按照特定格式存储，并可被计算过程调用。

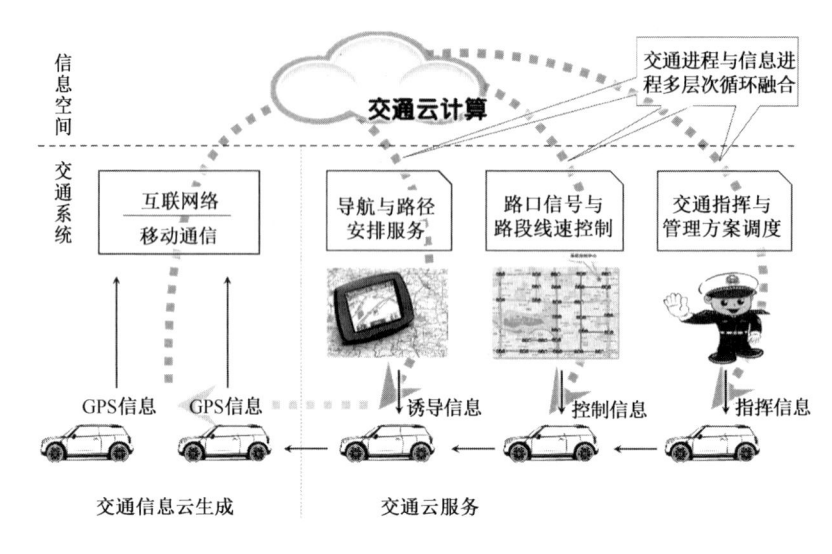

图 6-6 交通信息云应用中的计算进程与交通进程的多层次融合

（3）对于云计算，即使在大型城市交通高峰时段，海量 GPS 信息相关的计算能力也不会受到限制。

（4）交通云计算平台拥有满足交通计算的计算软件和交通计算所需的丰富的基础数据资源。

（5）服务于不同交通信息服务、交通管理与控制等需求，交通云计算可面向出行者个体、交通控制系统、交通管理者提供差异化云计算服务，实现导航与路径安排服务、路口信号与路段限速控制、交通指挥与管理方案调度等连续在线计算，计算周期满足服务需求。

（6）通信网络能够将路径诱导信息、信号控制指令信息、交通指挥辅助信息传送到包括高速行驶的车辆在内的所需之处，以较高的效用价值干预交通出行、控制交通系统运行和影响交通指挥管理，并以道路交通运行体现控制效果。

（7）信息作用下的交通运行进程用车辆的行驶参数表现，车辆继续、持续采集 GPS 信息并发送出来，上传交通云计算数据中心。

2. 云计算实现交通进程与信息进程多层次循环融合

交通云计算使得交通信息进程与交通进程能够在不同层次上实现融合，图 6-6 所示的云服务涉及三种信息与进程融合：信息与交通行为融合、信息与交通系统控制进程融合及信息与交通指挥管理进程融合。

（1）在面向大量出行者（既是 GPS 信息提供者，也是交通信息使用者）提供个性化信息服务的同时，与交通行为进程融合。这个层次的信息进程与交通进程融合的特点：需求个体总量多、服务目标差异大、目标协同要求高、计算速度要求高、可靠性要求高、单一个体需求变化周期长等。

（2）面向城市（可能是巨大或大型城市）道路交通系统的信号与限速等控制器装置实施系统控制，与交通运行进程融合，追求城市交通协同优化、局部区域交通最优、交叉口或路段交通安全高效等控制目标。这个层次的信息进程与交通进程融合的特点：优化协同控制的道路区域广、控制对象装置品牌种类多、路口和路段运行状态差异大、优化目标参数不同，系统级优化计算量跨度大，计算周期为 3～30min。

（3）面向错综复杂交通运行的交通指挥管理对交通系统运行信息的需求，与交通管理决策进程融合。这个层次的云计算服务于交通指挥决策者处置突发事件、重大社会事件引发交通剧变，涉及交通信息调度和表现、指挥调度方案交通仿真、决策优化支持等。相关云计算与决策进程融合的特点：涉及交通及社会信息类型广泛，时间跨度大（既有历史交通信息，又有交通预测仿真未来信息），交通信息可视化表现要求高。计算进程根据交通指挥阶段和处置事件的周期而定。

6.3　计算交通系统

计算交通系统是虚拟空间中构造的交通系统。计算交通系统不是独立存在于虚拟空间的封闭系统，"计算"决定了这个系统必须与现实的交通系统连接，而且是动态连接。

6.3.1　赛博空间与交通

计算机网络可将计算机连接在一起，实现互联互通，信息共享；互联网可将全球计算机连接在一起，在更大范围内实现信息共享；物联网（IoT）可将物体及其物理过程信息接入网络，实现万物信息联网共享；更有专业的车联网（IoV），可将移动中的机动车信息联网共享。

交通控制信息物理系统导论

在万物互联互通中，计算能力的互联互通带来了更大的计算能力，还可借助有效的协同、管理和调度，形成一个关于数据、计算、模型、方法、表达、施效的巨大开放空间。首先，这个空间依赖计算机硬件和网络电缆光缆，依赖消耗大量电能而存在，但不是计算机、网络和电能本身，而是由计算建构维系的虚拟信息空间。其次，这个空间存在依赖与世界万物互联，依赖大数据，依赖知识信息、行为信息、经验信息，等等。再次，这个空间具有面向人的接口，还具有直接面向交通的接口，可直接将计算结果驱动大型系统的运行。最后，这个空间不是数据、模型、知识的堆积，计算是这个空间动力。人们将这个空间叫作赛博空间（Cyberspace）。

赛博空间的概念最早在军事领域提出，不是信息技术本身的突破，而是计算的突破。赛博空间是人们对信息世界观察视角的调整、管理策略方法的转变，是军事信息化建设发展到一定阶段的必然产物，也是国家社会信息化深入发展到一定阶段的必然产物，它的发展将对国家安全及军事战略、作战理论及样式、装备发展理念及法律法规建设等领域产生重要影响。在战略博弈中，比实力更重要的是规则，谁制定了规则谁就掌握了战略先机。随着高新技术的不断发展，赛博空间将对国家与国家形象认知产生大规模影响与重要的战略价值。

赛博空间不仅可以在军事上得以应用，还可以应用于其他科学和工程领域。在这个虚拟空间中，人们可以准确描述复杂物理系统，表现系统进程诸多问题，特别是能表现大范围复杂冲突，甚至可以脱离实际系统，仅在虚拟空间中对复杂问题进行科学实验，现在的核武器仿真试验、海啸灾难过程描述、战争战场进程推演等就是最好的例子。同样，许多针对交通系统运行的研究也在计算机虚拟空间中进行，如超大型城市交通控制，宏观、中观和微观层次的交通仿真，甚至更为复杂的交通推演；许多交通科学实验无法在真实道路环境进行，如酒后驾驶行为、竞争通行行为等，只能在驾驶模拟舱连接的虚拟交通环境中进行实验研究。

交通赛博空间可以容纳整个道路交通系统的模型表达，在更大型的交通虚拟模型上完成社会级、城市级、道路级、路口级、车辆级、个人级交通出行所需计算，并将这些计算进程与交通运行或交通行为进程融合，导向系统和个体的平衡和谐优化的目标。

6.3.2 计算交通系统的概念

理论、实验和计算是交通研究的三个主要科学方法。建立计算交通系统可有效支撑交通科学研究，也可与交通传感网络、交通决策网络和交通控制网络与道路交通系统构成交通信息物理系统。

1. 计算交通系统简介

计算交通系统（Cyber-Traffic Systems, CTS）是在赛博空间中建立的虚拟化、模型化、数据化、计算化的道路交通系统，是一个可应用理论、实验和计算等方法研究道路交通系统运行、交通行为和信息关系的数字系统，是一个开发的、可与交通系统运行进程高度融合的计算进程支撑系统。

将 Cyber 称作"计算"旨在描述对信息的操作，与一般数据求值计算（Computing）概念不同，此处表达了"在虚拟空间中对关于道路交通系统的信息进行有目的、高水平、复杂、开放的操作"的意思。计算交通系统是电子信息形态的道路交通系统，是虚拟系统。

电子计算机（包括台式机）上的各种交通软件系统也具有交通计算功能。SCOOT 系统自动计算处理、分析车辆检测数据，根据交通模型计算路口信号配时方案，仿真实现方案优化决策，理论上可以 2700 个路口提供协调控制方案。各种具有交通仿真软件，如 NetLogo, VISSIM，其实质上就是各种参数下的交通模型计算，并将计算结果以数据或视频图像动画显现的过程。尽管电子计算机安装交通软件都可以实现交通计算，但不能称为计算交通系统。

2. 计算交通系统框架

把计算交通系统说成信息形态的道路交通系统，不是说前者是关于道路交通系统的数据库、数据仓库或大数据。计算交通系统的关键在于其能够真实表现道路交通在系统、行为和信息等方面的静态特性及运行动态规律，并能够以多种形式服务于交通学科理论研究、科学实验和数据计算，也能够满足与交通系统运行进程融合计算需求。如图 6-7 所示为计算交通系统框架。

（1）计算交通系统以交通模型为核心。计算交通系统围绕道路交通系统、行为、信息建立理论模型、计算模型和数据模型，通常情况下是交通运输、计算机、信息等学科理论的研究过程。没有交通模型，计算交通系统就退化成存储器、计算器或浏览器。交通"模型参数"是交通模型适用性的数值设置，调校模型参数的过程通常依赖对大量交通数据的分析研究。

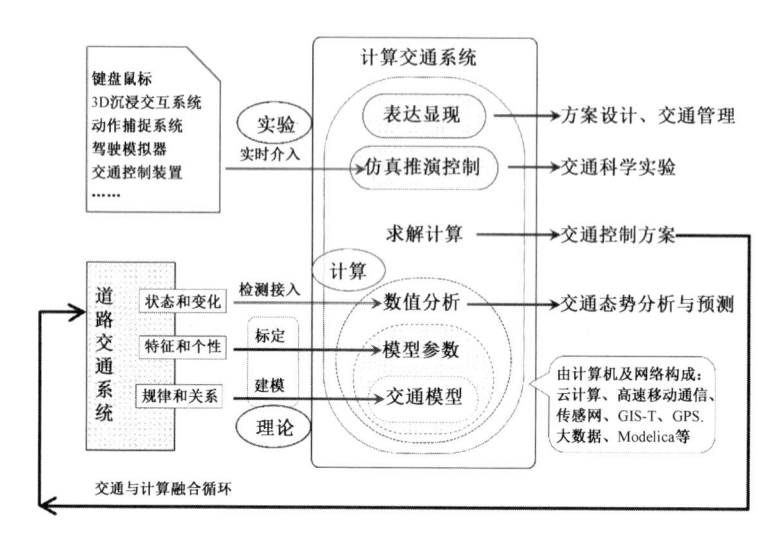

图 6-7 计算交通系统框架

（2）计算交通系统面向交通管理、交通控制、交通科学研究等具体应用目标进行构建，既能够服务于交通管理者、交通学者和研究人员的工作，也能够面向交通控制系统计算输出各种类型信息控制指令信息。总之，计算交通系统是追求交通效用价值的语法信息、语义信息和语用信息高水平处理、操作、制造过程。

（3）计算交通系统建立在现代大型网络化计算机系统上，还拥有大数据支持的交通数据资源和开放的计算软件资源。计算交通系统的信息形态决定了其过程开放程度、接口输入/输出的灵活程度、交通危险/危害重复再现能力远高于真实的道路交通系统。从使用功能上看，计算交通系统具有实时交通控制系统、交通仿真推演系统、道路交通运行数字动态沙盘、交通数据分析系统等功能，同时具有进程控制界面接入、交通科学实验装置接入、多种形式表达输出等功能。

3. 计算交通系统方法

道路交通系统 RTS 通过计算建构过程 $\overline{Cbr}$ 得到关于系统、行为和信息的计算交通系统 CTS。信息形态的 CTS 按目的由深度计算产生特定信息,并通过信息传输过程 $\overrightarrow{Cnv}$ 输出效用信息,展现给研究者或直接施效于道路交通系统 RTS 的运行,如图 6-8 所示。

RTS 和 CTS 在物质实在世界与信息虚拟空间形成一对共轭系统, $\overrightarrow{Cnv}$ 是 $\overrightarrow{Cbr}$ 的信息逆过程。RTS 和 CTS 以开放形成共轭体系,结构相对稳定、各要素联系紧密、整体功能协调、信息流动顺畅,这种共轭状态是动态存在的,共轭因素之间的关系是有规律的,并具有连续性和传递性,伴随系统的变化而发生特定性能的转变。RTS 和 CTS 关于系统、行为和信息的共轭效应（Conjugated Effect）使得对于 CTS 可代替原型 RTS 进行计算优选和科学实验,再以共轭信息逆过程 $\overrightarrow{Cnv}$ 作用对象目标 OBJ,实现目的。

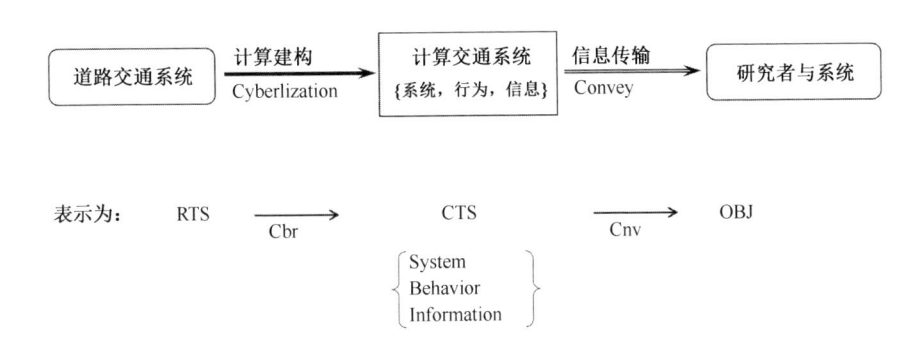

图 6-8 计算交通系统过程

6.3.3 内化计算结构

计算交通系统内化是指在赛博空间中,实现对道路交通系统及运行的模型描述、参数标定、动态映射、运算计算、仿真推演的理论、方法和技术手段。

计算交通系统内化的目标是以交通模型实现对交通系统规律的描述,以模型参数标定系统特征取值,以实时数据接入实现对交通运行的映射,以科学计算等实现模型求解、预测的计算和仿真。

1. 交通模型

交通模型是一系列相关理论研究的成果,分别从不同角度揭示道路交通运行内在的规律。交通模型的建立目前只能由科学家发挥人类智慧通过复杂智力劳动实现，还不能由计算机自主完成。在计算交通系统中，交通模型主要涉及系统、行为、信息三个方面。

（1）道路系统模型基于现实交通路网研究交通拓扑结构，分析交通系统演化规律，进而研究交通网络设计和拓扑优化。道路系统模型在计算交通系统直观表现为交通地理信息系统（GIS-T），其在传统 GIS 基础上，加入几何空间网络概念及线的叠置和动态分段等技术，并配以专门的交通建模手段而建成的专业信息系统。GIS-T 将城市路网和交通设施内化在计算机信息虚拟空间中，为计算交通系统的实现奠定了基础。

（2）交通行为模型是道路交通相关领域研究的重点和热点，主要分为微观交通流模型和出行行为模型两大部分。微观交通流模型的研究主要为计算交通系统中微观交通仿真提供理论支持；出行行为模型对居民出行需求进行预测，直接影响城市交通政策、交通系统规划和交通系统管理措施的制定。

（3）交通信息模型指交通中信息装置（信号灯、VMS、车载导航等）所产生的信息对交通人的作用，其目的是实现路网均衡。根据信息控制的强弱可将其分为交通控制模型和交通诱导模型。交通控制系统以 TRANSYT 模型、SATURN 仿真模型为代表；交通诱导系统研究重点则是围绕建立高效、准确的行程时间预测模型和路径优化方法。

表 6-1 总结了不同类型的交通系统模型。

表 6-1　计算交通系统模型汇总

分类	典型模型
道路系统模型	交通拓扑结构、道路网络模型、交通结构模型
微观交通流模型	跟驰模型、换道模型、排队论、流体力学交通模型等
出行行为模型	集计模型："四阶段"规划模型 非集计模型：Logit 模型、计量经济学模型、混合仿真模型
交通信息模型	交通控制系统：TRANSYT 模型、SATURN 仿真模型等 交通诱导系统：行程时间预测模型、路径优化模型

2. 计算机算法

计算机算法是指解决某一问题的运算序列，或者说计算机算法是问题求解过程的运算描述，一个计算机算法由有限条可完全机械地执行的、有确定结果的指令组成。计算机算法可分为两大类：数值运算算法、非数值运算算法。数值运算算法的目的是求数值解，如求方程的根、矩阵计算、函数的定积分等。非数值运算算法应用十分广泛，如图书检索、人事管理、文字处理等。常用的算法设计方法有数值算法（如迭代法、递推法、递归法等）和非数值算法（如穷举法、回溯法、贪心法、分治法等）。计算机算法具有以下特点。

（1）有穷性。一个算法应包含有限的操作步骤，而不能是无限的。事实上，"有穷性"往往指"在合理的范围之内"。

（2）确定性。算法中的每一个步骤都应当是确定的，而不应当是含糊的、模棱两可的。算法中的每一个步骤应当不致被解释成不同的含义，而应是十分明确的。也就是说，算法的含义应当是唯一的，而不应当产生"歧义性"。

（3）有零个或多个输入。所谓输入，是指执行算法需要从外界取得必要的信息。

（4）有一个或多个输出。算法的目的是求解，没有输出的算法是没有意义的。

（5）有效性。算法中的每一个步骤都应当能够在需要时有效地被执行，并得到确定的结果。

交通中数学模型的发展、应用与算法的改进是相关联的。在计算交通系统中，居民出行需求预测、信号控制、路径优化等问题涉及海量计算问题。面对日益庞大的计算需求，寻求一种高效、准确的计算方法是非常有必要的。然而，城市交通系统是一个动态变化的大型系统，实时性往往是首要考虑的。因此，在探讨算法的优劣时应从最优解和时效性两个方面进行平衡。有时甚至可以牺牲算法的精度。如果某算法提供的并非最优解，而是满意解，但两者差别不大，而该算法在计算时间方面却有着较大的改进，那么该算法无疑是合适的。

3. 交通数值分析

交通数值分析是指从交通态势分析及预测的角度对交通数据的定性分析，其中交通态势分析包括交通拥堵指数、交通事件识别及交通状态检测等。获取全面的交通状态参数是进行交通运行态势分析及预测的基础和前提。利用交通海量数据提取交通信息，通过对丰富、准确的动态交通信息的深度挖掘，将交通流特征提取、交通模式划分等方法逐步应用于交通态势分析中，路网交通运行状态分析评估涉及宏观、中观和微观三种。

由于交通事件的发生时间和地点是随机的、不可预测的，交通事件是造成偶发性交通拥挤的主要原因。交通管理者应充分了解交通事件的性质和变化趋势，从而实现有效的交通事件的交通管理。目前对交通事件识别的方法有加利福尼亚算法、标准偏差算法、双指数平滑法、贝叶斯算法、人工神经网络模型、应用概率神经网络等。利用这些方法可以有效、快速识别交通事件，缩短交通拥堵时间，缓解局部道路交通压力。

交通状态描述的是交通拥挤程度。交通状态的变化是人、车、路、环境等综合作用的结果，且各个影响因素间的关系是相互关联的，即信息具有随机性、不确定性和相关性。利用视频对交通状态进行检测已经在智能交通系统中发挥着越来越重要的作用，基于视频的交通状态检测方法一般可以分为三个基本步骤：选取感兴趣区域、车辆检测及跟踪和计算所需要的交通状态参数。

交通大数据应用的核心是预测。交通预测一般分为两种：一种是基于经验的结合统计学方法的预测，另一种是以交通过程理论和交通供求关系为基础的预测。对所收集的数据进行目的性预测，挖掘数据价值。交通预测的重点在模型上，模型的可靠性决定了预测的准确性。交通预测包括对交通流预测、交通事件的持续时间预测及交通状态预测等。

6.3.4 外化开放结构

外化是计算交通系统发挥其与交通系统共轭功能，实效道路交通系统研究和控制方法功能的总合。计算交通系统外化旨在满足其内化计算的数据接入、信息输入保障性要求，也是内化计算的成果发挥作用的基本功能性要求。CTS 开放性由外化实现。主要包括交通系统数据与信息模型建立、交互操作介入、表达显现施效等。当然，这些也高度依赖计算，本质上是计算的外延。从技术层面上看，计算交通系统与外界交互同样反映系统的品质水平。

1. 数据信息模型外化

数据信息外化形式上不仅仅是各种数据的输入/输出。对于计算交通系统，外化还包括各种层次水平的信息交换，实验交通模型、参数和算法的建立、更换、校正和验证等复杂交换过程，如表 6-2 所示。

表 6-2 数据信息模型外化

外化对象	内容	外化手段	实现
交通模型、参数、算法	系统、行为、信息等交通模型植入和导出	建立、更换、校正、验证	人工
交通检测器数据	自动监测装置实时数据	动态预处理	计算
交通与环境数据	历史数据、大数据	链接、导入、传送、筛选	自动计算
控制、信息装置数据	控制指令、信息	传送、存储、对接	自动

为提高系统计算效率从而达到实时计算的目的，CTS 通过实时交通数据实现对系统仿真的研究，拟采用动态目标与传感器等实时观测数据获取、存储、管理、分析等数据接入手段。

计算交通系统的数据接入方式主要有传感器数据实时接入和交通大数据接入。由于大数据技术的实时性和规范性有助于提高系统的数据处理能力，故通过该技术可以快速整合各传感器数据，二者相互结合使各类交通数据可以更好地为系统仿真模块服务。

交通数据的类型繁多，而且体积巨大。现有的海量交通数据主要以微波、线圈、GPS、车牌等交通流检测数据，交通监控视频数据，以及系统数据和服务数据等为主体。计算交通系统加大了对这些交通数据采集接入的范围、广度和深度，为系统仿真模块提供数据支撑。

2. 交通计算进程介入交互

外化介入交互使得 CTS 成为一个虚实融合的开放系统，不仅可将现实道路交通系统实况引入，还允许实验者、被实验者的行为动作介入计算进程，用于支持对交通行为与信息的计算研究。多方式计算介入，使交通仿真与推演融合起来，可支持对驾驶决策及执行过程的规律、类型、特点等进行研究。

CTS 介入主要有控制介入、参与介入、实体实况介入等类型，如表 6-3 所示。

表 6-3　CTS 介入类型

	介入装置	介入目的	外化手段
控制介入	鼠标/键盘/显示器	计算进程控制、设置、参与	软件功能设计
参与介入	3D 沉浸交互系统	交通人行为参与	场景交融、虚拟交通现实
	交通人动作捕捉系统		实验者测试、推演行为导入
	驾驶模拟系统		实验者测试、交互行为
实体实况介入	联网机动车辆	交通要素实时运行参数介入	样本车辆行驶数据实时介入
	网络信号机系统		现场实况介入

系统通过多模式介入来研究驾驶员驾驶行为对道路交通系统的影响，并对其进行计算和认识，这将非常有助于从本质上认识道路交通系统的运行和演化。目前，主要的介入方式有以下几种：键盘/鼠标/显示器、3D 沉浸交互系统、交通人动作捕捉系统、驾驶模拟系统等，如图 6-9 所示 CTS 介入交互方式举例。

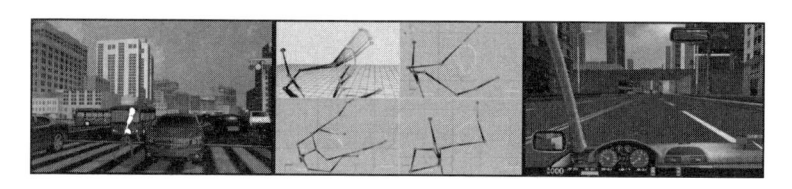

图 6-9　CTS 介入交互方式举例

通过鼠标/键盘/显示器（计算机输入/输出设备）介入 CTS，依赖软件接口设计，可非常简单直接地实现对计算进程的设置。

3D 沉浸交互系统利用虚拟现实技术，以计算机技术为核心，结合相关科学技术，生成与一定范围的真实环境在视、听、触感等方面高度近似的数字化环境。CTS 让参与者进入该虚拟环境，并与其中的各种对象进行交互作用、相互影响，通过视觉、触觉和听觉等获得身临其境的感受和体验，从而给交通实验提供了新的科学方法和科学技术。

交通人动作捕捉系统捕捉驾驶员在整个驾驶过程中的肢体各部位动作及参数，进而利用专用分析软件对动作进行识别及行为标定，计算驾驶行为的动作构成、配合和幅度参数，最终达到对驾驶动作及驾驶行为的量化研究。

驾驶模拟系统能够真实再现实际的交通系统，具有因素可控制、特殊环境可复制性和安全性等诸多优势，特别是随着计算机成像技术发展和计算效率的提升,驾驶模拟技术得到了广泛的应用。

3. 计算成果表达显现

CTS 进程及成果表达显现主要面向人——研究人员、交通管理者、实验者、交通参与者等。由于视觉是人和动物最重要的感觉,有 80%以上的外界信息经视觉获得,故计算机显示设备、激光 3D 动态数字沙盘是最直接的成果显示装置。根据人对外界信息的认知特点,CTS 可发挥计算优势,将计算成果表达转换成认知传输,不仅对人进行感官表达信息,还可对人的感觉传输(Convey)符合信息,产生亲临对应真实环境的感受和体验,使 CTS 具有更为完备、充分地发挥其交互效果。

CTS 的表达显现方法为研究驾驶行为提供了一种全新的方法和手段,可以使人突破时间与空间的限制,去经历和体验已发生或未发生的交通事件,从而完成那些因为某些条件限制难以完成的驾驶任务。计算交通系统的表达显现方法如表 6-4 所示。

表 6-4 计算交通系统的表达显现方法

表达介质	显现内容
屏幕显示	高分辨屏幕、全景 3D 屏幕系统、沉浸眼镜系统
数字沙盘	激光 3D 动态数字沙盘
认知传输	(a)感官传输:视觉、听觉、触觉、嗅觉、味觉 (b)客观感觉传输:重力、平衡、振动、惯性、温度 (c)主观感觉传输:连续性、真实性

CTS 生成的数字化环境可使用户操纵模拟器如同驾驶真车一样在道路上行驶。由于逐渐被人们所认可的虚拟现实(Virtual Reality)具有其特有的沉浸性和交互性等特点,故利用 VR 技术建立虚拟交通场景,并通过适当的开发工具(如全景 3D 屏幕、沉浸眼镜系统等)构建一个"人-车辆-环境"的虚拟交通系统来逼真模拟驾驶环境,增强驾驶模拟器的真实感。其沉浸性来源于对虚拟道路环境的多感知性,除常见的感官传输如视觉感知、听觉感知外,还有触觉、嗅觉、味觉感知等;客观感觉传输如力觉感知、运动感知、身体感觉等;主观感觉传输如驾驶的连续性、真实性等。从理论上来讲,系统应该具备驾驶员在现实客观道

路系统中具有的所有感知功能，实时产生如真实道路环境中一样的感知，甚至连驾驶员自身都意识不到计算机的存在。

数字沙盘技术也是 CTS 表达显现的手段之一，主要利用先进的计算机技术，在已有传统沙盘的基础上，结合先进的光学成像技术，加入生动的图像、三维动画和模型等多媒体展示功能和互动功能。其存在的意义在于它能在展示的过程中增添多媒体特效和交互的功能，使得它可以多方位、立体化展示目标对象的各项属性，可应用地理信息系统和虚拟仿真技术研制数字沙盘系统，搭建电子地图浏览、三维仿真地理空间场景的可视化环境。利用多媒体技术将道路交通环境做成虚拟画面真实地再现，实验人员可通过数字沙盘发出执行命令，如指定不同位置、不同交通事件进行仿真。被指挥者做出反应后，将实时情况反馈并显示在数字沙盘上，这充分体现了交通事件的偶发性与随机性。

4. 计算外化实现信息进程与交通进程融合

计算交通系统可对交通实体、交通系统进行有效控制，这对计算交通系统的外化提出了更高的要求，其本质就是实现交通系统进程与计算进程的高度融合。

6.3.5 计算交通系统应用

1. 计算交通系统与交通虚拟现实

计算交通系统是一个开放性的系统，驾驶员可与虚拟环境相交互。个体在群体中其行为转型为群体行为，各种行为表现都是由在个体与外部环境相互作用过程中，个体的特点与环境的特点共同决定的。CTS 采用群体-虚拟环境交互式体验系统，即多个或群体驾驶员可以共享一个虚拟道路环境，同时与包括驾驶员自身在内的虚拟环境进行交互。该交互系统强调人与虚拟环境之间的感知传递，要求更高的自然性和真实感。驾驶员在虚拟交通流中，遇到各种不同的交通状况从而采取不同应对策略。系统将所有车辆融合在一起，形成一个多向的关系网络，每一辆车都会对别的车辆的行为做出反应，同时自己的行为也会影响其他车辆，通过个体间的相互影响从而形成合理的交通流，表现出群体交通行为。该过程也是系统的信息控制施效过程。

驾驶员在该虚拟系统中根据实验方案完成多种驾驶通行行为，从而达到通过人-人交互的研究手段。根据驾驶员在通行中的动作表现，并以驾驶员动作构成、动作配合和动作参数等量化驾驶行为，配合车辆行驶关系等参数，建立通行中的个体驾驶负荷、事故风险、车辆能耗排放关系模型。

20世纪30—40年代，随着计算机、仿真、传感器、多媒体等技术的发展，在飞行训练、实验等需求驱动下，虚拟现实技术应运而生。其本质作用是"以虚代实""以科学计算代替实际实验"。目前虚拟现实技术已发展成为继数学推理、科学实验之后人类认识自然界客观规律的重要实验技术，并在交通领域逐步推广，如驾驶模拟系统、沉浸式交互系统等，为交通行为研究提供了重要的实验手段。但是，虚拟现实系统在交通领域的发展也面临一些瓶颈：交通系统的运动是由其最重要的构成要素——交通人来推动的，由于人的行为的复杂性和随机性，计算机人工智能目前还无法达到实体行为的智能水平，无法完成交通中车-车、人-车等交互实验；在计算机仿真方面，虽然提出了基于 Agent 的智能体仿真技术用以模拟人的行为，但相对来说其行为模型仍属于静态，缺乏实际交通系统中交通人的灵活机变性，对科学实验而言其可信性存在质疑。

计算交通系统是在虚拟现实系统的基础上结合最新的物联网、传感网等技术，遵循信息物理系统的思想，而构造的开放式虚拟道路交通系统。该系统通过地理信息系统、交通检测器、各种传感单元、车载设备、控制系统、计算机外部设备及各类虚拟现实实验设备及软件的信息融合，可以实现交通系统"真实"再现。该系统中交通行为通过行为建模与外部介入相结合，其中外部介入行为由车载设备、驾驶模拟系统、交通人动作捕捉系统等提供，体现的是交通人最直接的行为反应信息，且在系统中可以通过外部设备实现直接的车-车、人-车交互，完美地解决了当前虚拟现实系统在交通领域面临的难题。图 6-10 为计算交通系统中的"虚拟现实"示意图。

从根本上说，计算交通系统是交通领域中虚拟现实的升级，是下一代交通仿真的发展方向。

2. 计算交通系统与交通科学研究

计算交通系统以信息形态存在，由于其交通行为信息的真实性和系统的可控性、可测性，使得计算交通系统具备了现有虚拟仿真系统所不具备的行为交互及推演功能，能够广泛应用于对道路交通系统的科学研究中，揭示交通规律并应用到交通规划、管理与控制。

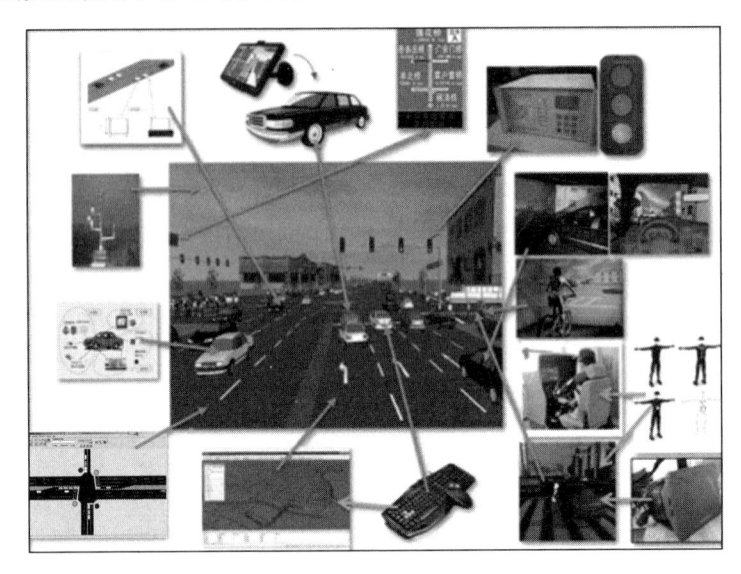

图 6-10　计算交通系统中的"虚拟现实"示意图

该系统由两大过程、多个模块层构成，不同模块有其各自的特色及功能，从而可应用的交通领域极为广泛。如交通系统态势估计、交通管理、交通控制、驾驶员认知行为研究等，其具体应用如表 6-5 所示。

表 6-5　计算交通系统的应用

模块	特色	应用
交通模型计算研究	对交通模型进行验证测试，对模型参数进行实验分析	开发交通模型服务交通系统控制
交通数值分析	交通实时数据接入与大数据应用	交通系统态势估计、交通系统运行预测
交通系统仿真	交通系统运行表达再现	交通管理、交通控制、道路交通监测
交通事件推演	仿真进程实时介入	交通管理、紧急事件预判与管理、设计开发
模拟驾驶平台	逼真虚拟交通认知环境	驾驶员认知行为研究
交通行为实验平台	沉浸式虚拟交通环境，实验者多模式复杂介入	计算交通科学实验

事件推演是计算交通系统区别与以往虚拟仿真系统的重要特色。计算交通

系统在交通方案评估、交通事件运行状态推断中采用仿真进程实时介入的方法。不同于当前的交通仿真的计算过程封闭的特点，该系统能够模拟仿真过程中的实时变化对交通系统运行的影响，通过控制系统介入、计算进程干预、实验者介入等方式，实时改变虚拟场景、交通方案与事件等，如模拟在紧急事件疏散过程中突发次生事件，通过对大量实验者反应的实时概率统计计算，对交通系统运行的可能态势进行推断。

交通实验者多模式复杂介入则是计算交通系统的另一特色，也是计算交通系统能够进行科学实验的基础。计算交通系统中实验者能够通过驾驶模拟设备、行为捕捉设备、沉浸交互设备在系统中进行多模式行为交互，为安全有效地研究人-车、车-车竞争与协作行为、不良驾驶行为、行人违章行为等提供了科学实验方法。

第 7 章

交通数据信息

交通系统运行产生的信息具有无限性，通过自动化检测系统，可获取特定的交通数据。交通数据既可直接描述交通系统运行状态，也可通过科学研究或科学计算等操作进一步发现和提取（感知）交通系统运行的规律信息。特别是，当自动交通检测装置获得的数据借助通信网络和存储设备跨越时间和空间汇集到一起，通常可形成海量的交通数据，甚至交通大数据。这些描述或记录交通运行的数据量非常大，存储、共享和使用这些数据正在挑战现代电子信息技术和设备的能力。更重要的是交通数据中蕴藏了丰富的交通系统运行和交通行为等规律信息，提取这些信息比直接描述道路交通系统运行状态更加困难，对构建交通信息物理系统来说更为重要。

7.1 交通系统进程数据描述

由于交通系统运行与交通行为的复杂特性，任何交通检测手段都有局限性，无法（且无必要）实现对交通系统运行的完整、精准、充分和高效描述。加上在信息空间中对交通运行的描述，特别是交通模型描述，总是面向特定问题、服务于特定的计算需求的，涉及的交通进程数据集总是有限的。

交通进程的描述可以选择时间、地点和事件等作为主要参照。

7.1.1 交通进程时间参照数据

以时间为主参照描述道路交通系统进程是常用且直观的进程描述方法。描述交通随时间而运动变化的过程非常易于理解，可直接向交通管理者和交通控制计算机软件系统提供交通进程数据信息。

根据第 2 章所述，对于交通进程 $P(t)$，可通过 CtP 将其信息化，在信息空间形成交通系统进程的数据描述 $C_p(\tau)$。$C_p(\tau)$ 是 $P(t)$ 的服务于进程融合的数字化描述：

$$C_p(\tau)|^{(T)} = \text{CtP}\{P(t), M_d, \tau\}|^{(T)}$$

其中，T 为交通进程时间规律周期；M_d 为服务于系统目标的融合模式；τ 为一般时间参照采样周期（离散时间），$\tau \in (0, T)$。基于交通进程时间规律周期和数据统计周期，对交通的描述在时间上通常是离散的。

以交通流量为例，城市道路上的交通流量在时间上的表现是不均衡的，如图 7-1 所示，其数据来自多伦多市区。虚线之间的部分表示有 95%的观测结果期望落在该范围内。城市地区一天中交通流量的小时变化是有代表性的：交通流量随时间变化明显，波动规律相似，表明该基本变化模式的可重复性。图中的观测数据是从只记录了单向交通流量检测器中获得的，这可通过图 7-1 中所示上午或下午的高峰小时来证明。在研究和设计交通控制信息物理系统时，交通进程时间变化特性对信息进程设计和设置提出了相对称的要求。

交通运行参数不仅能反映微观道路交通状态，还能反映出宏观道路交通状态，可以是某一点，某一段路甚至是某一区域的交通状态。如果交通流量较大，描述每种物理位置的交通状态的交通运行参数不止一种，通过各种参数之间的相互协调、配合，能准确反映出所处物理位置的交通状态。但当交通流量较小时，通过某几个甚至一个参数就能反映出此时的交通状态，不需要将所有参数回传。

面对不同物理与信息融合目的，描述交通进程采取不同的时间刻度描述指标，如表 7-1 所示。在交通进程与信息进程融合中，并不总是追求信息在时间刻度上的精细。时间刻度的调整可观测不同的交通进程规律，并实现减少交通进程描述指标以减少信息系统处理数据的量，提高信息计算速度，特别是决策的效率。

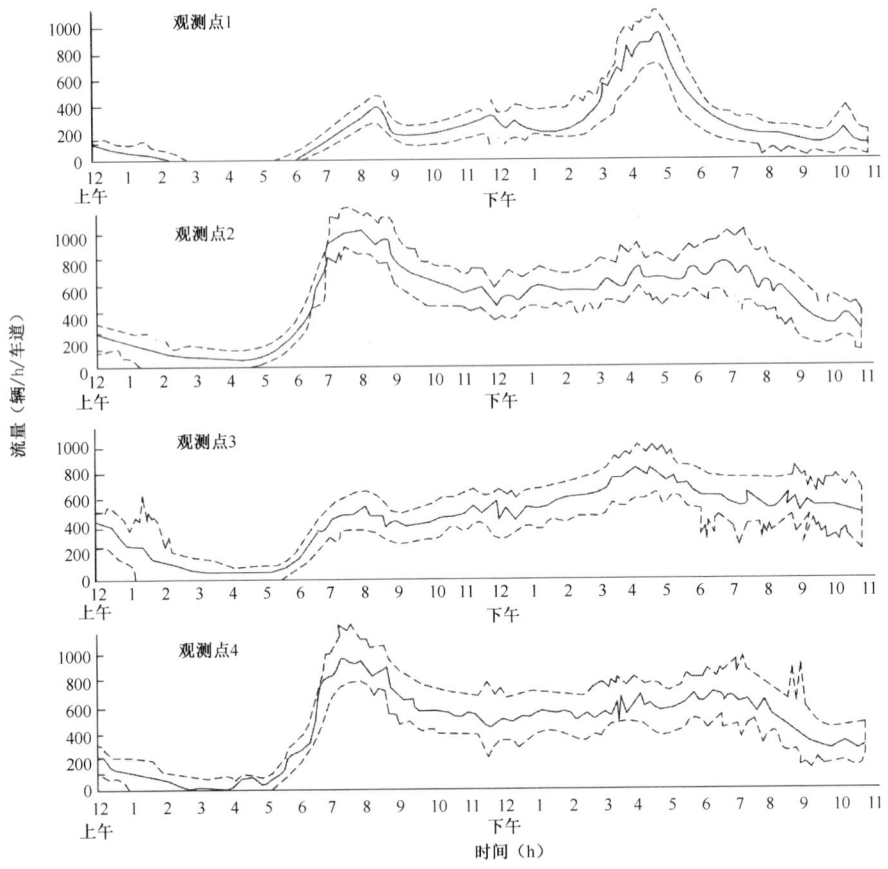

注：
a. 观测点2和4位于一个街区分开的同一街道同一个方向；
b. 所有观测点都是同一方向的两条车道。

图 7-1　多伦多市街道中小时交通量变化

资料来源：《HCM2000》

表 7-1　交通进程时间刻度描述指标

交通进程时间刻度	进程描述	融合层次
周或更长时间	城市交通规律	城市管理与交通规划
天	交通预测	交通管理
小时	全局交通态势	交通管理与交通控制
分钟	交通流参数计算	实时交通控制
秒级	交通控制设备巡测	交通控制可靠性保障

7.1.2 交通进程地点参照数据

在没有通信装置的情况下，对道路交通进程状况描述，取决于一个观察者（人）或一台检测装置所能采集信息的道路交通的地理范围，所获数据以道路地理位置为第一参照。这些地理位置通常是具有不同交通进程特性的局部道路区域，如交叉口、路段、出入口、立交桥区域等。道路交通系统的总体进程状态是这些局部状态的汇总。地点参照数据可描述不同地理位置处的交通子系统进程，可直接用于局部有特色的交通控制。如可为单个交叉口或区域的交通信号控制、交通诱导等提供相关进程信息。地点参照交通检测具有局部进程与信息进程融合的针对性、实时性强等特点。

以道路地理位置为第一参照，对于道路单元 rc 的交通进程 $P[\text{rc}(t)]$，面向控制需求 RCtl 的信息化 $C_p(\text{rc})$：

$$C_p(\text{rc}) = \text{CtP}\{P[\text{rc}(t)], \text{RCtl}, \tau\}$$

其中，τ 为道路单元检测采样统计时间间隔。

通过以道路地理位置为参照的交通进程参数描述，能够准确把握道路上特定地理位置的交通系统进程状态，为基本道路单元的交通控制信息物理系统服务。

通过对道路交叉口车辆的检测和跟踪，可实现多种数据的采集和统计。在实时采集系统中，高架的视频采集分析系统可实现对城市交叉口、路段的车辆检测与跟踪检测，能获得车辆的运动轨迹。一旦车辆在交叉口的运动轨迹被检测记录，就可以从中得知车辆的车速、运动方向等每辆车个体的运行参数，进而统计整个交叉口中的车辆运动情况，可以获取车流流向、平均车速、车流密度等交通参数，进而判断该路口是否堵车或预测该路口是否将要堵车，为交通信号控制、交通诱导等控制与交通进程融合提供依据。表 7-2 给出了基于地理位置的交通进程描述数据。

表 7-2 基于地理位置的交通进程描述数据

道路位置	进程描述数据
交叉口	交叉口饱和度、交叉口平均延误、交叉口平均排队长度、交叉口平均等候信号灯个数、交叉口各转向流率、平均速度

续表

道路位置	进程描述数据
基本路段	路段平均速度、路段平均行程时间、排队长度、密度、方向分布系数、断面流率
快速路全路段	道路平均速度、快速路网平均行程车速、快速路网平均行驶车速、快速路平均行程时间、拥堵路段比例
区域路网	道路网交通运行指数、区域内道路平均速度、重点拥堵点段数量和分布、区域路网交通饱和度、交通量分布
其他	多岔路环岛、大型立交桥等路段平均速度、流率、平均延误等

7.1.3 交通进程事件参照数据

交通平稳运行的进程往往无须过多的控制调节，从信息进程角度看，交通控制信息只是持续简单重复。只有交通事件的出现才导致系统进程变化，需要新的信息计算进程与之对应，交通事件是进程描述的关键节点。交通进程事件数据以事件为主参照，描述交通事件的进程与系统运行状态，包括发现交通事件、跟踪描述交通事件、交通事件对道路系统运行的影响、交通事件结束、交通事件影响消除等全过程数据。事件发生在时间和地点上离散，且各个事件参照数据的总合并不能描述整个道路交通系统的进程，通常起到交通进程与信息进程融合调度的驱动器作用。

$C_p(E)$ 是信息进程中对交通进程的事件参照描述，它服务事件驱动 EDr 的融合模式 M_d：

$$C_p(Ev) = \text{CtP}\left\{P\left[E(t)\big|_{t_s}^{t_e}\right], \text{EDr}, M_d, \tau\right\}$$

根据交通事件是否可以预测把其分为可预测交通事件和不可预测交通事件，不同事件的进程持续时间不同，如表 7-3 所示。

表 7-3 交通事件及其进程可持续时间

可预测交通事件		不可预测交通事件	
事件	进程可持续时间	事件	进程可持续时间
大型活动	数小时	交通事故	数分钟~数小时
恶劣天气	数分钟~数天	货物散落	数小时
道路养护	数小时~数天	突发的自然灾害	数天
		重特大治安事件	数小时

1. 可预测交通事件的特性分析

可预测交通事件通常是有计划的或可较为准确预报的事件，因而可制订与事件导致交通进程相关的信息进程预案，提前管控交通系统。

1）大型活动

根据提供服务的性质不同，大型活动可分为两类，第一类为"提供一次性服务的大型活动"，主要包括演唱会、体育比赛等；第二类为"提供长效服务的大型活动"，主要包括展览会、节日或季节性游园会等。大型活动会诱增和改变局部交通流量，较平时更容易发生交通拥堵。第一类大型活动诱增交通量的高峰期只出现在活动开始前和活动结束后较短的一段时间内；第二类大型活动诱增交通量的高峰期可能会出现在活动开始前和结束后的一段时间，也可在活动期间周期性出现。

2）恶劣天气

在恶劣天气条件下，交通进程将发生较大的变化，且呈现更多的不确定性和危险性，对之关联的信息计算进程提出了更多的需求。

雷雨、大雾、冰雹、降雪、大风、沙尘暴等天气容易带来能见度低、可视距离短、路面结冰等影响驾驶出行的问题，为驾驶员驾驶车辆出行和其他出行者的出行带来了极大的不便。在恶劣的天气条件下，常会诱发各类交通事件，以致引发交通拥挤，如果疏导和管理措施不得力，则极易演变为交通拥堵甚至交通瘫痪。

恶劣天气通常可以准确预报。天气预报可以提前数小时预报恶劣天气的类型、恶劣程度、时空分布、持续时间等。与恶劣天气相关的交通管理控制涉及较大区域和更长时间段，应在大于恶劣天气的范围内、长于恶劣天气持续时间（提起介入、滞后撤除），使用与交通进程对应的计算进程应对恶劣天气影响的交通进程。

3）道路养护

在进行道路养护的过程中，需要占用一定数量的车道或阻断某一方向的车辆通行，这样不可避免地会降低道路的通行能力，增加发生交通事故或交通拥挤的可能性，并且增加了拥挤后进行疏导的难度。由于道路养护是根据计划进行安排的，对于相关路段的交通组织和交通管控都有预案设计，可有效保障交通进程高效安全。

2. 不可预测交通事件进程数据信息

不可预测交通事件通常是突发交通事件，事件发生开始时间、事件严重程度、影响范围、持续时间均不可预知、预测。不可预测交通事件需要实时探测、感知、判断，事件相关进程需要实时监测评估。面向不可预测交通事件进程管控，高度依赖事件数据信息，是控制信息计算进程的基础。常见不可预测交通事件有交通事故、货物散落、突发自然灾害和重特大治安事件。

（1）交通事故。交通事故是最为常见的突发交通事件，也是交通事件管理过程中的难点和重中之重。其具有发生频率高、后果严重、容易引发二次事故等特点。同时，由于交通事故的发生往往占用车道或阻碍交叉口的车辆通行，如果不能对其进行及时处理并疏导周围区域的交通流，则容易引发区域的交通拥挤乃至交通瘫痪。

（2）货物散落。道路运输的货物多为载货集装箱、木材、煤炭等，偶尔也会有易燃、易爆、有毒、有腐蚀性及放射性的危险货物。当货物发生散落时，如果驾驶员不知情而继续驾车前行，会扩大散落货物对交通流的影响范围。对于非危险货物，应当立即清理现场，防止货物占用车道并阻塞交通流。对于危险货物，其发生散落或泄漏后的涉及面较广，不仅会对交通流发生阻滞作用，而且会对大气环境产生污染，严重的还可能引发火灾、爆炸，或涉及公共安全等问题。

（3）突发自然灾害。每个城市都具有自身的气象和气候特征，如北方城市冬季的冰雪灾害较多，南方城市夏季的洪涝灾害较多，其结果都是封路、断路、阻断道路交通，甚至导致严重的人员伤亡和财产损失。

（4）重特大治安事件。重特大治安事件的发生往往没有先兆性，一旦发生，后果严重。此类事件常发生在政府及其要害部门的门口、火灾重点单位、银行或重要道路等，事态发展趋势多数为开始时少数人闹事，以堵门口、堵塞交通为主，随着事态空间范围的不断扩大，对车道和交通流产生了严重的阻滞作用，严重时会阻断交通，威胁群众的生命、财产安全。

不可预测交通事件交通进程、检测进程与管控干预进程，主要包括四个阶段，如图7-2所示。

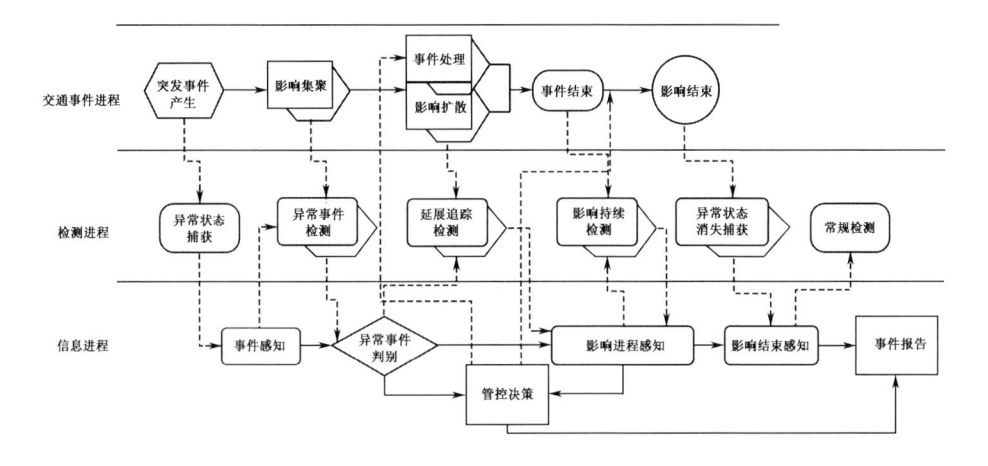

图 7-2　不可预测交通事件交通进程、检测进程与管控干预进程

（1）事件发现阶段。事件自动发现高度依赖实时交通数据信息。由于交通传感网络的分布特征，不可预测交通事件往往不能被直接发现，而是需要对交通数据进行计算分析，才能发现事件。交通事件检测算法有很多，但其基本原理都是利用检测器检测到的各种交通参数非正常变化来实现的。主要利用的交通参数包括速度、占有率、流量3类数据。同时，根据交通事件引起的后果可以把交通事件分为引起拥挤的交通事件和不引起拥挤的交通事件两类。

（2）事件影响判断阶段。引起拥挤的交通事件是指对交通流正常运行产生较大影响的交通事件。这类事件通常比较严重，且发生在交通流量较大的时间和地点。对该类事件的判别一方面可以通过对宏观交通流参数数据的变化特征实现对交通事件的自动判别，另一方面也可以通过对车载单元的检测实现交通事件的自动判别。同时，还需要对影响持续时间和影响程度变化趋势进行判断，这些判断不仅依赖交通检测数据，还取决于计算分析。

不引起拥挤的交通事件是指不影响交通流正常运行或影响较小的交通事件。这类事件或不太严重，或者虽然严重但发生在交通流量较小的时间和地点。对该类事件而言，交通事件的发生不会影响整体交通流数据的变化趋势，因此只能通过对单个车辆运行状态的检测来进行交通事件的判别。

（3）事件处置阶段。这个阶段仍需采集交通数据，监测更大范围内受影响的交通变化趋势，避免事件对交通不良影响持续加剧，为突发交通事件条件下交通管控信息进程提供信息。

（4）事件影响善后阶段。事件消失后，应现场数据及时可靠确认，结束事件期间交通管控措施，准确发布拥堵疏散信息，加速交通流恢复正常运行，并根据事件影响消散进展，调整其他关联区域的交通管控。

7.2　交通进程数据采集

交通数据采集通常是指利用传感器装置等电子技术手段将道路交通系统运行各个参数转化为数字信号、数据，收集在装置中进行存储和初步计算，借助网络汇集到交通数据信息中心的过程。从信息物理系统角度看，就是实现交通物理进程"映射"到计算机系统及网络形成的信息空间中的基础操作，是道路交通系统进程信息化（Cyberlization）的基础工作。

交通进程数据采集具有明确的应用目的，可用于交通管理、实时交通控制软件，也可用于交通科学研究等方面。实现交通进程与交通信息进程有效融合对交通进程数据采集要求更高。通常可将面向交通进程描述的数据采集方式归为以下三类：

（1）面向地点位置区域交通运行基础描述的数据采集方式；

（2）面向指定的交通进程时间描述的数据采集方式；

（3）面向群集描述、事件描述、对象描述的泛在化数据采集方式。

7.2.1　交通进程地点描述数据的采集

交通进程的地点描述是以道路地理位置为第一参照，因此其对应的采集方式应能够提供用于描述指定位置路况的数据，或可提取出相应信息，以完成对指定位置或区域交通状况的全面、准确描述，从而根据该地点的交通进程变化制定有针对性的控制方案（关键路段或交叉口、关键区域、全路网）。

根据交通在整个交通网络系统运行的地点特征，可分为路段、交叉口、区域分别采集交通进程地点描述数据采集，其主要的数据采集方式及相关描述数据如表7-4所示。

表 7-4 交通进程地点描述数据采集方式

位置	数据采集方式	采集数据/信息	优缺点
交叉口	调频微波检测	流量、车速	恶劣环境工作性能好，成本低，安装不影响交通，可检测静止车辆；拥堵或大型车遮挡车辆时影响检测精度，车辆分型准确性低
	超声波检测	流量、车速	信息处理简单快速，可检测静止和小间距车辆；除非置顶安装，否则车辆分型差，易受环境影响，易误检，拥堵时检测精度低
	红外检测	流量、车速	检测快速、准确；易受环境影响
	视频检测	流量、车型、车速、车头距离、占有率、排队长度	安装不影响道路及交通，道路维修或拓宽时不受影响；安装高度和视角选择要求高，阴影、积水等易造成误差，夜间检测需提高功率降低可靠性来实现高灵敏度
	蓝牙检测	流量、车型、车速	低成本、低功耗，不受天气、可视度影响，寿命长，可实现无线高速传输；涉及车主隐私，不易普及
路段	压力传感器检测	流量、车型、车速	能够在恶劣环境使用，准确率高；易丢失静态车辆数据，易损坏，影响道路寿命
	线圈检测	流量、车速、时间占有率	技术成熟，成本低；易受环境影响，影响道路寿命，车辆拥堵时精度下降或无法检测
	地磁检测	流量、车型、车速	可检测小型车，包括自行车；过于接近的相邻车辆分辨困难，低速车检测误差大
	固定频率微波检测	流量、车速	恶劣环境工作性能好，成本低，安装不影响交通；无法检测静止车辆、遮挡车辆
区域	车辆自动识别（电子身份识别、拍照识别）	流量、车型、行程时间、平均行程速度	可准确获得通过两检测设备车辆信息；行程时间为过去状态下时间，不能反映车辆当前所处状态，两点间具体行驶情况无法获取
	卫星定位	车速、位置、行程时间	覆盖范围广，可实现全网检测，实时性强；无法保证定位系统全部激活，故无法获取交通量和密度，有遮挡时信号不稳定，设备过少时难以获得可靠速度与行程时间
	航拍	流量、车型、车速、密度车头距离、车辆行驶轨迹	成本低，信息载量大；易受环境影响，受抖动和摄像姿态调整影响，原始图像不能用于数据直接采集

7.2.2 交通进程时间描述数据的采集

交通进程时间描述是以时间为第一参照，其要求各数据采集方式提供的数据信息，应能够描述在指定时间点或时间段内道路交通各位置状态，即需要检测覆盖一定范围，以便准确把握道路区域交通总体运行状态，为交通管理与决策等提供数据信息支持。

根据信息获取周期，可将交通进程时间描述的数据采集方式划分为长周期、短周期和实时三类。

长周期：主要包括对指定位置或区域一天、一周、一月……交通规律的提取和监控，长周期路况描述对指定位置数据采集实时性、精度要求较低，但要求具有持续性、连续监测能力。

短周期：主要包括对一天内不同时段具体位置/区域交通变化规律的提取和监控，短周期路况描述数据采集时间要求介于长周期与实时之间，一般需要 30min 或 1~2h 上传数据。

实时：主要需要实现对指定位置实时数据的采集，同时要求采集装置具有一定终端预处理及快速通信能力，同时其数据应便于实时计算，以便及时进行决策及控制反馈。

1. 长周期

1) 公交 IC 卡数据采集

依托公共交通卡收费系统，可统计公交车辆上下车乘客数量、记录乘客刷卡上下车时间及站点，从而获悉公交车辆各时段、各区段的上下车情况。同时，通过信息实时传输到公交调度中心，可获得一系列指标参数，如各线路客流量、断面通过率、公交站间 OD、客流时间变化特征、车辆满载率等。此外，通过一定的算法可反推出其 OD 间换乘行为。公交 IC 卡信息采集受人为影响因素小，数据可靠，可准确反映公共交通出行的时间、空间分布特征。但是，该数据仅限于公交系统，且对轨道交通适用性较高，对于公车车辆由于存在不刷卡乘客，如持老年证、工作证或购票乘车的乘客，部分数据无法统计。

2) 公共网络数据获取

公共网络数据可从网络供应商处获得，主要为一定较长周期内的统计数据，数据来源包括路径、停车场查询，车票、机票等购买信息，用户上传路况、天气信息，各种交通相关服务申请（打车、租车、拼车、停车）等。通过长时间的数据积累与统计分析，即可获得众多反映交通规律的重要数据信息，如用户主要出发点与目的地等交通出行规律数据、出行方式数据、停车需求数据、停车场状态数据、路况规律数据、交通事件数据等统计数据。这些数据可为路况预测、历史路况查询、拥堵瓶颈分析、OD 分析（迁徙图、出行活跃度、节假日和通勤路线分析）及交通出行换乘方案推荐等提供数据及决策支持。

2. 短周期

1) 遥感数据采集

遥感技术是从高空采集地面物体目标的数据，识别地球环境和资源的技术。遥感图像按照平台可分为地面遥感、航空遥感、航天遥感和航宇遥感四类。利用遥感图像中的道路网影像自动提取，能够自动建立城市道路网。通过对道路上的车辆对象的自动提取及自动计数，可以测量路段车流密度。利用飞机航拍图像，加上时间轴，可以测取交通流量等数据，同时结合车辆在遥感图像中的形态特征，还可以对交叉口等位置的车辆排队长度进行自动测算。此外，通过图像对比可对交通环境、事故等进行监测。

遥感图像作为交通信息的数据来源具有观察范围广、易更新、周期短等优势。利用遥感图像为交通信息源可以更好地满足交通信息服务的范围广、准确、实时的要求，缩短更新时间。

2) 手机基站定位数据采集

手机基站定位是利用基站对手机的距离的测算来确定手机位置的，其精度很大程度依赖于基站的密度。对于这种定位方法，无论是移动，还是电信都支持，可在现有的任何手机上实现，无须作任何改动，就是采用的算法、定位方式稍有差异。

移动主要采用 COO（即蜂窝小区）方式，该方式的定位精度与小区基站的分布密度密切相关。市区精度范围在 150m 左右，郊区精度范围在 1000～2000m，随着移动公司技术的不断发展，相信精度会进一步提高到 50m 范围内。同时随着进一步优化地标名，定位将更加准确。该方式的优势是定位时间短，对现有网络或手机一般不需要特殊要求就能够实现定位，缺点是定位精度取决于蜂窝小区半径。

电信采用的网络独立定位法——TOA(Time of Arrival),是基于电波传播时间的定位方法,需要同时有三个或以上位置已知的基站合作才能进行,定位精度能达到 50~100m。TOA 算法对系统的时间同步要求很高,任何很小的时间误差都会被放大很多倍,同时由于多径效应的影响也会带来很大的误差。

3. 实时

卫星定位网络是浮动车检测技术在未来车载 GPS 或北斗 BDS 设备普及后的扩展应用,其使用基础为 GPS 或 BDS 的全社会性,即保证卫星定位在全社会的大面积应用及激活。卫星定位网络是由全社会 GPS 或 BDS 互联互通形成的车辆实时信息网络,该网络基于 GPS、BDS 与传感网技术,实现基于应用进程描述需求的车辆信息自组网提取,且由于 GPS、BDS 等卫星定位系统数据获取的实时性,使得该网络可适用于各种空间范围交通参数的实时提取,并可服务于大范围区域的交通均衡控制。

7.2.3 基于传感网的泛在化数据采集

1. 泛在化检测

随着网络技术升级,未来的城市正在向以网络为基础的智慧城市发展。智慧城市中交通也必将是网络化的智慧交通,数据采集作为基础同样应体现"智慧",即交通检测无处不在,但只出现在需要之时与需要之处——泛在化交通检测。"泛在"(Ubiquitous)即无所不在,其概念是由美国加利福尼亚州 Xerox(施乐)公司 Palo Alto 研究中心首席科学家 Mark Weiser 博士 1991 年在 *Scientific American* 首先提出的。这一概念与交通系统进程描述的数据要求相吻合,实现对交通信息物理系统进程的全面描述,实现交通检测泛在化势在必行。

随着信息科学技术的进步和信息产品成本的降低,超微计算机技术、3G 通信技术与网络技术迅猛发展,使得高速互联网、高性能计算机、大型数据库、传感器和具有移动计算功能的移动终端等融为一体,车联网、传感网等应运而生,使得交通信息采集得以逐步渗透交通系统的方方面面,为泛在化交通检测的发展提供了肥沃的土壤。

随着传感网技术提出，近年来基于传感网的信息采集技术逐步成为研究热点，传感网通过网络技术连接各类数据采集源获取多源数据，实现网络化的数据采集与信息提取，能够很好地在各类数据采集方法间形成互补，并获取泛在化的数据信息，从而保证交通信息物理系统信息进程与物理进程的融合。

2. 传感网技术

传感网是由大量的具有有限计算能力与处理能力、自身能量受限并且能够进行相互间通信的传感器节点构成的自组织分布式系统。无线传感网络由终端节点、汇聚节点、网关节点构成。当车辆进入传感器的监控范围后，终端节点可通过传感器来采集车辆的行驶速度等参数，并将信息传送给下一个定时醒来的节点。当下一个节点感应到该车辆时，结合车辆在两个传感器节点间的交通特征参数估计，就可估算出车辆的其他特征信息。多个终端节点将各自采集并初步处理后的信息通过汇聚节点汇聚到网关节点，进行信息融合，获得道路状态信息，从而为路口交通信号控制提供精确的输入信息。此外，通过给终端节点安装温湿度、光照度、气体检测等多种传感器，还可以进行路面状况、能见度、车辆尾气污染等检测，如图 7-3 所示。

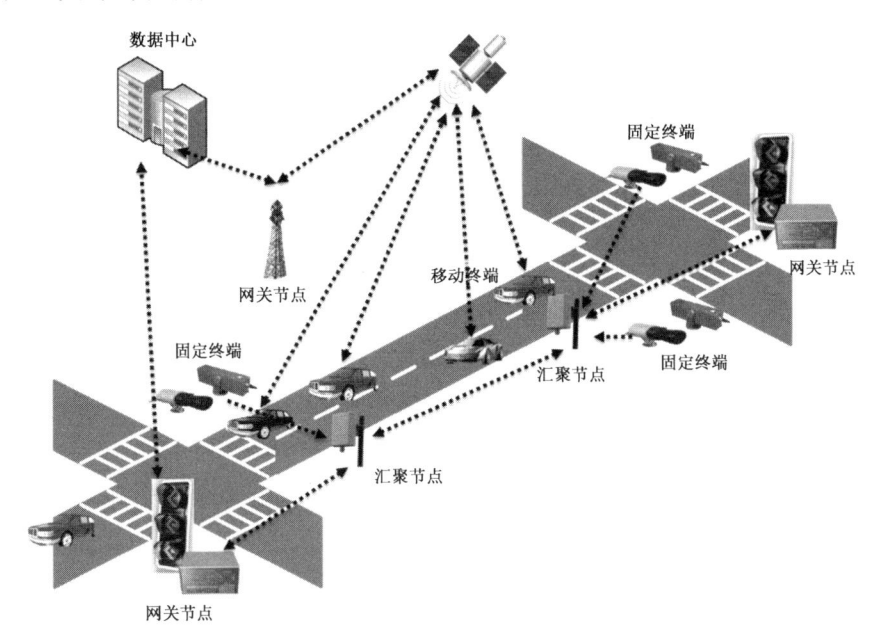

图 7-3　基于无线传感网的交通数据采集

其中终端是无线传感器网络的核心，主要由各种交通数据采集装置组合而成，并根据各应用目标下交通进程的描述需求进行激活与数据采集。

3. 基于传感网的泛在化交通检测

泛在化交通检测是基于传感网等信息技术实现的交通数据智能化检测及检测优化技术。交通泛在检测网具有超强的环境感知和智能性，该特性能够为信息物理系统提供充分的信息资源。对应泛在化三要素：信息节点广泛存在；服务特定目的的信息互联互通；疏而不漏、冗余可控，基于传感网的泛在化交通检测基本原则如下：

（1）交通检测无处不在，但仅在需要之时、需要之处、获取需要之数据；

（2）交通传感器嵌入计算、检测装置联网、信息流动、数据汇集；

（3）装置节能、数据冗余可控、信息可靠可证。

根据以上原则，基于传感网的泛在化交通检测的实现，面临一个关键问题——"在已定交通信息需求前提下如何合理规划布设交通检测器，怎样使各类检测装置相互配合实现数据的按需采集"？即在路网中的哪些地点设置交通检测器？设置什么类型的交通检测器？设置在哪里？设置多少？怎样协调才能使其既能够恰当、合理地存在于道路交通网络中，又能够满足特定的交通进程描述需求，以达到泛在化交通检测的目的。对于目前常用的交通检测设备如环形感应线圈、雷达、牌照识别、红外传感等，由于其成本高、易磨损、需人工持续维护、受环境制约，不利用大规模安装，容易出现数据盲点。随着车载及手机定位系统的普及化应用，其数据将实现网络化覆盖，从而弥补其原有的无法获得流量、密度等数据的不足，成为泛在化交通检测的重要组成部分。

7.3 交通信息物理系统的信息提取

交通信息物理系统从信息的角度出发，通过信息进程与交通物理进程、信息进程与交通行为进程的融合对复杂多样的道路交通系统和交通行为进行有效控制。对于交通信息物理系统，其信息空间与物理空间映射和融合总体可分为两个过程：物理空间的信息化过程与信息对物理空间的施效过程。其中信息化过程主要通过数据信息的输入实现，包括数据的采集、数据处理和信息提取等。在此过程中，数据信息主要承担三大功能：交通进程在信息空间中的建模、信息空间模型参数标定和交通进程的实时监测。

为保证交通进程建模和参数标定的准确性，要求积累和采集大量历史数据，同时由于各种信息采集方法的局限性，需借助多种来源与形式的交通数据相互补充，因此交通信息物理系统涉及的数据体量巨大、种类和结构多样。此外，交通进程的实时监测要求及时、准确地获取交通状态数据，以便实时掌握交通进程各个状态，同时结合历史数据进行预测，从而有针对性地制定实时控制策略。故交通信息物理系统对数据信息的功能需求，使得该系统自然形成一种种类繁多、体量巨大的数据环境——交通大数据。而由于数据在采集、存储、传输中产生诸多质量问题，同时庞大的体量使得信息难以直接高速、有效地被提取，因此在信息提取前对大数据的处理必不可少。

交通大数据的信息提取是以服务具体应用为目的，利用数据挖掘、信息融合等计算机技术，从海量相关交通数据和相关信息中得到关于交通系统有效运行的决策依据和交通系统运行规律的技术。交通信息提取需要建立在相关交通流理论等交通学科基础理论之上，可估计城市道路交通状态和预测发展趋势，服务于实施交通系统与交通行为的管控等。而是否能够准确、有效和实时地获得道路运行状态的相关信息，是交通信息物理系统数据内化的基础。

7.3.1 交通信息物理系统中的数据处理

交通信息物理系统中数据的处理主要解决三方面问题：一是解决检测数据本身固有的质量问题；二是解决大量数据存储、快速检索调用问题；三是解决多源数据的信息提取问题。

数据质量问题的处理主要涉及对丢失的数据、可疑数据和错误数据的处理，包括数据清理、集成和归约。常用方法有三大类：①处理丢失数据的忽略法、填充法、平均值法等；②解决可疑数据的分箱、回归、聚类等；③处理错误数据的剔除、修复法等。

此外，交通数据的随机成分也会影响交通状态判别效果，所以在将实际交通数据输入交通状态判别模型前，还需对数据进行滤波处理，在保留原始数据变化规律的同时去除数据中的随机成分。

常用的数据滤波方法有移动平均法、指数平滑法和卡尔曼滤波法，如表 7-5 所示。

表 7-5　不同滤波方法的比较

方法	处理方式	优缺点
移动平均法	用分段逐点推移的平均方法对时间序列数据进行处理，找出数据的历史变化规律	每计算一次平均值必须存储最近 N 个观察值，当预测项目很多时，就要占据相当大的存储空间；是对最近 N 个值的等权看待，而对 $t-N$ 时段以前的数据则完全不考虑；N 的取值是否合适将直接影响数据的滤波效果
指数平滑法	通过"修匀"历史数据来区别基本数据模式和随机变动	不需要保留较多的历史数据，只要有当前时段的观测值和上一时段的平滑值就可对数据进行滤波处理
卡尔曼滤波法	采用迭代的方式对线性预测模型中的参数进行估计，在迭代的每一步，按线性无偏最小均方误差估计准则，对系统本身的状态向量不断地进行修正，从而滤掉数据中的干扰	需要进行大量的矩阵和向量运算，所以其计算工作量过大，计算速度较低，不适用于数据的在线处理

目前大数据存储与检索常用的处理方法如表 7-6 所示，同时仍有新方法在研究和更新之中。

表 7-6　大数据存储与检索常用的处理方法

处理方法	适用范围
Bloom filter	可以用来实现数据字典，进行数据的判重，或者集合求交集
Hashing	快速查找，删除的基本数据结构，通常需要总数据量可以放入内存
bit-map	可进行数据的快速查找，判重，删除，一般来说数据范围是 int 的 10 倍以下
堆	堆适用范围：海量数据前 N 个最大数，且 N 不过大，如小于 100000。适用于数据存储，节省存储空间
双层桶划分	第 k 大，中位数，不重复或重复的数字
数据库索引	大数据量的增删改查
倒排索引	搜索引擎，关键字查询

续表

处理方法	适用范围
外排序	大数据的排序，去重
trie 树	数据量大，重复多，数据种类小可以放入内存
分布式处理 mapreduce	数据量大，但是数据种类小可以放入内存

为充分利用多源数据，在交通大数据处理过程中，数据融合发挥了关键性的作用，其有效地解决了交通数据的多元化及冗余问题，通过对多源数据的融合处理，可获得比单源数据更具有价值的数据信息。根据融合对象的信息提取层次，可将数据融合分为数据级融合、特征级融合和决策级融合。数据级融合发生于数据处理层面，是多源数据信息高速、有效提取的基础。特征级融合与决策级融合主要应用于信息的特征级提取与决策级提取。

数据级融合主要发生在传感网泛在化检测终端或节点，依托于嵌入式计算，包括多个同种检测设备的数据关联及特征提取。在数据级融合中，系统不加处理地直接融合同类别检测器的原始数据，然后进行数据的特征提取并完成融合数据属性判决，如图 7-4 所示。

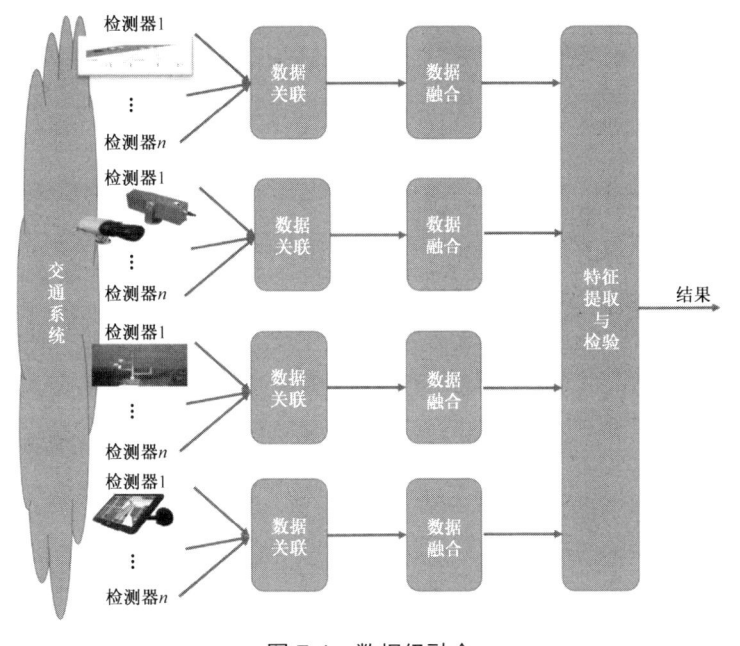

图 7-4　数据级融合

由于这种融合在传感器的原始观测信息未经预处理就进行数据综合分析，所以是最低层次的融合。数据级融合的优点是能尽可能多地保持现场数据，提供其他融合层次所不能提供的细微信息，因而数据精度更高。但其局限性也很明显。

（1）所处理的多为原始数据，数据量大，处理代价高，实时性差；

（2）融合在信息的最底层进行，传感器原始信息的不确定性、不完全性和不稳定性要求在融合时有较高的纠错处理能力，传感器节点性能影响大；

（3）要求各传感器信息必须来自同类传感器，传感器观测的是同一物理现象，即该层次融合只能实现检测目标的单一属性融合；

（4）数据通信量大，抗干扰能力差。

数据级融合处理可以最大限度地保障交通模型输入信息的完整性和可用性，对提高交通模型的运行效果具有实际意义。

7.3.2　交通信息物理系统的信息需求

交通信息物理系统强调交通进程、交通行为进程与信息进程的融合，突出信息进程对交通的反馈调节作用，对交通信息的需求和要求更高、更精细。

传统的智能交通系统是计算技术、通信技术、网络技术、控制技术、传感技术等先进技术的综合集成，强调"从技术到信息"的应用模式，由相对独立的业务功能或需求推动系统开发组织和采集，最终形成业务系统的集成组装。这种由电子技术超前发展应用拉动的模式数据采多而用少，"重采集、轻挖掘、少交流"，形成事实上的重信息化轻智能化——信息计算深度不够，面对交通难点问题，难以有效发挥作用。而交通信息物理系统从信息角度出发，以交通物理系统与信息系统的交互作用为切入点，来组织实施信息的采集，并借助通信大范围交流、深度计算处理制造新信息、反馈作用于交通进程。与智能交通系统相比，二者的目标趋同，但系统构建的出发点不同，交通信息采集主导方式不同。

对于交通信息物理系统，交通数据信息主要应用目的有交通系统运行规律与参数提取和交通系统运行实时监控。

1. 交通系统运行规律与参数提取

在电子计算机系统中建立描述道路交通系统运行的规律通常是科学研究的过程，目前，计算机系统还不能完全自主地建立面向交通应用的数学模型。科学家建模过程高度依赖各种交通数据信息，对交通数据信息要求如下：

（1）各种交通数据丰富；

（2）交通数据关系完整；

（3）需要偶发事件数据或实验数据；

（4）交通仿真数据。

2. 交通系统运行实时监控

交通信息物理系统高效运行及实时监控需求，对交通数据信息提出了更高的要求。

（1）交通信息泛在化检测。交通信息物理系统要求信息能够穿插于交通系统运行的整个时间与空间，因此对信息检测提出了泛在化要求，即要求交通信息检测全覆盖。基于交通传感网的信息采集及服务技术，为交通信息泛在化的实现提供了技术保障。

（2）实时性要求更高。交通进程与信息进程的融合，要求相应的信息流动与交通运动过程保持一致，因此要求信息采集、处理、传输实时性进一步提高。现在智能交通系统中简单、海量、多源数据的实时信息采集和提取技术复杂困难，并不能满足信息物理系统对实时性的要求。

（3）信息离散化程度要求更高，灵活性需求增大。交通进程包括交通系统物理进程（如车辆运动进程、系统控制进程）与交通人的行为进程，其进程描述可包括整体交通运行、一股或多股车流运行，甚至可微观至单个车辆或交通人的运动。因此，在进程融合过程中要求信息能够更加离散化，以便灵活组成适应各种交通进程单元的信息单元。

（4）信息多样性提高。随着信息、网络技术的发展，各种先进的信息设备应运而生，推动了交通信息的多样性。同时，交通信息的泛在化需求，各类信息采集及服务方式的局限性，也决定了交通信息物理系统中信息采集与服务需要综合利用多种方式完成，从而进一步促进了交通信息多样性的提高。

（5）信息量增大。信息的离散化要求及多样性，不可避免地带来了交通原始数据量与基础信息量的增大，为信息的快速传输、存储及调用提出了新的要求。

（6）准确性要求提高。交通信息物理系统对信息的依赖性提高，其要求信息能够在各个阶段准确描述交通进程，以便实时做出有效的控制决策，因此信息实时准确性要求更高。同时，信息的离散化与多样性使得基础信息对整体信息的影响更大，进而对基础信息的准确性要求更高。而多源信息融合方法为提高信息的准确性提供了一种有效手段。

7.3.3　交通信息提取层次与方法

交通信息物理系统中交通系统进程的数据描述可分为时间描述、地点描述和事件描述。面向不同的参照系，所需求的描述信息层次不同，如时间描述更侧重于大范围的交通运行指数信息的提取，地点描述则更关注局部地点交通流参数及分布。根据系统中数据信息的服务对象，可将系统中的信息提取划分为参数层、特征层和模型层三个层次。

1. 参数层

参数层信息提取主要面向局部地点交通进程微观描述，用于局部信息进程与交通进程、控制进程的融合，是局部地点精细化控制的依据，同时也是其他层次信息提取的基础。因此，参数层信息提取实时性要求较高，相应地要求信息计算周期短，一般采用分布式计算的方法。

参数层的信息提取与进程融合的启动主要通过时间驱动与阈值驱动。如高峰期间、平峰期间和夜间采用不同的信息提取时间间隔；当车速小于某一阈值或大于某一阈值时，采用不同的信息提取方案等。

参数层的信息提取主要涉及数据统计、数值计算等。其信息提取方法包括统计、回归、推导、假设检验、显著性检验、差异分析、相关分析、偏相关分析、主成分分析、距离分析、回归分析、曲线估计、聚类分析、判别分析和对应分析等。

2. 特征层

特征层信息提取主要面向交通系统交通运行状态的描述与评价,可用于基于统计时间的大范围道路系统交通进程状态的识别及基于事件的交通进程状态识别。

特征层信息提取可通过时间、阈值和事件等多种方式驱动。其信息提取周期可根据时间需求、事件发展而变化,一般介于模型层与参数层之间。主要方法包括特征层数据融合、指标计算、阈值分析、参数评价、数据挖掘等。目前,特征层信息提取主要使用数据挖掘和特征级融合两种技术,而特征级融合则建立在对单源交通数据信息充分挖掘的基础之上。

1) 数据挖掘

数据挖掘(Data Mining)通常又称数据库中的知识发现(Knowledge Discovery in Database,KDD),就是从大量的、不完全的、有噪声的、模糊的、随机的数据中,提取隐含在其中的、人们事先不知道的,但又是潜在有用的信息和知识的过程。

数据挖掘技术可分为传统技术与改良技术。传统技术以统计分析为代表,有描述统计、概率论、回归分析、时间序列分析、多元统计中的因子分析、判别分析及聚类分析等。其改良技术以机器学习为代表,应用较为普遍的有决策树理论、人工神经网络及规则归纳法等。

数据挖掘技术为道路交通数据的处理提供了新的分析手段,但通用的数据挖掘算法难以满足交通信息物理系统中的具体应用需求,将已有的数据挖掘分析方法直接应用到道路交通数据分析中不能得到很好的应用效果。如道路交通除具有时间特性外,还具有很强的空间相关性,各种交通信息采集设备产生积累了海量的、具有复杂的时空关系的时空信息数据集,这些数据对数据挖掘提出了新的需求。例如,对道路网络交通流的复杂时空查询、发现道路交通状况之间的关联关系、分析道路交通流的拥堵模型等。对于交通信息物理系统中的一些新应用和分析任务,需要研究新的数据挖掘算法,发现交通数据中新的规律和特征。

2) 特征级融合

特征级融合位于中间层次信息提取,它是在数据级融合的基础上进行特征提取，然后对特征信息进行综合分析和处理。特征信息常用来表示被测对象的抽象行为或属性，往往是检测对象原始数据最基本单元（如图像中的像素）信息的统计量或表示量，再按照特征信息对多传感器数据进行分类、汇集和综合。在特征级融合中，需要对每个检测器检测的原始数据进行特征提取以获得特征向量，赋予特征身份码再基于联合特征信息进行属性判断，实现特征融合，如图7-5所示。特征级融合的优点是实现了可观的信息压缩，有利于实时处理，并且由于所提取的特征直接与决策分析有关，因而融合结果能最大限度地给出决策分析所需的特征信息。另外，特征级融合不要求传感器必须是同一类型，因而能够对反映检测对象进行多维类型描述。

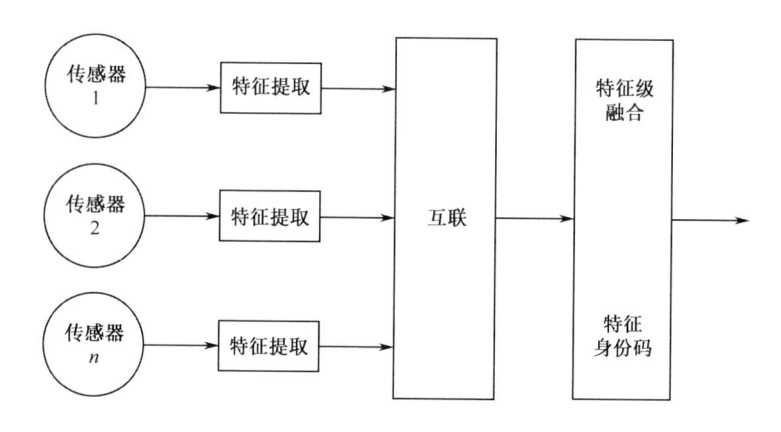

图 7-5 特征级融合结构

3. 模型层

模型层信息提取为信息提取的最高，也是最复杂层次。其信息提取主要基于对大量历史、多源数据信息的规律挖掘、特征提取与参数计算。模型层的信息提取面向应用，包括交通进程/信息空间建模、交通进程预测、控制决策、虚拟交通系统分析等。

模型层信息提取通过应用需求驱动，由于需依靠大量历史数据，一般所需周期较长，如一周、一月、一年……故提取的信息有一定的滞后性和偏差，在应用过程中需根据当前信息进行标定。

信息提取方法主要有数据决策级融合、回归、推导、预测等。

决策级融合是一种高层次信息提取方法，其结果为检测、控制、指挥、决策提供依据。如图 7-6 所示，决策级融合从具体决策问题出发，充分利用特征级融合的最终结果，直接针对具体决策目标，融合结果往往是目标的全貌及其分类和识别，在认知的水平上直接影响决策水平。决策级融合主要优点是融合中心处理代价低；具有很高的灵活性；通信量小，抗干扰能力强；具有容错性，对传感器的依赖性小，传感器可以是同质的，也可以是异质；系统对信息传输带宽要求较低，能有效地反映环境或目标各个侧面的不同类型信息。缺点是数据损失量大，精度相对较低；融合首先要对原传感器信息进行预处理以获得各自的判定结果，预处理代价高；融合后的数据不具有广泛适用性。

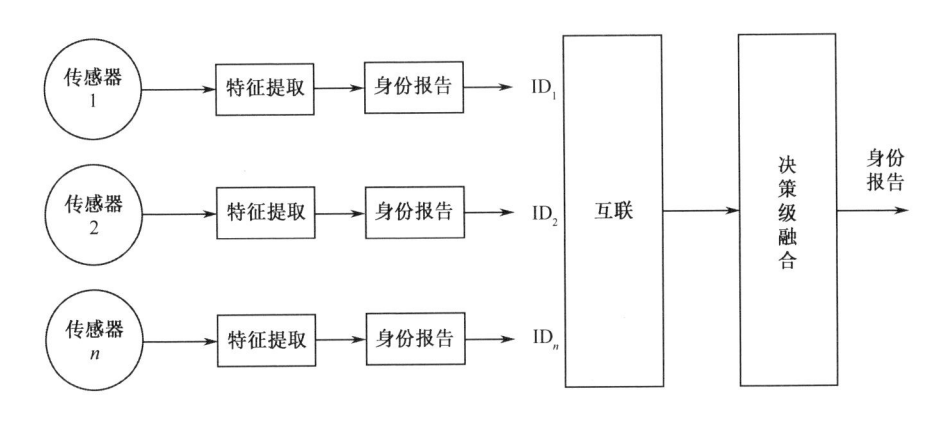

图 7-6 决策级融合结构

融合数据信息提取的主要方法包括贝叶斯法、D-S 证据推理、模糊理论、神经网络，其优缺点及在交通领域的适用范围如表 7-7 和表 7-8 所示。

表 7-7 各种融合方法的优缺点

方法	优点	缺点
贝叶斯法	直观性好，易于理解	要求给出先验概率和概率独立性假设，无法区分不确定和不知道信息
D-S 证据推理	不需要给出先验概率，能区分不确定和不知道的信息	需要给出权重分配原则，计算具有潜在的指数复杂度
模糊理论	可解决信息或决策冲突问题	需要主观定义模糊隶属度函数，算法原理直观性不强，缺乏自学习和自适应能力
神经网络	具有良好的容错性和自适应性，具有自学习能力和并行处理能力	需要足够的训练样本，寻找全局最优解较为困难

表 7-8　各种融合方法在交通领域的适用范围

方法	交通领域
贝叶斯法	交通事件识别
D-S 证据推理	交通事件识别、交通诱导方案、紧急事件救援方案
模糊理论	交通事件预测、交通参数融合、交通诱导方案、紧急事件救援方案
神经网络	车辆定位、交通事件识别、交通事件预测、交通参数融合、交通诱导方案、紧急事件救援方案

7.3.4　交通大数据信息提取与计算

1. 交通大数据信息功能

交通大数据在时间序列上分为历史数据、实时数据和预测数据，相关数据的处理方法不同，数据信息功能不同，适用不同的交通应用目的，应用涉及交通科学研究、交通系统与行为控制、个体交通信息服务等。对交通大数据而言，交通信息提取的内容对应于交通大数据信息功能，如表 7-9 所示。

表 7-9　交通大数据信息功能

类别	信息功能	对象		应用
		交通系统	交通行为	
历史数据	建模	交通系统演化过程 交通系统运行规律	交通出行规律 通行行为规律 交通安全行为规律	自动建模 交通特征参数提取 交通科学研究
实时数据	监测	交通系统状态	违法交通行为 交通出行分布	交通指挥 交通管理预案调度
预测数据	控制、预测	交通系统控制 交通信息发布	交通行为控制	交通仿真与推演 虚拟交通科学实验 计算交通研究

2. 计算实现

交通大数据信息提取计算建立在复杂模型基础上。交通模型以特定的角度表达交通系统的运行规律。作为复杂的交通系统，其建模与仿真正在向复杂大系统的"协调化、智能化、集成化、网络化"建模与仿真的方向发展。计算交通系统以大数据为基础，通过交通模型来描述关于系统、行为和信息的规律，并利用交通仿真模型调校模型适用性。大数据作为信息资源在交通模型中主要实现的作用包括三方面：大数据参数提取、大数据建模、大数据仿真与决策。

（1）道路交通系统模型。利用交通网络拓扑结构分析交通系统演化规律，进而研究交通网络设计和拓扑优化。道路系统模型在计算交通系统直观表现为交通地理信息系统（GIS-T），而 GIS-T 将城市路网和交通设施内化在计算机信息虚拟空间中，为大数据计算交通系统的实现提供了技术支撑。

（2）交通行为模型。交通行为模型是道路交通相关领域研究的重点和热点，主要分为微观交通流模型和出行行为模型两大部分。微观交通流模型的研究主要为计算交通系统中微观交通仿真提供理论支持；出行行为模型对居民出行需求进行预测，直接影响城市交通政策、交通系统规划和交通系统管理措施的制定。

（3）交通信息模型。交通信息模型指交通中信息装置所产生的信息对交通人的作用，其目的是实现路网均衡。根据信息控制的强弱可将其分为交通控制模型和交通诱导模型。交通控制模型以 TRANSYT 模型、SATURN 模型为代表；交通诱导模型研究重点则是围绕建立高效、准确的行程时间预测模型和路径优化方法。

（4）交通仿真模型。交通仿真模型包括宏观仿真模型、中观仿真模型及微观仿真模型，其仿真精度依次由低到高。大数据接入计算交通系统中，为交通模型的适应性调校提供了数据支撑。通过交通仿真，可在研究道路交通系统安全、效率和排放难题的同时，为解决交通难题奠定理论基础。

7.4 感知交通行为进程

相对于交通系统进程，直接检测交通行为及其进程较为困难，往往需要通过多种传感方式辅助数据处理和基于模型的计算实现对交通行为的感知。感知是一种面向需求和问题，对数据信息高水平计算，获取无法直接获得的信息的模型化计算过程。

感知交通行为及其参数主要应用于交通系统控制、交通行为控制、交通科学研究等。感知交通行为的应用目的决定检测方式和数据处理方法。对交通行为的感知主要集中在对交通群体行为、交通个体行为、交通交互行为等进行检测和感知。

7.4.1 公共交通出行感知

公交出行行为感知是对交通群体行为的感知。交通系统进程的变化往往是由交通需求变化导致的，感知公共交通出行行为可实现对交通系统运行态势的预测，为交通系统运行与控制信息融合，进行出行引导、公交系统优化，实现缓堵、疏堵提供决策信息支持。其主要应用于道路交通系统管理。

公交出行IC卡支付方式为感知公交出行行为提供了一种有效手段。国内于1994年开始使用公交IC卡收费系统，发展至今，IC卡技术经过不断升级，已由单一应用于公交，发展为以公交为依托，涵盖轨道、出租、轮渡、停车与小额支付等多种功能的城市一卡通系统。通过将公交IC卡、GPS等信息化应用与交通检测相结合，通过对公共交通工具、居民出行行为和道路信息的采集及处理，可有效监控城市居民出行行为的进程。

IC卡刷卡提供了个体乘车和出行时间、地点等数据，通过联网实现数据汇集，公交集团可以获得大量居民公交出行行为信息，主要包括时间信息（各种刷卡行为的发生，上下车或费用结算发生的时间）、费用信息（乘车应付费用、折扣比例、交易类型等）、乘车人信息（卡号、卡类型）、位置信息（上车位置、下车位置的站点编号）、车辆信息（公司编号、线路编号、车辆编号、车型信息、载客数量等）等。当然公交IC卡系统的设计功能主要是收费、结算，方便乘客，实现企业运营所需的数据收集、结算、财务清算等。可从相关数据信息中获取感知出行行为信息，进而对相关数据信息进行深层次挖掘与应用。IC卡数据感知公交出行交通行为及进程如图7-7所示。

因此，对公交IC卡数据库、数据仓库和数据挖掘技术的研究成为新的研究热点。公交IC卡、乘客自动计数系统（APC）等先进技术的应用可以准确、简便地获取相对实时动态的客流信息。然后运用计算机程序，对公交IC卡数据库信息进行集成，明确事务处理主题，构建数据仓库，在数据仓库的基础上进行数据分析、数据挖掘直接得到城市公交出行信息。

运用 IC 卡感知居民出行行为信息分析方法主要涉及 IC 卡技术、数据库技术、统计学、数据挖掘技术。IC 卡记录的信息包括乘客卡号、线路号、刷卡日期、刷卡时刻、车辆代号等，这些已足够运用于信息的分析和挖掘。记录乘客上下车站点信息已经实现，这将极大地提高 IC 卡数据分析的精度。目前的数据库技术和数据统计分析技术已经很成熟，可选用的数据库系统和数据分析软件也很多。采用通过公交 IC 卡数据处理得到的公交客流信息，可以减少基础数据采集过程中人力、物力的耗费，对已有的 IC 卡数据库进行分析即可获得完整、连续、可靠的公交客流信息，对公交运营管理及公交规划决策有重要意义。

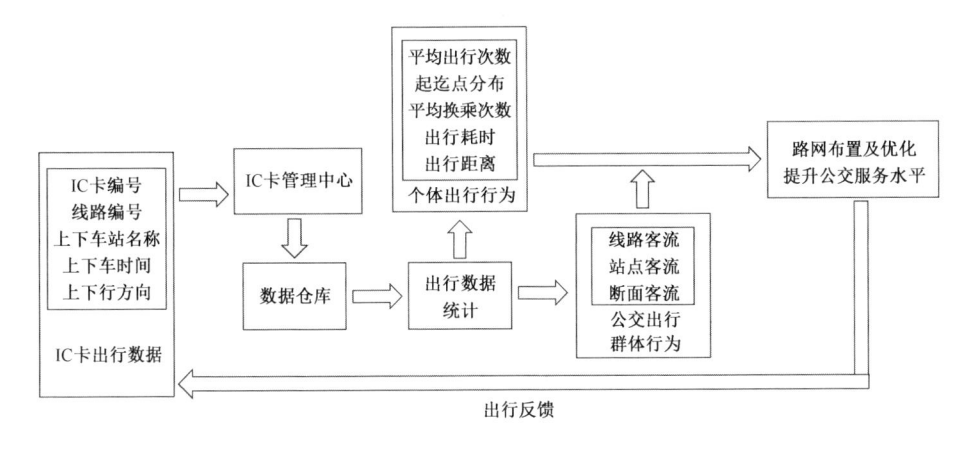

图 7-7　IC 卡数据感知公交出行交通行为及进程

随着社会信息化的快速发展，公交出行信息采集手段繁多，出行数据急剧增长。如北京市轨道交通使用的 AFC 系统（即自动检票系统）采用分段计价的计费方式，乘客进出站均需刷卡（除机场快线外的营运线路之间换乘不需要重新刷卡）。地铁 AFC 刷卡数据共有 16 个字段，主要包括公交卡编号、上下车线路名称、上下车站点名称、上下车时间等，如表 7-10 所示。

表 7-10　地铁 AFC 刷卡数据字段名称及含义卡主要信息字段表

序号	字段名称	备注	序号	字段名称	备注
1	GRANT_CARD_CODE	公交卡编号	5	ON_STATIONNAME	上车站点名称
2	ON_LINEID	上车线路编号	6	ON_STATIONNAME_RELI	上车站名可靠性
3	ON_LINENAME	上车线路名称	7	ON_STATION_TIME	上车时间
4	ON_STATIONID	上车站点编号	8	ON_STATION_TIME_RELI	上车时间可靠性

续表

序号	字段名称	备注	序号	字段名称	备注
9	OFF_LINEID	下车线路编号	13	OFF_STATIONNAME_RELI	下车站名可靠性
10	OFF_LINENAME	下车线路名称	14	OFF_STATION_TIME	下车时间
11	OFF_STATIONID	下车站点编号	15	OFF_STATION_TIME_RELI	下车时间可靠性
12	OFF_STATIONNAME	下车站点名称	16	DataSource	数据来源,如AFC

北京市地面公交采用分段计价的计费方式,乘客上下车均需刷卡,地面公交刷卡数据共有 17 个字段(见表 7-11),主要包括公交卡编号、线路编号、上下车站点名称、上下车时间及上下行方向等。

表 7-11 地面公交刷卡数据字段名称及含义

序号	字段名称	备注	序号	字段名称	备注
1	GRANT_CARD_CODE	公交卡编号	10	OFF_STATIONID	下车站点编号
2	LINE_CODE	线路编号	11	OFF_STATIONNAME	下车站点名称
3	VEHICLE_CODE	车辆编号	12	OFF_STATIONNAME_RELI	下车站名可靠性
4	BanCiID	车辆运行班次	13	OFF_STATION_TIME	下车时间
5	ON_STATIONID	上车站点编号	14	OFF_STATION_TIME_RELI	下车时间可靠性
6	ON_STATIONNAME	上车站点名称	15	STATE	表示站点序号值变化的方向
7	ON_STATIONNAME_RELI	上车站名可靠性	16	LOC_TREND	上下行方向,用 1 和 2 表示
8	ON_STATION_TIME	上车时间	17	DataSource	数据来源,如 DoubleIC
9	ON_STATION_TIME_RELI	上车时间可靠性			

2015 年"两会"期间,国家总理李克强在政府工作报告中首次提出制订"互联网+"行动计划,推动互联网、云计算、大数据、物联网相互结合。基于交通大数据的分析和实时交通信息的发布,"互联网+"在公交出行领域的应用推动了感知交通行为进程发展,促进了整个智能交通系统的快速成长。

近几年盛行的提供实时公交状态信息的 App,就是依托强大的公交数据库和实时检测、处理分析技术,实时感知公交到站信息、线路拥挤信息、天气信息等,为公交出行者制订更加人性化的出行方案,诱导公交出行行为。而手机一卡通 App 和手机扫码支付的使用，将公交出行感知终端与手机实现了衔接，通过与手机定位数据的结合，将可实现居民出行信息的全链条感知与全域覆盖。

7.4.2 驾驶行为进程感知

驾驶行为检测与感知是针对交通个体行为的感知，主要应用于安全驾驶、交通信息对交通行为控制作用等应用开发和科学研究。实现对驾驶行为及其进程的实时、动态感知，特别是通过移动通信系统传送到交通控制系统，有助于发布有效的交通诱导信息、交通行为控制信息，促进交通信息效用实现。在构成道路交通系统的诸多要素中，人是最重要的，而驾驶员是这一要素中的重要组成部分，其驾驶行为最终表现为机动车辆的运动，表现为道路交通系统的运行。随着检测技术、通信技术的发展，可以实现对驾驶动作进行测量检测，进而感知个体驾驶行为。

对驾驶行为进程的检测主要针对人的肢体动作和机动车辆人机界面机械装置的运动变化参数进行，并据此数据感知个体驾驶行为。感知驾驶行为主要包括车辆操纵行为、驾驶进程认知与反应、交通情境中与其他车辆的驾驶交互行为、行驶路径选择行为、违章驾驶行为等，具体如表 7-12 所示。

表 7-12　驾驶员行为感知

感知类型	感知内容	影响因素举例
驾驶员感知	情绪状态	亢奋、沮丧、麻木
	知识经验	驾龄
	疲劳程度	眨眼、心率
	清醒程度	酒精、药物
	注意力水平	交谈、电话、分心
驾驶车辆状态感知	车辆轨迹	偏离车道
	车辆间距	安全距离
	行车速度	遵守限速
环境和交互感知	交通信息	隔离带、标志标线、信号灯等交通设施设备与交通规则的作用
	道路环境	不利天气、路面条件、障碍物
	其他车辆	跟驰、并道、超车、从视野盲区突然出现
	行人/非机动车	避让、安全通过
	危险感知	对道路交通情境的读取，即识别、预测和评估危险情境

交通控制信息物理系统导论

　　而对驾驶员驾驶行为外在表现进程的感知，主要可通过空间信息智能服务技术和车载导航技术实现。空间信息智能服务技术是在分布式环境下，自动识别用户需求，提供全息空间信息的注册、发现、请求、组合等一站式智能化服务。例如，开车时，不方便用手拨打电话，只要说出名字，手机就会通过语音识别系统自动拨打对应号码，这就是"智能感知技术"带给我们的全新体验。车载导航技术由 BDS/GPS 构成卫星组合定位系统，然后与航位推算（DR）系统再次构成卫星/DR 组合导航定位系统。当卫星信号稳定有效时，将 BDS/GPS 卫星组合定位输出的位置信息与 DR 输出的位置信息的差值作为测量值，进行滤波，根据滤波结果对 DR 系统进行校正，以获得精确的导航参数；当车辆进入卫星信号盲区时，卫星定位失效，此时组合导航系统直接输出 DR 系统的定位结果。

第 8 章

交通控制系统信息进程

交通控制是对交通系统进程有目标的持续动态干预过程。这一过程是由控制器主导采集、通信、计算和施效等一系列的信息进程循环实现的。

8.1 交通信号自动控制系统

交通信号控制装置向人（出行者、车辆驾驶员）发布通行行为控制指令信息，进而实现从时间上分离路口冲突的交通流（人流、车流），使道路上的人和车有序通行路口。交通信号控制的目的是减少人-车/车-车通行冲突，提高车辆运行安全性；最大限度地提高交叉口的通行效率，使排队长度和停车延误尽可能小；可与其他道路交叉口信号控制系统协作，实现区域道路交通顺畅。

交通信号自动控制本质上是机器信息施效于交通人的行为，表现为交通系统进程的过程。

8.1.1 交通信号控制信息指令的建立

最早的交通信号灯诞生于 19 世纪。1858 年，在英国伦敦主要街头安装了以煤气灯为光源的红、蓝两色的机械扳手式信号灯，用以指挥马车通行。根据英国学者 Webste 和 Cobbe 著作记述：1868 年，英国机械工程师纳伊特在伦敦威斯敏斯特区的议会大厦前的广场上，安装了世界上最早的煤气红绿灯，它由红、绿两个可以旋转的方形玻璃提灯组成，红色提灯传递"停止"信息，绿色则是"注意"

信息。两色信号灯由人工控制切换，形成与交通控制关联的信息发布进程。

此后近 50 年没有再出现过类似的交通信号灯。1914 年，电气化的红绿信号灯出现在美国。这种红绿灯由红绿黄三色圆形的投光器组成，安装在纽约市 5 号大街的一座高塔上。交通管理者用红灯亮发布"停止"通行指令信息，绿灯亮则发布可以"通行"指令信息。1918 年，纽约的街口安装了一种手动操作的红黄绿三色交通信号灯，并用信号灯点亮/熄灭这一能量控制方式，向机动车和马车驾驶员发布控制指令信息。就这样，发布控制交通流通行信号的物理载体、能量使用方案得以确定。如图 8-1 所示是早期的三色交通控制用信号灯装置。

图 8-1　早期的三色交通控制用信号灯装置

同时，交通信号灯的控制指令语法信息逐步得以确立，其表达的控制指令的语义信息日渐清晰，对交通流进行控制的效用得以广泛实现。这些信号灯的应用使得城市交通通行秩序大为改善，并成为控制车辆安全、有序通行交叉口的有效工具。

在道路交叉口处安装的交通信号灯不停地点亮/熄灭，循环运行，向交通出行者持续发布着不同的通行控制信息，从本质上说，就是在原有的交通系统中添加了另一种进程——交通控制信息进程。这一进程与道路交通系统运行进程高度融合，使得交通流得以有效管控，对于疏导交通流量、提高道路通行能力，减少交通事故有明显效果。

1968年，联合国《道路交通和道路标志信号协定》对各种信号灯的信息含义做出了明确规定：绿灯是通行信号，面对绿灯的车辆可以直行、左转弯和右转弯，除非另一种标志禁止某一种转向，左右转弯车辆都必须让合法地正在路口内行驶的车辆和过人行横道的行人优先通行；红灯是禁行信号，面对红灯的车辆必须在交叉口的停车线后停车；黄灯是警告信号，面对黄灯的车辆不能越过停车线，但车辆已十分接近停车线而不能安全停车时可以进入交叉口。此后，这一规定开始在全世界通用，于是点亮的红色和绿色信号灯所表达的交通控制指令的语义信息得以确立。

与此同时，各个国家交通管理者针对信号控制制定了各种法规，并强化宣传、教育、执法等，特别是对违反红色信号灯表达的禁止通行指令的行为加强处罚，强化和提升了信号灯控制信息的作用，实现了交通信号发布控制指令对于路口通行行为的语用信息。

如图8-2所示为我国交通信号控制指令信息的建立过程，以及交通信号灯表达的信息对交叉口通行行为控制的效用。就是这个过程，使得"机器控制人"模式在交通系统中得以建立和有效运行，它是交通信号控制信息进程的关键基础。

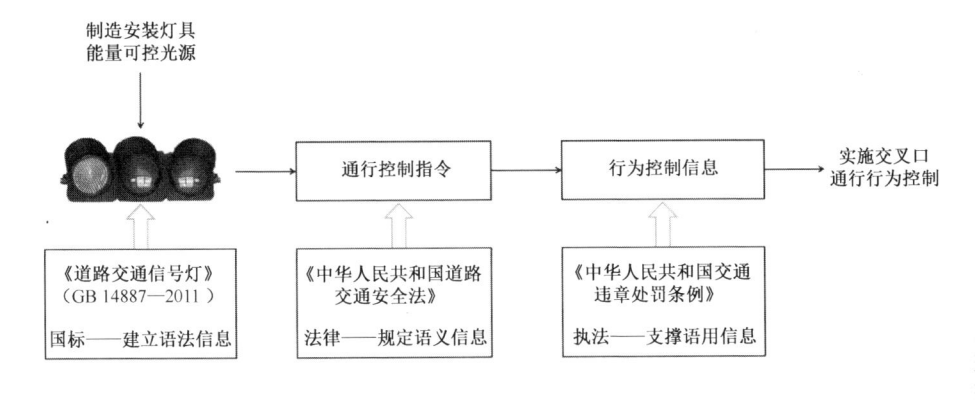

图 8-2 我国交通信号控制指令信息的建立过程

8.1.2 交通信号灯控制装置的信息分析

从道路交叉口运行角度看，交通信号控制起到了对交通流的控制作用。借助交通信号灯发布的控制指令信息是实现路口交通控制的核心。在电子信息技术发展迅猛的现在，交通信号控制指令可以根据交通运行情况自动形成，无须交通管理者干预即可实现对交叉口处交通流的自动控制。

1. 交通信号灯自动控制装置与软件

控制不同灯色点亮/熄灭时间长度的装置就是通常所称的"信号机"，是交通信号控制的主要设备。现在的信号机由电子元器件组成，核心是数字电子计算机系统，基本功能就是对各种数据进行加工处理和信息计算。随着电子技术的发展，交通信号控制机的可靠性、灵活性、经济性、工艺水平越来越高，特别是计算能力越来越强大，有力地保障了交叉口信号自动控制对数据处理和信息计算的要求。

信号机硬件是交通信息计算的基本物质能量载体，由电子信息装置构成。先进的信号机硬件采用模块化开发，积木式构造，即在标准化总线基础上，插接各种功能模块板，集成所需功能。信号机主要由计算机系统、交通检测板、信号灯控制板、相位板、接口通信板、方案控制显示屏、设备监控板、电源系统和机箱等硬件组成，如图 8-3 所示。

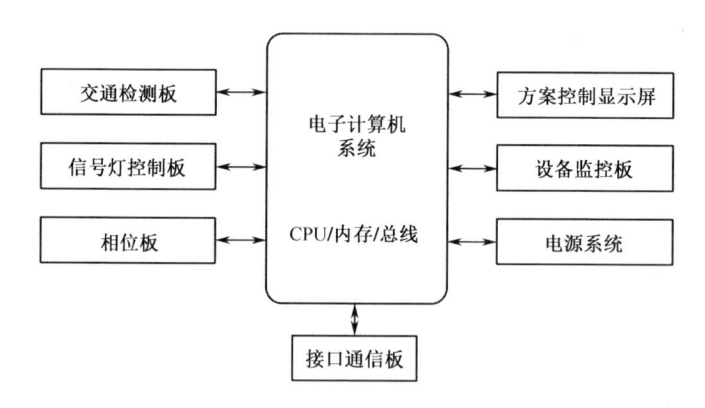

图 8-3 交通信号灯控制装置硬件组成

信号机软件则是信号机的数据处理和信息计算进程控制方法与指令控制的集合。软件接收输入的各种指令，自动处理交通检测数据信息，计算优化信号灯配时方案，给出信号灯各相位、各色信号灯点亮时间等。软件通常也采用模块化编写开发，一般由交通检测数据处理、信号配时计算、控制方案仿真优化、信号灯冲突监控、输入/输出设备控制等部分组成。如图 8-4 所示是交通信号控制软件运行简单流程示意图。

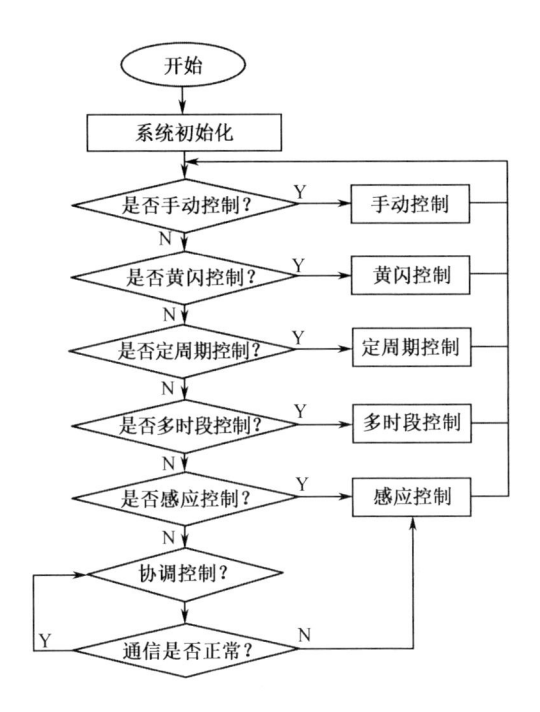

```
        开始
         ↓
      系统初始化
         ↓
    是否手动控制? ──Y──→ 手动控制
         │N
         ↓
    是否黄闪控制? ──Y──→ 黄闪控制
         │N
         ↓
    是否定周期控制? ──Y──→ 定周期控制
         │N
         ↓
    是否多时段控制? ──Y──→ 多时段控制
         │N
         ↓
    是否感应控制? ──Y──→ 感应控制
         │N
         ↓
      协调控制?
         ↓
   Y──通信是否正常?──N
```

图 8-4　交通信号控制软件运行简单流程示意图

对于交通控制，由先进的电子设备构造的信号机、检测装置等相当于路口指挥交通的警察的"身体"，交通系统控制软件与模型相当于警察的"认知"，发出的信号灯点亮/熄灭指令相当于警察的指挥手势等肢体语言。最一般的常识是，警察的交通指挥只有与交叉口交通变化进程融合到一起才能实现更好的交通控制效果。

2. 信号灯控制装置信息分析

在一个系统中，不同构成要素之间的信息流动决定了要素之间的作用关系。当系统构成要素构成形态差异很大时，如电子装置（控制器）与人（行人、驾驶员），要素之间的信息流动是否畅通决定物理进程与信息进程是否能融合、融合效果是否能实现控制目标。在道路交叉口，交通进程与信号控制装置中的信息进程能否实现融合，决定了交通信号控制的效果。

图 8-5 显示了交通信号控制与路口交通间的信息流动及作用关系。

交通控制信息物理系统导论

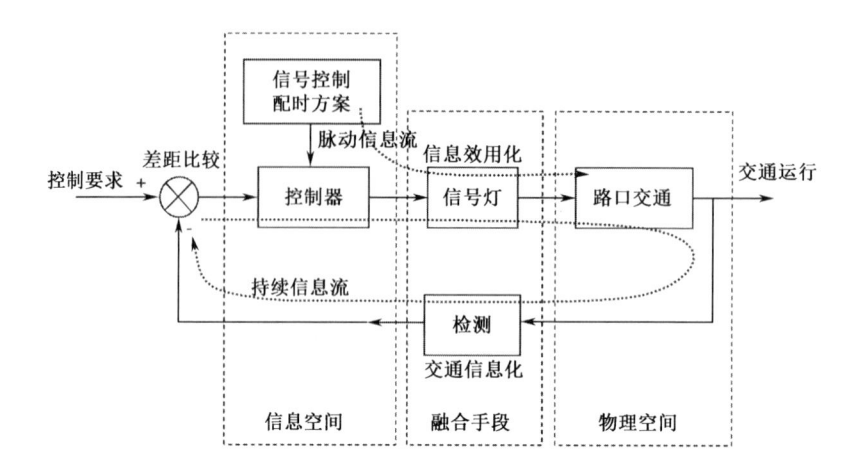

图 8-5　交通信号控制与路口交通间的信息流动及作用关系

（1）信息是唯一可在交通控制系统各种类型要素之间有效流动的资源。信息及其流动将道路交通中的路口交通运行、信号机、信号灯、行人、驾驶员、机动车、设置的控制要求等要素连接成一个有机系统。只要系统运行就有信息在要素之间的流动。当然，在道路交叉口交通控制信号系统中，信息的流动并不充分和完备，信息交互没有优化，例如，行驶的车辆常常形成信息孤岛，其车辆信息、行驶信息、驾驶员和驾驶行为等信息，不能高效流动于系统之间。

（2）信息是更为灵活、更易操作的资源。与物质能量间的作用相比，信息更易被记录、计算、传送、存储、变换、模拟和推演，更易于有目的地调节信息的内容、序列、强度、作用，甚至可以衍生新的信息，以控制交通运行。计算是灵活操作信息的核心。

（3）交通运行于道路系统中，信息计算则在电子信息装置构造的信息空间中完成。对于道路交叉口与信号机构成的交通控制系统，交通运行于一个独立的道路交叉口，交通计算发生在信号机中的计算机系统中，信息流动和作用封闭于这个交叉口交通控制系统的内部。

（4）"信息空间"不是指信号机内电子计算机提供计算能力和存储空间本身。信息空间是面向交通运行面临的问题与控制要求，在计算机内建立的关于道路交叉口交通系统运行模型化的映象或表达，以及可根据道路运行状态，进行模型计算，生成优化的、与交通进程高度融合的控制指令集所依赖的交通专业化信息计算空间。

（5）交通信息化和信息交通化是计算进程与交通进程融合的关键技术。交通信息化的典型表现是交通运行参数信息化（即检测、感知），但不是信息化的全部含义。交通信息化还包括根据调查研究，建立交通控制系统运行模型，并编程存储到计算机中，以及相关算法编程等计算机设计开发过程。同样，信息交通化的典型表现是控制点亮信号灯，使控制指令信息作用于车辆行人通行。信息交通化还包括根据控制对象运动和行为接收信息的规律，配置调度信息，使得控制指令发挥更大交通效用，起到管理、控制、诱导、引导、指导的作用。

3. 信号灯配时方案的交通进程特性描述

随着交通进程的变化，在不同的时间段，交叉口不同入口的红、绿颜色信号灯点亮时间长度的方案通常称为信号灯配时方案，是信号灯控制装置控制信号灯亮灭的依据。面向交通控制目标，根据路口交通实际变化情况，动态调整信号灯配时方案，即可实现高水平交通控制。信号灯配时方案与路口交通实际运行随动变化就表现为信息进程与交通进程的融合。

在信号灯控制机中，交通信号控制软件的核心是路口通行优化配时方案计算模型。路口信号灯最佳周期时间长度的韦伯斯特式（8-1）和绿信比式（8-2）如下：

$$T = \frac{1.5L + 5}{1 - \rho} \quad (8\text{-}1)$$

$$g_{EW} = \frac{\rho_{EW}}{\rho_{EW} + \rho_{SN}} \quad (8\text{-}2)$$

其中，

T：最佳周期时间长度；

L：信号周期内交叉口通行损失时间长度；

ρ：路口饱和度；

g_{EW}：东西方向绿信比；

ρ_{EW}, ρ_{SN}：分别为东西、南北道路方向饱和度。

计算信号灯配时方案的韦伯斯特公式以提高交叉口通行能力、减少车辆通行延误为优化控制目标，是交叉口信号灯控制的经典模型。韦伯斯特公式适用于在线计算或离线计算信号灯配时：采用人工方式采集或收集路口交通流量、车辆延误等交叉口运行参数，可借助计算机计算配时方案，并手工输入路口信号控制机中，由信号机按照配时方案自动驱动信号灯点亮/熄灭，发布控制指令信息，实施车辆通行控制；或将检测器直接接入信号控制机上，自动采集交叉口运行参数数据，自动在线计算信号控制配时参数，控制信号灯点亮/熄灭时间长度。

现代控制装置计算机比较先进，用韦伯斯特公式计算配时方案耗时很短，与交通进程变化相比几乎可以忽略不计。相对而言，使用韦伯斯特公式计算配时的控制系统，决定其信息进程的是交通流检测周期，以及检测数据统计处理计算获取相关参数的过程。因此，在单个路口，通常是交通进程的变化决定融合时间尺度。表 8-1 显示了交通进程与计算进程融合时各环节的时间尺度。

表 8-1 路口交通进程与计算进程融合时各环节的时间尺度

融合环节	环节描述	时间尺度	信号灯控制方案计算耗时		
			固定配时控制	自适应控制	系统协调控制
交通信息化	交通检测传送处理统计	毫秒~秒级	人工调查统计，耗时数天	传感器检测，统计周期 1s~1min	系统变化观测时长 15min~1h
计算进程	配时自动计算	秒~分钟级	手工计算，配时方案 1h~1 月调整	自动计算	自动计算、优化
交通进程	人/车辆运动形成道路交通	时、分级	单个路口拥堵自然形成和消散时间	<拥堵自然形成和消散	>最小信号周期
信息交通化	信号灯控制效果表现	分钟级	>信号灯周期	实时	>协调周期

8.1.3 信号灯控制指令信息效用化

在交通工程研究中，交通控制关心的是信号配时是否与各入口交通流量相匹配、路口通行能力是否最大、车辆延误是否最短、行人是否安全等交通指标。而对于交通信息物理系统，同时还特别关注交通控制指令对交通的作用，即交通控制指令信息对交通的控制效用。

实现交通信号控制指令信息的效用是交通进程与交通信息进程融合最重要的环节。从表现形式看，这是机器"控制"人的环节，往往也是交通控制中较为薄弱的环节，需要特别加以强化。

于是，工程师们设计制造安装更为复杂昂贵的三色信号灯装置，以适应人的感知特性，有效传递控制信息。例如，添加信号灯变换倒计时装置，提供控制指令的预告等冗余信息，满足人对信息的复合需求，使交通控制指令信息实现其效用。更进一步，在路口安装车辆闯红灯违法取证系统，记录违反控制指令行为个体，通过处罚强化达到维系控制关系和强化控制指令信息效用的作用，等等。

现实社会生活中，三色交通信号灯、信号灯倒计时等交通控制装置早已司空见惯，似乎一切都成为合理自然的设置。单从控制指令信息效用化角度看（完全简化人的行为特性），控制车辆停止/通行，只需要一个信号灯开关量即可：一个红色信号灯的点亮/熄灭即可发出停止/通行指令信息，如图8-6（a）所示。但实际上，交通信号灯红绿黄三色独立的灯具，这三色信号灯的亮灭组合从语法信息角度上可以发出8种控制信号，如图8-6（b）所示，如果再加上灯光的闪烁，则可以给出更多的控制信号，对于控制车辆的通行/停止显然是冗余的。容易理解，这是为充分满足人的认知行为特性要求，确保控制指令向驾驶员可靠传送而进行的灯光装置的设置。

为强化信号灯指令信息的效用，同时使单纯的控制指令信息的发布能够兼顾驾驶员和行人对信息的需求，许多信号灯还发布灯色变换倒计时信息，通过灯色闪动、图案变化、附加数字倒计时装置［见图8-6（c）］等，向驾驶员和行人提示控制车辆通行/停止指令的预告信息。

（a）一个信号灯的点亮/熄灭足以给出控制车辆通行/停止的语法信息　　（b）三色信号灯向驾驶员传达控制车辆通行/停止的指令信息　　（c）信号灯倒计时向驾驶员发布控制车辆通行/停止的预告信息

图8-6　面向控制指令信息效用的信号灯

交通信号控制预告信息的表达，可以借助信号灯装置自身的属性变化、状态变化和另外添加数字显示设备来实现。

1. 信号灯面积属性时变倒计时

信号灯发光面积是信号灯的重要属性。

随着 LED 矩阵信号灯具的广泛使用，可以通过信号灯点亮的 LED 矩阵面积随时间减小变化，来表达灯色变化时间的预告信息。这种方案常将三色信号灯做成条状，随点亮时间缩小点亮的信号灯面积，直到缩小到最小面积，熄灭信号灯并改为其他颜色。当然，这种交通信号灯表示方法与圆形"三灯、三色"通用规范的交通信号灯形状不同，且还在变化，与大多数出行者交通常识存在差异，因此，通常对外来人员需要进行一定的宣传或培训才能使其正确认识交通信号，因此不太适合开放的、国际化的、人口流通性很强的大城市。

采用面积属性时变倒计时，给出的倒计时信息是相对值，需要驾驶员对倒计时的时长进行主观判断，从而加大了驾驶员的信息处理量。相比提供确切数值的计数式倒计时方式，面积属性时变倒计时的信息为相对信息。

2. 信号状态变化倒计时提示

信号状态变化倒计时是指在灯色即将变换前 3~5s，信号灯光亮灭闪烁，最终信号灯熄灭，变换为其他颜色，实现模糊的倒计时信息发布。信号灯闪烁持续时间长度通常是一个约定值，在一个城市或地方通常是固定的。

驾驶员根据信号灯闪烁准确获取信号灯变换预告信息，必须看到信号灯第一次闪烁，且知道闪烁持续的时间约定。否则，信号灯闪烁只能给出信号变化安全提示信息。

3. 附加倒计时专用信息装置

该方案是在正常的信号灯附近另外添加图形变动或数字倒计时[见图 8-6（c）]信息板，信号灯点亮全程时间或最后时间发布连续倒计时信息。

采用附加倒计时专用信息装置时，能够给驾驶员传递一个以秒为单位信号灯熄灭变换的倒计数时间信息，相比采用面积属性时变的倒计时器，表达的信息更为明确，更有利于消除因灯色变化不确定给驾驶员带来的心理紧张，较为轻松实现"安全快捷通过交叉口"的一个出行需求。

通过以上对三种不同倒计时方式传递信息的比较分析可以发现，三种不同方式的倒计时都可以做到向驾驶员提供信号变换的预告信息，满足驾驶员对控制信息的综合需求，有利于缓解驾驶员心理紧张，使得驾驶行为连贯顺畅且放松。这三种倒计时方式，不考虑驾驶员接受和理解能力，能够给出通信意义上的信息量大小的排序是附加倒计时装置、面积属性时变和信号状态变化方式，如表 8-2 所示。

表 8-2 不同倒计时信息设置方案对比

方案	信息量	优点	缺点	技术性	经济性
面积属性时变	较大	形象	信号灯异形	较复杂	差
信号状态变化	小	直观、有限	模糊计时	简单	好
附加倒计时装置	大	直观、准确	控制方案限制	复杂	较差

8.2 交通控制进程与信息进程融合

1. 交通自动控制进程与信息进程融合

自动控制是一个系统输出 O 面向控制目标 I 的调节过程，从信息角度看，调节过程是信息在传感检测 S、数据分析 A、优化决策 D 和信息施效（又称信息执行）C 四个不同信息单元中的流动。信息在这四个信息单元中流动一次，可导致系统输出 O，即实现一次调节过程。在调节过程中，数据分析 A 和优化决策 D 面向信息数据计算，属于信息计算层 CA，传感检测 S 和信息施效 C 面向交通操作，属于物理操作层 OP。图 8-7（a）展示了四个信息单元和两个层次信息操作，以及信息流动形成和输入/输出关系。当信息在计算层和操作层各信息单元间以足够快的速度流动一次时，就能形成"信息计算与交通运行融合"控制过程的一个进程状态，并有一次系统输出表现 O。

面向控制的系统调节过程是持续进行的，直至系统停止运行，信息流动也是持续的。信息在四个单元间循环流动一次导致的系统输出是下一次信息循环的系统初始状态。于是，可对如图 8-7（a）所示信息循环流动在时间轴上展开，即可得到如图 8-7（b）所示的持续信息流动，这是信息计算进程与交通运行进程之间形成的信息物理融合进程，并表现为系统的输出 O。

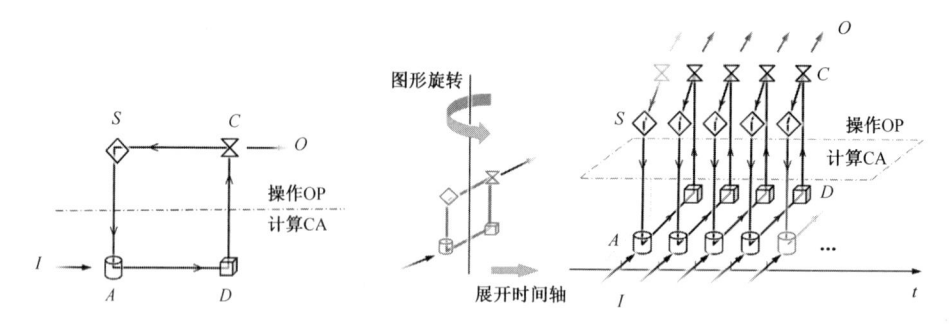

(a) 自动控制系统中信息流动
与输入/输出进程状态

(b) 信息连续循环流动与交通进程融合

图 8-7　自动控制系统进程与信息进程融合推进模型

一个交通自动控制系统拥有完整的信息过程，可以独立运行，实现交通控制的功能，如常见的单个交叉口信号灯自适应控制系统。从信息角度看，信息单元被封闭在控制系统内部工作，信息也在系统内部封闭流动，可很好地实现控制系统自身的进程与信息融合。例如，一个交叉口信号控制系统对交通流的控制，或一个驾驶员（或自动驾驶系统）对车辆的控制，控制信息流只在路口或车辆系统内封闭流动，各自实现对自己系统的控制进程。信号控制系统与车辆系统的协同只是操作层面（检测单元和施效单元）的交互协同。

2. 交通系统控制进程与信息进程融合

交通系统控制是面向整个交通系统或交通控制群体实施的交通控制。与面向独立个体的自动控制系统不同，交通系统控制需要在多个自动控制子系统之间施效协调平衡，以实现系统的最优控制目标。

实现交通系统控制离不开通信网络。具有信息交换的通信网络，特别是基于无线电技术的移动通信网络，不仅实现了各类型交通子系统（或要素）的信息联通、交换，消除了交通系统中的信息"孤岛"，同时也能打破交通子系统中各信息单元封闭运行的壁垒，使系统中各个信息单元不再是封闭孤立的，为交通控制提供了更多的信息进程与交通进程融合建构方法，能够构造大型智慧交通系统，将信息计算的"智慧级"能力融合到交通控制进程中。

图 8-8 描述了交通系统控制中的信号灯控制与机动车两类子系统信息接入网络后形成的信息系统。

（1）当系统中 n 个信号控制系统根据统一信息交换标准实现互联形成物联网时，其中任何一个信号控制系统均可与其他 $n-1$ 个路口交换信息，且在控制中心协调指挥下，可形成交通信号灯系统控制网，协调控制参数，实现控制目标。

（2）同理，m 辆机动车通过移动网络接入车联网中，客观上消除了交通系统中大量的移动信息"孤岛"，使得任何一辆车可与其他 $m-1$ 辆车交换信息；且在数据中心管理下，能汇总道路范围内车辆通行各种参数，服务于提升交通运行的安全和效率。

（3）在一个实施系统控制的交通系统中，有 n 个信号灯控制装置、m 辆行驶的车辆，即 $n+m$ 个控制子系统。每个子系统均包含传感检测、数据分析、优化决策和信息施效四个信息单元，可独立实现自动控制。当信号灯控制系统和机动车通过通信网络实现互联，每个子系统都可与其他 $n+m-1$ 个子系统进行信息交互，如图 8-8 所示。

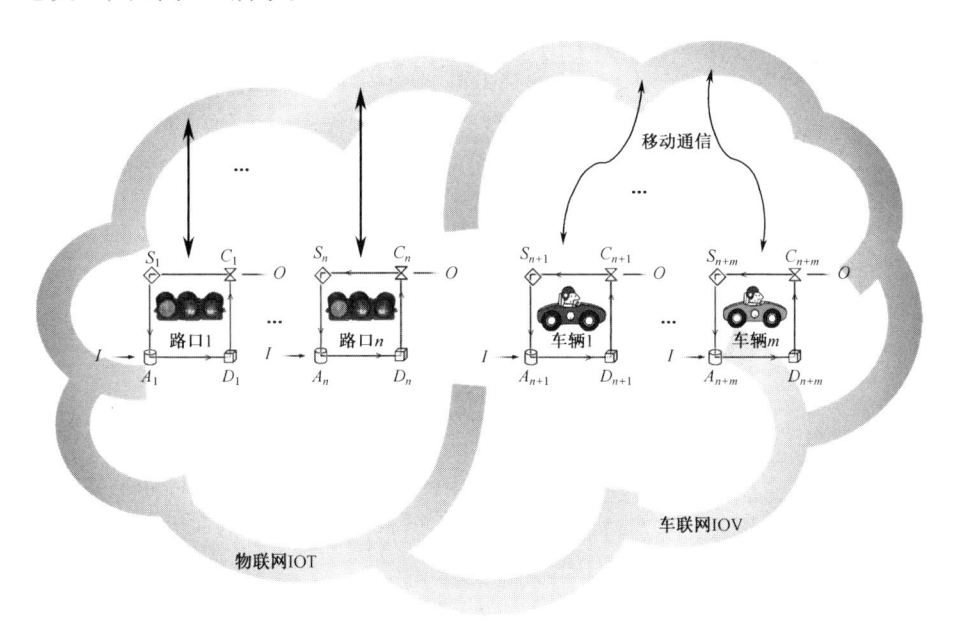

图 8-8　网络信息交换构建交通系统控制

（4）当 $n+m$ 很大时，信息联网中将有 $4\times(n+m)$ 个信息单元运行并进行信息交换，信息单元组合方式繁多，汇集的总信息量剧增，这为构造交通进程与计算进程高度融合的交通系统提供了巨大的灵活性，但同时，如果没有优化的信息结构和处理方法，将对系统信息计算处理能力带来挑战，甚至可能无法完成控制决策，出现计算崩溃引发的控制失效等情况。

3. 交通赛博控制系统进程与信息进程融合

交通控制赛博空间是指在赛博空间（Cyber Space）中为交通管理与控制应用组织起来信息计算虚拟空间。交通赛博控制系统的信息模型描述的是信息获取、通信、计算和效用，并不关心信息的具体物理载体、能量消耗、计算速度等物化能力方面的指标。

1）交通信息要素构成

交通赛博网络空间连接交通系统中几乎所有的电子信息设备。除了维持赛博空间的网络设备和计算机设备等，交通专用电子设备也非常多。交通电子设备种类繁多、数量巨大，从道路上的车辆检测线圈、雷达、视频等功能简单的装置，到功能完整的路口信号控制系统、限速控制装置、车道行驶方向控制器等；从机动车上简单的导航系统、驾驶辅助系统，到复杂的自动驾驶辅助系统，等等。

在交通赛博空间中，除通用的信息处理基本知识和方法外，还有建立交通计算离不开的有关交通理论、模型、算法等知识和方法型信息。

交通系统庞大复杂、问题众多，一个计算不可能解决所有交通问题。对交通赛博系统，面向需求和问题的计算最终表现在功能上。例如，交通信号自动控制功能、自动驾驶控制功能、交通行为控制功能等。控制功能要素是对交通管控需求的理解、交通问题描述、解决方案优化决策等信息描述和计算组织。

交通赛博空间及信息计算最终都必须作用于交通系统，实现对交通要素的运动、行为、活动等输出表现的控制、约束、诱导、指挥作用。特别是针对人的交通行为，实现指令、诱导、建议信息的作用往往决定交通赛博空间对交通系统的管控能力水平。

2）交通赛博系统层次组织

交通赛博系统层次组织不关心硬件装置，而专注于表达信息组织与计算结构层次，实现将大量信息单元进行有效组织，高效处理计算海量交通信息，并与交通进程的融合。同样，信息组织是在赛博空间中信息功能层面的组织，不是指通信、计算或地理位置的物理设备的组织。

第 8 章　交通控制系统信息进程

信息要素接入层：提供所有电子信息功能单元或系统接入和交互信息的容器层；

交通计算知识理论层：实现信息计算依赖的理论、模型、方法、算法的智力与知识层；

交通信息功能层：信息计算面向交通系统控制功能的组织层；

交通信息实现层：实现控制信息作用的操作层。

面向系统控制功能，以信息作用、功效等聚类组织通信网络，便于存储、处理、集成应用信息。这里的组网不是指物理网络，而是功能化的虚拟网络。

信息功能组网：传感网、计算网、决策网和协同网；

控制目标组网：城市道路流量均衡控制网、干线协调信号控制网、高速公路限速控制网；

控制类型组网：交通大系统控制、车辆自动驾驶控制、群体交通行为控制、个体交通行为控制、突发事件交通控制等。

图 8-9 以交通信号控制、通行诱导和行驶限速为例，简略描述了交通赛博系统的层次组织与信息流动。

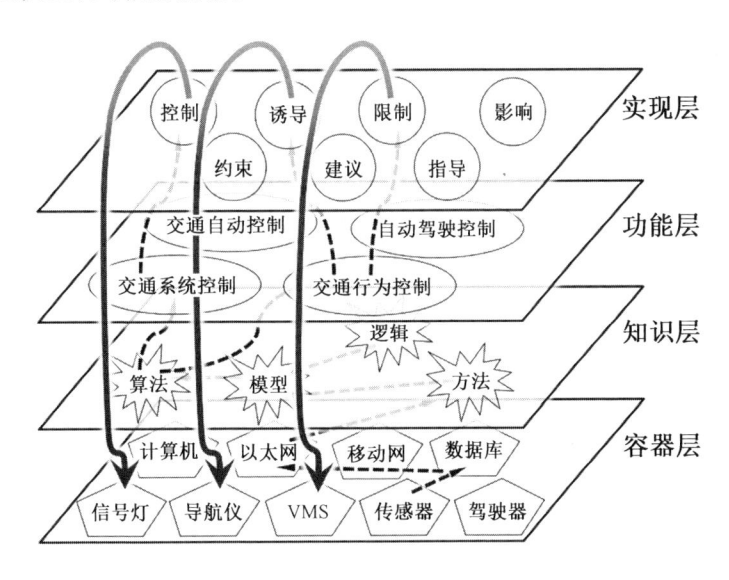

图 8-9　交通赛博系统的层次组织和信息流动

3) 面向系统控制交通赛博空间信息要素组织

交通赛博系统信息要素是指交通系统中那些具有信息功能且能借助通信接入赛博空间中，能交换信息的组件、实体或系统。这些信息要素可具有传感检测、数据分析、优化决策和信息施效中的某些或全部信息单元，只要这个要素能够借助通信联网，并能按标准交换信息或数据。

借助通信网络，不仅控制系统之间能够交换信息，控制系统内的信息单元还能开放交换信息，这为更大发挥信息作用提供了可能。

道路路口信息装置控制系统、车辆控制系统的检测、计算、决策和执行信息单元借助物联网和车联网均接入赛博交通系统中，可归类组织传感网、计算网、决策网和协作网等专门信息网络，为独立的路口控制系统、驾驶控制系统进程控制提供效用价值更高的信息，也为交通大系统进程管控提供信息。这一构型如图 8-10 所示。

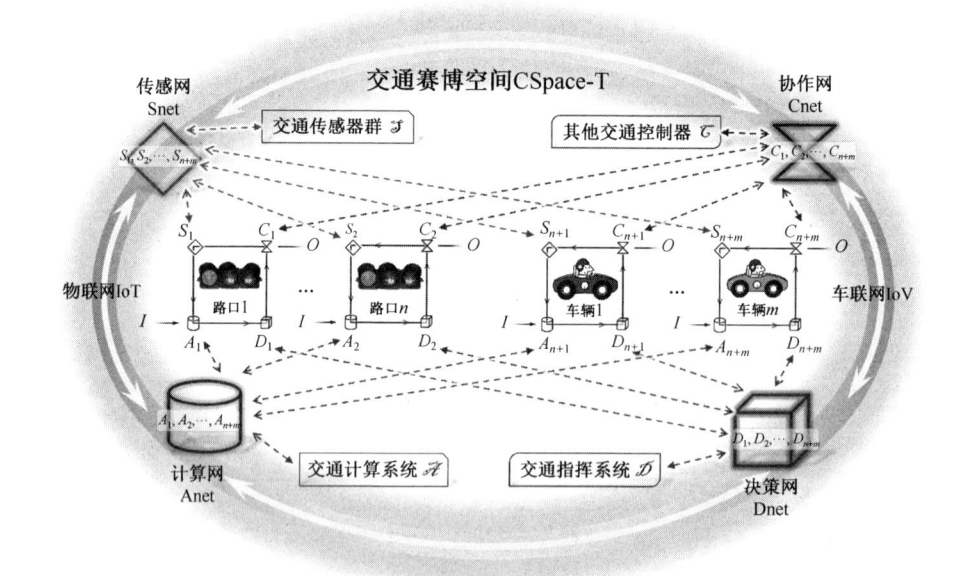

图 8-10　交通赛博空间信息要素的信息单元组织

交通控制赛博空间是在赛博空间中为交通的特点应用组织起来信息装置容器、交通知识、交通功能和信息实现等信息计算虚拟空间。

通信网络实现数据、信息互联流动，赛博空间则在数据与信息基础上，进一步将海量存储、控制模型、算法、仿真、计算、决策等能力高度集成起来，形成开放的信息计算能力，实现智慧信息与交通物理进程融合。

交通赛博空间可将交通系统中的控制子系统、其他电子信息系统、装置、设备连接起来，更进一步，还可将子系统各个信息单元中的不同环节信息有序组织成传感网、计算网、决策网和协同网等专项功能信息网络空间，协同实现专项功能。

对于如图 8-10 所示的基于物联网 IoT、车联网 IoV 连接起来的交通赛博空间 CSpace-T 可表示如下：

$$CSpace\text{-}T = \{ SysNet; Snet, Anet, Dnet, Cnet\} \cap IoT \cap IoV$$

其中，

$$SysNet = \{ \mathcal{A}, \mathcal{D}, \mathcal{S}, \mathcal{C}, Equip, Device, Database, \cdots\}$$

$\mathcal{A}, \mathcal{D}, \mathcal{S}, \mathcal{C}$：交通计算系统、交通指挥系统、交通检测感知系统和交通控制系统；

Equip, Device, Database：接入的来自其他电子信息系统、装置、设备的交通信息；

传感网 $Snet = \{Sensors, Comp, Models, Algorithm, Data, \cdots\}|_{S_1, \cdots S_{m+n}}$

计算网 $Anet = \{Comp, Models, Para, Algorithm, Stat, Data, \cdots\}|_{A_1, \cdots A_{m+n}}$

决策网 $Dnet = \{Comp, Models, Para, Algorithm, Simulat \cdots\}|_{D_1, \cdots D_{m+n}}$

协作网 $Cnet = \{Actuator, Models, Para, Algorithm, \cdots\}|_{C_1, \cdots C_{m+n}}$

Comp, Models, Para, Algorithm, Simulat, Stat, Data：计算、模型、参数、算法、仿真、统计、数据。

8.3 交通信号系统控制信息分析

1. 交通信号系统控制中的信息融合计算驱动

广泛应用交通自动控制可有效管控路口交通，提升路口通行效率水平。但对于路口关联紧密的城市道路，单个路口通行效率水平的提升，并不一定能够改善道路网络的通行效率水平。若只依赖被动、微观、静态、独立、封闭各个路口个体的交通检测信息，加上路口个体最优的控制策略，显然不能应对现代城市交通控制的复杂难题。

交通系统控制是面向路网结构严谨、交通流关联密切的道路交通系统，以整体通行效率提升为控制目标，遂行多路口、多路段、路网区域的协同优化控制。控制策略由被动随动的控制方法向主动自适应控制发展；控制技术应用方面，借助于现代科学技术及装置向智能化、集成化、网络化分析发展；控制规模由微观、中观控制向宏观、微观结合控制发展；控制模式上，由静态控制向动态诱导控制发展。这些交通系统控制过程都高度依赖信息，控制能力和水平取决于信息与交通的融合程度，如图 8-11 所示。

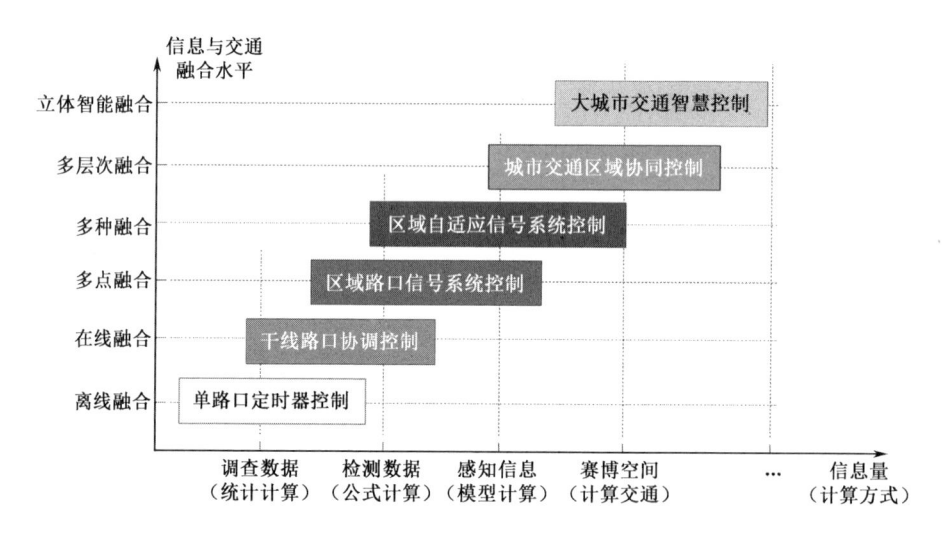

图 8-11 交通信号控制信息使用量与融合水平

交通系统控制建立在先进的电子信息技术基础上，核心是交通系统信息理论。它包括数据采集与感知理论、数据处理与信息计算、信号优化与控制、交通管理与决策等技术，包括交通流理论、路网交通模型、系统控制模型、仿真优化模型、人工智能理论多个组成部分。从信息计算水平看交通信号控制发展如图 8-12 所示。

2. 区域交通信号系统控制与信息进程融合层次

交叉口是道路交通的节点，独立的信号灯自动控制可有效调节路口车辆通行，改善路口交通运行。但当道路网交通量较大或交通流分布不均衡时，可能导致道路网络局部交通拥堵。此时，通过网上几个交叉口交通信号控制协调起来运行，可实现对道路交通的系统控制。

图 8-12　计算水平与交通信号控制发展

借助各种电子通信技术，路口交通信号控制装置可以联网，形成控制网络，对道路交通整体运行实施更为有效的系统控制。将交叉口的信号灯控制装置联网可实现：路口交通流量检测信息交换、汇总；控制机的计算能力可进行综合调度，或汇集，或分散使用；道路交通系统模型一致；路口信号灯控制协同，等等。这使得大到一个城市的道路交通系统的进程与互联互通的交通电子计算机信息系统的计算进程能够融合起来，在多层面上控制道路交通系统运行，并使之能够调节交通拥堵等干扰带来的系统运行问题。从信息角度看，由数字电子计算机为核心的路口信号机联网形成了一个信息空间，与交通进程密切关联，以作用于交通系统。

图 8-13 是一个四层交通进程与信息进程融合结构的大城市道路交通信号系统控制常见模型。不同层次具有不同的系统控制目标、交通与信息的融合方式、融合节奏（检测统计周期、指令发布周期），以及不同计算模型、参数、数据、算法、强度和耗时等。

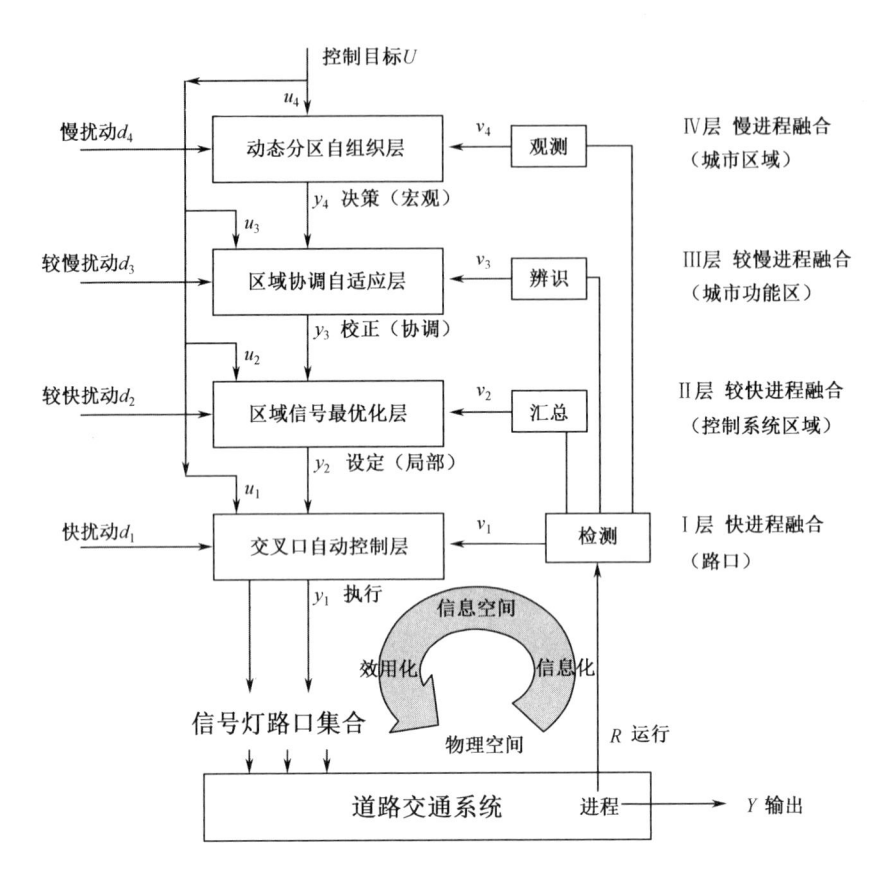

图 8-13　四层交通进程与信息进程融合结构的大城市道路交通信号系统控制常见模型

第 9 章

交通行为与信息进程融合

人的行为表现是肢体运动进程与信息进程高度融合的典范。在交通系统中，交通行为控制客观存在，无论这种控制是人有意识的自我控制，还是被交通环境所限产生的自我行为调节。分析交通行为与信息融合作用关系的规律，可设计有效的交通行为控制装置，计算、调度、配置、优化和应用信息，持续作用于个体或群体交通行为进程，实现控制目标的行为调节过程，称为交通行为控制。

9.1 交通行为主体信息特性

交通行为是社会行为在交通系统中的表现。交通行为主体是人，在交通控制研究中是重要的研究对象。控制信息如何对交通行为施展效能，是交通行为控制与交通系统控制研究的重要内容。

9.1.1 交通人信息特性

人是交通控制的对象，人不是单纯的控制理论中的物质或能量，人还有"灵魂"。这个灵魂以信息为原料，以经验、意识、世界观等为定式，处于持续的计算（思考判断）状态。计算产生的结果指挥肢体活动形成行为。因此，服务于交通控制，针对人的交通行为的研究往往从人的基本信息特性开始。

研究信息与交通行为关系，主体是人，但并不是每一个具体的、有独特个性的交通行为人个体，而是根据交通行为研究的目的、控制信息与行为关系，基于人的一般的、普遍的交通行为与信息关系的特点，对其交通心理、信息处理与行为等属性做抽象化的假设而确定的研究对象概念化的人，并用"交通人"来表达这一研究对象。交通人是概念化、信息化的虚拟人。

交通人是信息化的"出行者""道路使用者"。借助交通人概念或模型，能够记录人的交通过程运动物理参数与规律、交通行为过程的心理表现与规律。交通人承载了在交通活动中的人所具有的信息和行为特性、参数与规律，是行为与信息高度融合的虚拟对象。

面向交通环境，交通人行为信息特性可分为信息内化和信息外化，如图 9-1 所示。

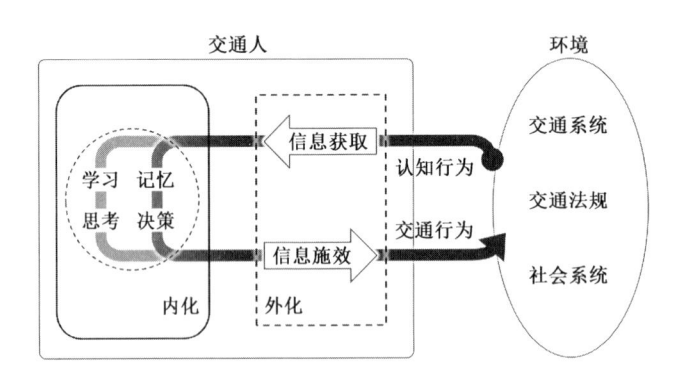

图 9-1 交通人内化与外化信息特性

1. 信息外化

信息外化是指人的行为中吸收外部信息及对外部施展信息效用的活动过程，包括观察、感知等认知行为，以及由思考、决策信息引导的对外行为过程。

1) 需求导向的信息采集与感知

信息获取具有很强的需求导向，交通人在出行前或出行中，通常会通过各种方式获取与自己出行需求息息相关的信息。

（1）出行目的地信息需求。出发地到目的地间交通的便捷程度（如停车条件、换乘条件等），以及目的地的服务条件等信息，都将影响出行者对目的地的选择。

（2）交通方式及路径信息需求。交通出行者采取何种交通方式，选择怎样的交通路径，一般取决于交通系统中各种交通方式的方便性和及时性，以及可获得的交通信息的范围和详细程度,如停车及交通换乘点的信息、可选择路径的交通状态信息及突发事故信息等。因此,向用户提供可利用的交通方式和行驶路线(如地铁、轻轨、公共汽车、高架道路、平面道路)的交通状况(阻塞状况、突发事故发生与否、行程时间等),以及目的地(或交通换乘点)周边的交通设施(停车场)和可用的公共交通站点(步行距离和发车频率)情况等,对于交通出行者是至关重要的。

(3)出发时刻信息需求。以往,交通出行者何时出发,常常是由经验来决定的,其结果是或过早到达目的地,或迟到的现象屡屡发生。因此,对交通出行者而言,若能有交通网的交通状态信息(行程时间、公共交通到站与发车信息及突发事故信息)将可以避免出行时间选择的盲目性,对于提高出行效率,改善交通网的交通阻塞皆具有重要的意义。

(4)在出行过程中,交通人主动获取需要的信息。在不熟悉的交通环境中,人们往往会主动获取地名、方向、交通管理等路面信息,而在熟悉的环境中往往不关注静态交通环境信息。经常还会发生忽略重要的路面交通控制信息的行为。

2)多种感官复合感知信息

人作为道路交通行为的主体,如果参与到交通出行中,就必须不停地获取信息。人的感觉器官(眼、耳、鼻、舌、皮肤等)是外化的物质能量基础,是为获取外界信息而存在和发展起来的,它们无时无刻不在获取外部世界的信息,并通过其他信息器官加以分析、归纳和处理,得到规律性的认识,用来强化自己。人感知交通信息的方式通常不是单一的,而是将不同的感官(即"多感官")多重输入脑部,继而在脑部进行加工、分析并输出导致合理及合适的行为反应。例如,将视觉显示与听觉呈现相结合,如导航仪采用视觉显示输入(触摸屏输入地址),听觉呈现和视觉显示结合输出(显示路线信息,并语音提示左转、右转、进入高速公路等信息)的方式等。因此,人们感知交通信息的过程也是多个感觉器官复合感知的过程,是与行为高度融合的过程。

3)感知信息的局限性

人们获取信息,是信息通过不同渠道刺激大脑,人们通过感官直接取得信息的。有关实验表明,大脑的吸收率分别为:视觉(83%)、听觉(11%)、嗅觉(3.5%)、味觉(1%)、触觉(1.5%)。人们通过感官获取交通信息的范围是有局限性的，究其本质，主要是因为人的感官和大脑都具有过滤信息的本能。这是由于一方面，与人的感官机能相关，人们利用感官接收外界信号，受到感官生理机能的限制，如人眼只能接收波长为 $0.38\sim0.78\mu m$ 的可见光，且分辨率有限，对光线亮度有一定要求，人耳只能感知 20Hz～20kHz、20 分贝以上的声音信号等；另一方面，与人的智能密切相关，同一信源发出的信息，由于人的智力、知识结构、职业、爱好、年龄不同，产生的效果可能也不同。

借助个体的感官，人只能探测到目力、听力等所能达到范围内的交通状况，人的智力和经验可有限拓展感知范围，但可靠性不确定。当驾驶员为避开交通拥堵，选择最优通行路径时，仅靠自己的感官观察交通或感知交通，很难获得所需要的信息。

4）多渠道综合感知信息

除了依靠自己的感官获得直接信息，人还可以通过借助电子信息装置等渠道感知获取信息。

例如，从驾驶员的角度看，关于道路拥堵的信息，可以借助道路上可变信息板的显示、车载导航系统图案和语音、交通广播电台的播音等渠道获取，也可以借助经验判断感知。

同样，驾驶员在驾驶过程中，感官系统都是开放的。一条信息可以通过视觉、听觉、嗅觉、平衡等信息渠道综合获取感知。因此，当视觉疲劳、环境噪声大影响听力时，还可借助其他感官渠道接受刺激感知信息。

5）大脑行为指令信息付诸实施

交通人将通过大脑思考、决策做出的行为控制指令信息付诸实施，指挥肢体运动，形成具体的交通行为，即信息外化执行行为。

获取信息、思考处理信息、正确决策并不一定能表现出好的行为，只有决策信息落实到执行层面，才能实现行为与信息的融合，表现出外显的受控交通行为。行为指令信息外化成交通行为表现往往需要一个连续的过程，可能持续一段较长时间或者是在反复的信息指导下的行为调整过程，这个过程就是信息进程与行为进程的融合过程。

总之，信息外化就是信息发挥对行为的效用，引导行为实现目标过程，是人拥有智能、智慧的行为外在表现。

2. 信息内化

信息内化是指信息在大脑中经历的过程，是将信息结构化、模型化的信息固化，以及据此结构处理信息外化信息、形成决策信息的过程。典型的内化过程是长期记忆、学习、思考、决策应用的过程，是行为进程与信息融合依赖的内在计算处理过程。

1）信息处理的动态调整性

交通信息作用下的出行活动，可以看作一个动态决策和反复调整的过程，这个过程持续时间可以很长，也可以很短，取决于行为活动进程持续时间。在这个持续过程中，信息处理根据进程面临的问题进行动态调整。一方面，出行者借助于自己的出行经历和获取的交通信息形成对交通环境的认知，并随着出行行为进程随时更新认知，思考判断是否需要及如何调整出行行为选择；另一方面，调整后的行为面临变化的交通系统环境，引发一系列新的交通信息处理过程，新一轮的认知更新和出行行为调整过程。

2）信息处理的目的性

在交通行为活动进行中，信息处理围绕行为目的进行。出行者在出行前、出行过程中、到达后都在不断地处理信息，为自己的出行目标挖掘相关的信息。出行前，处理交通状况、道路条件和天气等信息，其目的是通过对这些信息的处理来安排自己的出行计划，包括路径、交通方式、出发时刻选择等。出行中，以驾驶车辆出行为例，驾驶员处理信息并用信息引导行为的目的是安全、快速、舒适地到达目的地。到达目的地后，出行者往往会处理所记忆的交通行为信息，总结出行行为效果，其目的是为下次出行积累经验。

3）信息处理的综合性

人可以通过手机终端、互联网及交通广播等途径获取额外更多的交通信息。同时更多的信息增加了综合处理信息的负担，对多渠道信息的处理要从人的信息能力方面综合考虑。例如，出行信息是否有用，取决于时效性和表达是否容易被接受理解，以便用户能够快速做出决策，应对交通变化。就是说，出行信息还必须具有准确性、简洁性和可信度，这些是信息与行为进程有效融合，产生的行为效用。可以看出，人在处理信息的时候，依据自身能力，往往综合多方面信息，以使行为进程能够更加高效地实现目标。

4）信息处理的差异性和智能性

人处理信息主要是通过身体器官——大脑，而大脑的信息处理主要是中央神经系统和周围神经系统共同分工合作完成的。由于人的智力、知识结构、职业、爱好、年龄不同，信息处理的效果也不同。信息处理差异性与行为融合表现出来就是万千变化的人类社会行为。

智能通常是指在给定问题、问题的环境约束和求解问题的目标的前提下，有效地获取相关信息、把信息提炼成相应的知识和解决问题的策略、利用策略来解决问题，从而在满足约束条件下成功地达到目的的能力。智能的本质是信息处理的能力。人在信息处理过程中表现出不同水平的智能，是信息内化形成的行为能力。

智慧是指面向自然与社会环境，自主发现与探索问题，设定系列求解问题，精确应用各种手段操控信息，跟踪解决问题，并能够自主总结学习，优化信息结构模式，主动多层面创新探索，接续提升信息效用，并使之与行为融合应用的能力。智慧是信息内化与信息外化融会贯通实现更高水平的具体表现。

9.1.2　交通控制信息的行为控制

通过交通控制信息控制交通行为，从而达到诱导交通流，提高路网效益的目的。

根据对交通行为产生的效用，交通管理者发布的控制信息可分为三类：交通行为教育信息、交通行为指导信息和交通行为控制信息。

（1）交通行为教育信息是指那些用于培养人的交通知识、交通常识而通过教育、宣传传播的信息，是为交通行为信息内化而发布的信息集合。

（2）交通行为指导信息主要是指为交通出行提供服务，引导交通行为的各种信息。这类信息效益高，没有强制性，只是为出行行为、通行行为（出行前和出行中）提供决策所需的指导、指示、引导和建议等信息。这些信息满足了出行者的信息需求，起到了指导交通行为高效进行的作用，引导出行者对自己的交通行为进行控制。交通指路标志信息、可变标志信息、交通广播信息等都属于交通行为指导信息。

（3）交通行为控制信息是指具有法律法规约束、必须遵守执行的控制指令信息。这些信息具有约束出行者交通行为的强制作用，要求出行者严格遵守，当有违反控制信息规定的行为发生时将受到法律规定的惩罚。交通红色信号灯禁止通行信息、交通标志中的禁令交通标志表达的信息、法规中其他强制条例信息都属于交通行为控制信息。

以上三类交通控制信息都对交通行为控制起到不可缺少的作用。交通行为控制信息和交通行为指导信息在交通进程中与行为融合，直接表现出交通行为控制作用，有效降低了交通行为的随意和不确定性。

9.1.3 交通控制信息对交通行为的控制作用

交通控制信息实现对交通行为控制，依赖于一个控制信息—交通人—交通行为作用的过程。

（1）控制信息：在交通控制系统中，为达到系统的控制目标，由控制器发出的调节系统进程的指令信息。控制信息是根据道路系统各种参数计算出来的，是服务于系统目标的，但控制信息是对人下达的，是控制交通系统中每个人交通行为的控制信息，因此，考虑到人的行为特点，交通控制信息的表达使用简单、明确的表达方式。

（2）交通人：是交通控制信息作用的对象，是一个数量庞大、内在因素差异很大的个体集合。交通人是交通的主体，既是交通行为主体，也是交通行为控制的执行器。交通人承载的信息更加丰富，例如，在成为出行者之前，他已经掌握了相关法律、规则、指令等信息；完成交通出行之后，他仍在总结出行中的各种经验教训，接受出行带来的信息型回报，如开心、后怕、批评、鼓励等信息。

（3）交通行为：是交通人在接收信息后一系列心理过程最终服务于交通出行的肢体活动，是控制信息作用的最终体现。交通人个体的行为构成了整个交通系统的行为。在出行中，交通人一个违反控制信息原意的行为，可能严重影响交通系统的整体行为，降低整个系统的效率。

图9-2描述了交通控制信息的行为控制作用过程。

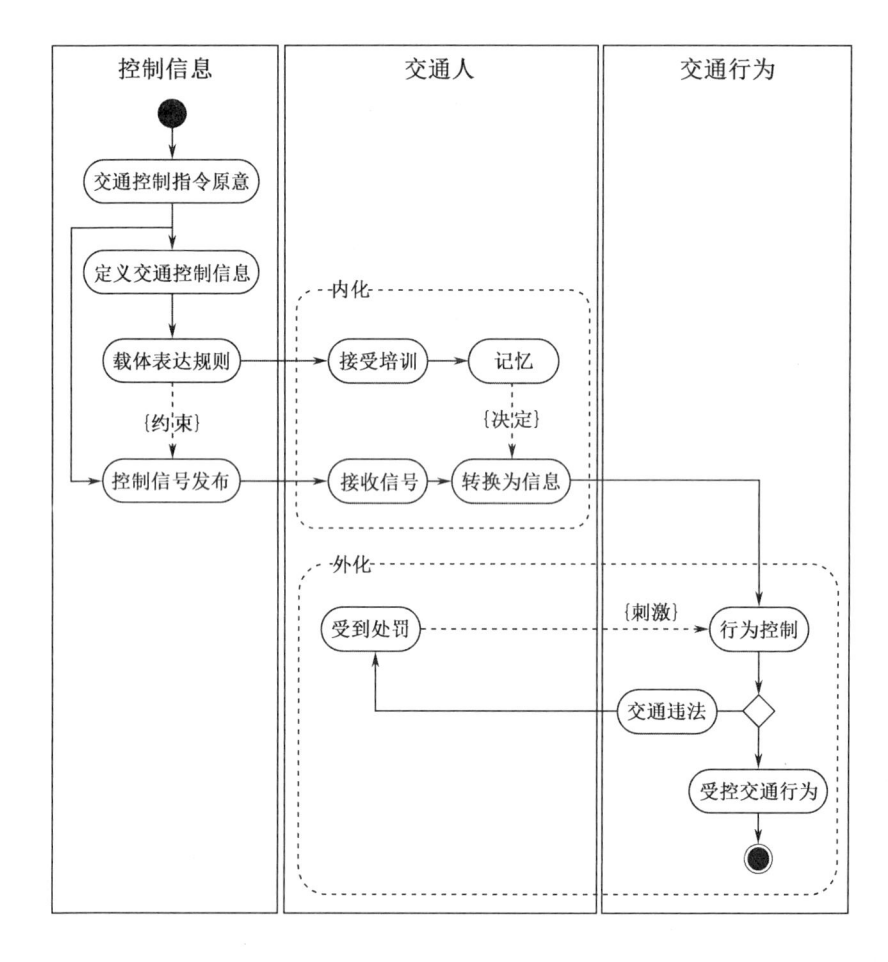

图 9-2　交通控制信息的行为控制作用过程

（1）交通控制指令原意。是交通控制系统对被控制对象原始、明确的控制要求，是未经信息编码、传送等过程的控制器（或指挥者）指令的意图或意志。交通控制指令原意受到信息表达、传送及被控制对象可执行程度的制约，往往不能完全对外发送。

（2）定义交通控制信息。受到交通控制对象（人）因素的限制，交通控制信息以尽量简单的表达形式和变化状态表达，并形成严谨的定义，要求控制器和被控制对象共同遵守。例如，通行、停止、禁止等控制性指令信息对人来说是最为简单、明确、通用的控制，而减速、快步通行、安全时通行等则不能被明确定义，不能成为控制信息。

（3）载体表达规则。是通过对信息载体形式、形态和状态及其变化表达信息的约定，实现交通信息在物与人之间的传送。载体规则通过相关技术标准或规范来定义。例如，表达停止通行控制信息，要明确交通警察手势和交通信号灯作为载体，并定义使用什么样的手势，点亮什么颜色的信号灯等，这些都由载体表达规则约定。

（4）接受培训并建立记忆。是对交通人进行的培训，使得控制器给出的控制信号能够转换成控制交通行为的控制信息。这是针对人的训练过程，足够的培训可以形成记忆甚至建立起对交通信号与交通行为之间的条件反射。

（5）控制信号的发布。是交通控制设备根据系统控制要求实时给出控制指令的环节。这一环节是以人的感官为对象的刺激环节。人的感官是综合、循序渐进和层次分明的，控制信号发布要适合人的特点，信号明确、逻辑完整，而且表达信息要符合一致性、互验性、充分必要性的基本要求。

（6）接收信号，转换为信息。这是人的感官反应和主观意识反应的过程。足够的训练和应用，使得信息转换非常流畅。

（7）约束行为。这是人应用综合信息心理过程作用于行为的体现。

（8）交通违法行为将受到处罚：违法处罚是交通行为控制的基本原则之一。处罚是一种信息刺激，刺激和强化了人的交通行为意识，使之能控制自己的行为。当然，违法、违反社会道德准则甚至违反自然规律的交通行为，可能遭到他人谴责或法律制裁，也可能承受自然规律决定的人身安全代价。另外，有些处罚性回报具有不确定性，或可观测性等其他因素降低了回报的执行。

（9）受控交通行为。出行者与控制信息原意一致的交通行为。

交通控制信息都是为了对人的交通行为进行控制设立并发布的，在信息发布方式上多采用简单、明确、易于掌握的方式，以法律赋予行为控制的强制性，对违反信息的行为给予明确惩罚性回报。接收交通控制信息，控制自己的交通行为，对个人来讲的利好回报是隐性的，不像处罚那样直接、明显。

9.1.4 交通指导信息对交通行为的控制作用

交通指导信息具有客观上的行为控制作用，体现在以下几个方面。

（1）交通人控制自己的交通行为需要各种信息。交通行为以出行需求为导向，必然需要用交通信息自觉地控制交通行为，实现出行需求。外部信息可导致事实上的交通行为控制。

（2）交通指导信息与出行者的信息需求不相关，信息被忽略；交通指导信息和出行者相关经验相悖，信息失去作用；交通指导信息不完备，不能完全满足出行者需求时，对交通行为的控制作用不确定。

（3）交通指导信息价值的大小，体现在对交通行为控制效用的强弱。因此，一条交通指导信息的信息量（对于追求出行需求的交通行为可称其为"价值"）取决于交通系统不确定背景，以及出行者知识经验等背景。

交通指导信息以语法信息和语义信息表达，交通指导信息的行为控制作用过程如图9-3所示。

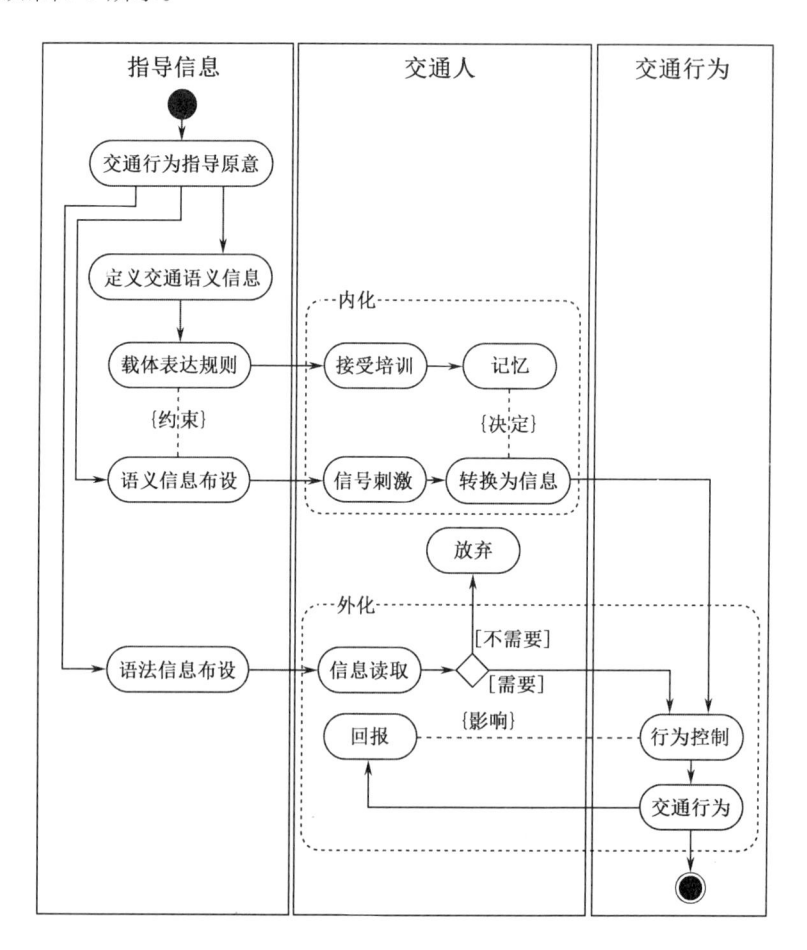

图 9-3 交通指导信息的行为控制作用过程

该模型与交通控制信息作用不同的环节如下。

（1）交通语义信息的信号刺激。道路交通系统中出现的语义信息通常以简单象形符号配以颜色表达警示、提示等内容，它不像行为控制符号那样具有强制性，但对安全交通行为具有重要作用。因此，需要加强语义信息对于交通行为的控制指导作用，该作用是建立信息在对出行者的刺激上，使其能够看到、读懂信号并转换成信息，进而影响其控制交通行为。

（2）交通语法信息的读取。语法信息判读基于文字、数字、文化、地理等非交通专业知识。交通语法信息突出了服务功能，满足出行者对出行信息的客观需求，故而容易被接受。满足需求的交通信息指导出行者决策交通行为，实现交通目的。

（3）交通行为回报。实现出行目的是交通行为的主观上需要的回报，但可能不是客观上的全部回报。忽略或错误地获取的交通信息，导致了与信息要求相违背的交通行为，产生的负回报显然不是出行者需要的。负回报包括客观上的代价或心理上的不快乐感受等。

对于交通指导信息导致的交通行为调整或控制的评价，可以从出行者个体出行效率和心理感受进行评价，也可以从道路交通系统安全、畅通等系统指标方面进行评价。

9.1.5 交通运行信息导致交通行为动态调整

交通行为是与交通信息高度融合的过程，反映交通运行的信息作用并影响交通行为进程，交通行为自觉地跟随交通信息进行调整，客观表现为行为进程与信息进程动态融合。

在进入道路系统进行交通出行前，人会通过各种信息渠道（包括记忆）来获得本次出行的信息：出行方式、出行路线、各条路线上惯常的交通状况及当天的天气状况等，以形成不同的出行方案，而后结合自己的出行经历并根据本次出行的需求选择对自己效用最大的出行方案，即进行出行方案决策，最终确定本次出行的出发时刻、出行方式和路径等。出发前形成的出行方案，并不是本次出行的最终方案，这是因为一旦进入道路交通系统中，出行者会随道路交通条件和自身需要调整出行方案，如驾驶员驾驶车辆运行过程中，会利用出行中的诱导信息改变行驶路线，乘客也会随自身需求改变出行路线、出行方式甚至是出行目的。

9.2　行为进程与信息融合的关系

9.2.1　行为的重要信息特性

1) 人类行为是学习行为，是信息获取、积累、建模的过程

究其本质，学习是一种信息过程：基础是信息采集、获取、感知，核心是信息提取、归纳思考，成果是行为意识和世界观的建立，作用是指导行为适应社会。

学习或模仿是人类社会组成的要素之一，也是社会化的基础。交通具有强烈的社会性，必然依赖学习获得足够的信息，提高交通出行行为能力。交通行为模式经过很长时间的学习，从孩提时期养成而内化成每个人思想的一部分。几乎所有的交通行为模式都是从社会成员习得的，所以称之为"模式行为"。

运用学习理论来研究交通行为，通过信息来增加交通知识，熟练交通技能，充实交通经验，养成其习惯，形成其态度等，这些都是交通行为及其可控性基础，是信息与行为的融合，以适应交通环境，安全高效实现交通目标。人类经学习而建立的行为中，以思考与创造为最高级别的行为，其本质是人类对信息进行高级计算的行为。

2) 现代交通行为是社会行为，是高度依赖信息获取、交互、流通的过程

究其本质，社会行为是一种高度依赖通信实现信息交互的行为方式。

现代交通行为是人类生物性、社会性和文化性的共同产物。人依赖交通实现其社会性，才能维持其个体的社会存在。人的交通行为都经由社会的历程而建立，是复杂信息交流、交互的结果。

社会行为中人与人交往中，信息交换是重要的交往方式、是相互影响形成群体行为的重要方法、是社会管理和行为控制的重要手段。信息交换依赖语言、文字等信息，现代社会还依赖电子通信和计算等电子产品。

人类的生活规范也是从基于信息的互动关系中发展出来的。如果社会环境

的人际互动中道德观念薄弱,则个体实现道德规范的主动意志会产生消减作用。如过街不走人行道、驾驶员开车闯红灯等,构成混乱交通环境和以争抢通行的行为的互动情境。

3) 人类行为是理性与情绪行为,是基于认知、思考和决策的信息型行为过程

究其本质,人类行为,特别是社会行为,高度依赖信息处理和模型化计算。

人类凭借着认知、思考、推理及创造能力使行为发展符合社会行为,这种行为的表现便是人类的理性行为,是信息在行为中的作用。当然,人类行为也受情绪左右,在交通活动中也带有情绪的因素。个体表现出来的积极情绪包括毅力、热情、忠诚等,消极情绪包括丧志、忧愁、恐惧等。从本质看,情绪不是人体物质和能量本身,是信息的作用表现。情绪行为不是自发的,而是由刺激或挫折等信息引起或积累起来的。

4) 个体或群体是基于各个个体自身做出决定的信息控制行为表现过程

究其本质,个体社会行为是大脑信息控制肢体的表现。

人类的社会行为不是盲目的,而是依据大脑给出的信息实施的。追求特定目的大脑信息,转变成系列肢体活动,构成一系列行为,就实现了信息的效用。当然,错误的决定和不切实际、误判环境和自身能力的大脑信息,很难转化为具体的行为效用。

一般说来,人类的行为以个体行为或群体行为表现出来,人类借助信息进行群体行为,高效协同。

个体行为是行为个体依据其对当前情境的理解及其个性原因做出的身体反应。个体行为是个人与环境情景信息交互作用的结果,即行为进程与情景信息融合产生的结果。特定的情境形成了特定刺激,即使相同的情境,对不同人的刺激也是不同的,这取决于其对情境的理解。例如,道路上发生车祸,情景信息刺激行为,产生不同的理解:恐怖、好奇、热闹、救助等;导致不同的行为:离开、凑上去、围观或拨打 120 报警等。当然,在面对这个情境之前,个体的特性因素早已形成,如年龄、性别、受教育程度、态度、性格等。行为科学通常研究发生在社会环境中的个体行为,而不去研究发生在独立空间中的个体行为。社会是充满矛盾的,个体行为之间的冲突是无法避免的。引发行为冲突的原因既有个性的,也有外部的,主要原因有人性个体的弱点、有限资源的竞争、价值观与

利益的对立、新旧观点对抗等。当然冲突并不都是负效应，行为冲突也可能导致变革。

群体行为是一个行为个体在群体中所表现出的行为，与个体独处时表现的行为可能完全不同。群体行为是个体与环境和群体信息交互的结果，个体在群体中依据信息，将其行为转型为群体行为。在追求融入社会的本能驱使下，个体基本期望是与群体行为一致，即通常的从众心理。影响从众行为的因素主要体现在群体的气氛和个体的素质。群体中与群体行为背离或偏离个体行为，其追求的个性最大化或自身价值，需要付出代价，当代价很大时，通常使其行为最终回归到群体行为中。群体行为是群体中个体的行为平衡。

总之，行为以多种形式表现出来，看似随机、杂乱无章和不可预测，实际上是各种信息进程与自然环境和社会环境融合作用的体现。自然环境的运动变化，多数是由物质能量组成的非智能体导致的；而社会环境变化，则是由智能主体行为产生的，更为复杂，需要更多信息和更强的信息操作能力。

9.2.2 信息过程和行为过程融合的层次

人的行为无论多么复杂，每个行为都能够在物质、能量、生物和信息诸因素中找到原因和解释。信息因素往往是一切看似难以解释行为的关键因素和决定因素（如本能、学习、认知、态度、动机和价值观等因素）。行为与信息的融合关系，可依据信息计算应用水平分为由高到低四个层次，如图9-4所示。

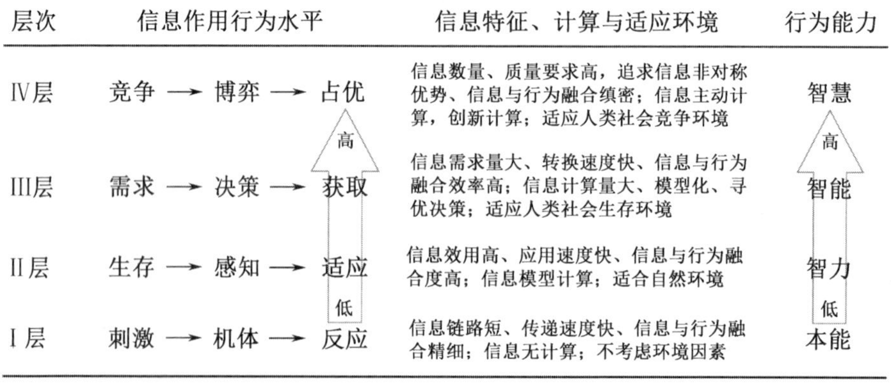

层次	信息作用行为水平	信息特征、计算与适应环境	行为能力
IV层	竞争 → 博弈 → 占优	信息数量、质量要求高，追求信息非对称优势、信息与行为融合缜密；信息主动计算，创新计算；适应人类社会竞争环境	智慧
III层	需求 → 决策 → 获取	信息需求量大、转换速度快、信息与行为融合效率高；信息计算量大、模型化、寻优决策；适应人类社会生存环境	智能
II层	生存 → 感知 → 适应	信息效用高、应用速度快、信息与行为融合度高；信息模型计算；适合自然环境	智力
I层	刺激 → 机体 → 反应	信息链路短、传递速度快、信息与行为融合精细；信息无计算；不考虑环境因素	本能

图9-4 行为与信息计算水平高低层次

第Ⅰ层是生物体自然的本能刺激-反应，即 S-O-R 列联，是行为研究的基本单元。一系列刺激-反应是行为的基本组成要素，是信息与生物反应行为融合的基本单元。这里的刺激不是单纯的物理刺激或能量刺激，信息刺激也是重要的刺激形式。在这一层次中，刺激-反应的链路短，行为与信息融合紧密、速度快，多表现为生物体的机能与本能。

第Ⅱ层是行为主体为生存和发展被动地应用信息来适应环境行为的层次，表现为行为主体具有智力。以信息为媒介与环境交融，以处理后的信息进行行为调适，以信息积累方式提高适应能力（经验）实现更好的生存目的，就是智力的综合表现。在生存目标的刺激下，环境信息对于行为的效用高、速度快、持续时间长。信息是通过认知行为获取的，必然与行为融合度高。

第Ⅲ层是行为主体在特定自然环境和社会环境中，由自身需求引发的主动行为，是一种建立在模型基础上的信息计算智能行为。与行为高度融合的信息处理计算水平决定行为的智能水平。高度内化的知识、模型、预测和决策模式，面向需求和存在问题的自动处理复杂信息能力，且具有对环境事物发展态势的感知、信息执行能力等外化能力，就是智能。在这一层次中，信息与行为在时间、空间、事件等多层次实现融合。从控制角度看，大量复合信息形成多环反馈，且信息处理能力很强，属于行为主体的智能。

第Ⅳ层是最高级层次的行为，是行为主体高水平操作和应用信息，遵守行为规则，预测研判，努力在有限的资源中处理取舍、平衡得失获取占有更多优质资源赢得竞争的一系列智能行为组合，是人类在社会生活中运用谋略、运筹、学习、预测等信息能力的高水平表现。与第Ⅲ层次行为相比，这一层次的行为目标可以自主确定。同时，除关注自然与社会环境外，行为主体还需要关注其他行为主体智能行为形成的行为空间，争夺占用更多有限的优质资源的代价等。在竞争者拥有相同的物质能量资源、遵守相同的规则前提下，取得竞争优势必须占有更多非对称信息，拥有更强大的自主信息操作（计算、衍生）和应用（施效）能力，特别是对环境中其他智能体行为的预测计算往往十分困难。

目前看，第Ⅲ层就是行为的物理进程与信息计算进程的融合，是交通信息物理系统建构可借鉴模仿的样式。而第Ⅳ层描述的智慧行为，是一种目前计算机无法完全模仿实现和替代的行为，是人类特有的高级自主信息处理机制和能力，如主动发现问题难题、自主确定行为目标、自主前瞻规划、心理情景应用等。

9.2.3 社会行为的一般信息过程

社会行为表现出更多、更复杂的信息与行为融合现象。社会人的某一具体行为是建立在自身认知、感情、意识、思考等心理信息过程的基础上，与环境反复交流过程的心理活动驱动的人体活动成果。图 9-5 简单表达了个体（社会）行为（以交通行为为原型）过程的信息流动作用关系。

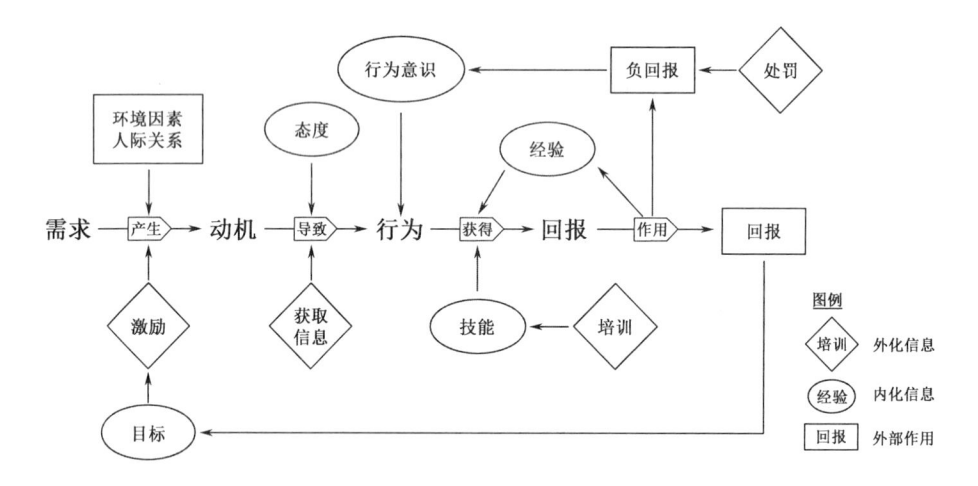

图 9-5 个体（社会）行为过程的信息流动作用关系

行为是由需求启动和推动的，当需求在大脑中转化成动机后，行为得以发生并驱动行为完成。发生什么样的行为，受到诸多内因和外因的影响，内因、外因决定了行为。任何行为都有回报，回报与需求或期望相比，有正回报和负回报，作为行为结果反过来影响行为。

需求是一种信息表达的心理要求，是一切行为产生的源泉。各层次的需求只有转化为动机并与行为进程融合，才能成为推动和维持个体行为的内部动力。人的需求不是单一的，某个需求强烈时，并不会因其他需求出现而消失，而是以潜在、隐性方式影响人的行为。从个人角度看，需求是多样的，产生的时间、地点分布、相互影响十分复杂；从社会角度看，导致行为的需求总是围绕生活、生存活动展开的。需求本身不是物质或能量，它以信息方式存在于行为个体大脑中。

动机是引起并维持人们从事某项行为，以达到一定目标的内部动力信息。出行动机是直接推动交通出行者个体行为的动力，出行者的交通需求、兴趣、爱好、价值观等都要转化为动机后，才对出行行为产生动力作用。动机与行为的效果是一致的：良好的动机一般能产生良好的效果，不良的动机则会产生不良的效果。但在现实生活中，动机与行为的效果往往不一致。例如，相互谦让的动机，在避让中却撞上了人。动机是一种思想意识，以信息方式存在，融合在整个行为进程中。

行为指人这一智能生物体在社会中有意识的肢体活动，是社会信息、环境信息、知识信息、大脑信息等与肢体活动高度融合的表现。

人的交通行为可以理解为：起源于人的交通需求，服务于人的社会生活生存目的，在一定的道路交通环境中，自行或借助交通工具，伴随一系列信息交互导致心理过程，以人的肢体活动实现的交通活动。

9.3 信息融合与交通行为控制技术

交通行为表现是行为进程与信息计算进程融合的体现，当交通控制信息进入行为所依赖的信息计算进程并影响计算结果时，可实现交通行为控制的目的。

9.3.1 交通行为控制技术特征

在各种交通控制模式中，"机器"控制"人"是最为困难和复杂的控制过程。从目前应用看，几乎所有的交通控制都是通过对人的行为控制得以实现的。交通控制信息物理系统不仅提供了一种将信息进程与交通物理进程融合，使交通系统控制更为有效的理论，而且为交通信息进程与交通行为进程融合，以精细、目标明确的信息配置、调度和施效实现交通行为控制提供了一种全新的理论方法。

道路交通控制需要通过对出行者的交通行为控制才能发挥控制作用。交通行为控制泛指以信息手段对复杂道路交通行为进行有目的的系统性干预，降低交通行为自由度，实现交通系统控制目标的过程。交通行为控制技术是智能交通系统面向人的精细应用信息的关键技术之一，是伴随现代信息科学与技术发展起来的新技术。交通行为控制技术具有如下技术特征。

（1）实现交通信息进程与交通行为进程高度融合，计算并有效调度信息，使精准的交通信息出现在群体或个体交通行为最需要的时间和地点，将交通行为控制指令转化为交通信息服务。

（2）面向交通行为特点优化交通控制指令信息，提高交通信息效用，将生硬、泛化的交通控制指令转化为能够实现具体行为控制的信息系列，形成信息场。

（3）明显缩短对交通行为控制指令执行的反馈周期，特别是缩短违法交通行为回报信息周期，将交通管理措施转化为交通行为控制手段。

（4）面向个体的感知能力，充分使用多媒体、多形态信息。合理配置声音、图文、气味、动感等信息发布方式，高效率调度语气语调、色彩反差、亮暗/闪烁、清香/焦煳、颠簸/推搡/歪斜失衡等信息作用。

（5）交通控制信息具有个性化和面向交通行为个体发布交通行为控制信息等特征。

交通行为与信息融合技术是根据行为的产生、持续、调整、评估等持续进程的特点，将控制性信息内化、外化进程前置或及时地穿插组合、绑定到行为进程，旨在以信息的作用来实现控制目标。这一技术是综合现代信息、计算、无线通信、机电一体化等技术，针对交通行为进程特点，实施控制的集成应用。

9.3.2 不良驾驶行为控制与信息融合

本节以不良驾驶行为控制为例，说明交通行为控制与信息融合方法。

1. 不良违章驾驶行为简单分类

车辆在行驶过程中，由于驾驶员自身的违章动机会引起违反道路交通法律法规或存在潜在危险的驾驶行为。由于不良违章驾驶行为表现形式不同，根据其在道路上车辆表现，或是在车内表现，可将其分为车外不良违章驾驶行为（显性）和车内不良违章驾驶行为（隐性），如表 9-1 所示。

第9章 交通行为与信息进程融合

表 9-1 不良违章驾驶行为信息角度分类

按表现分类	现象	可检测性
车内 不良违章驾驶行为 （隐性）	酒后驾驶	酒精检测仪
	超载、超员	称重检测、车辆超员计数检测仪
	精神不集中（如边驾驶边打电话、听音乐、看电视录像、吃东西、抽烟等）、操作不当	驾驶操作视频数据实时分析
	疲劳驾驶	疲劳驾驶预警系统
车外 不良违章驾驶行为 （显性）	跟车过近	自适应巡航控制系统
	违法掉头、变线、插队、弯道行驶占线	道路违章视频数据实时分析
	违章超车、压线占道行驶、逆向行驶	
	超速、闯红灯等	雷达测速仪、视频监测

不良违章驾驶行为控制技术是借助信息装置，针对驾驶员在行驶过程中各种不良违章驾驶行为，合理配置声音、图文、气味、体感、体验等信息计算和发布方式，高效率调度语气语调、色彩反差、运动等信息作用，向驾驶员实时发布针对行为的控制信息，促使其改变不良违章驾驶行为的进程，达到安全驾驶的目的。不良违章驾驶行为控制技术结构框架如图 9-6 所示。

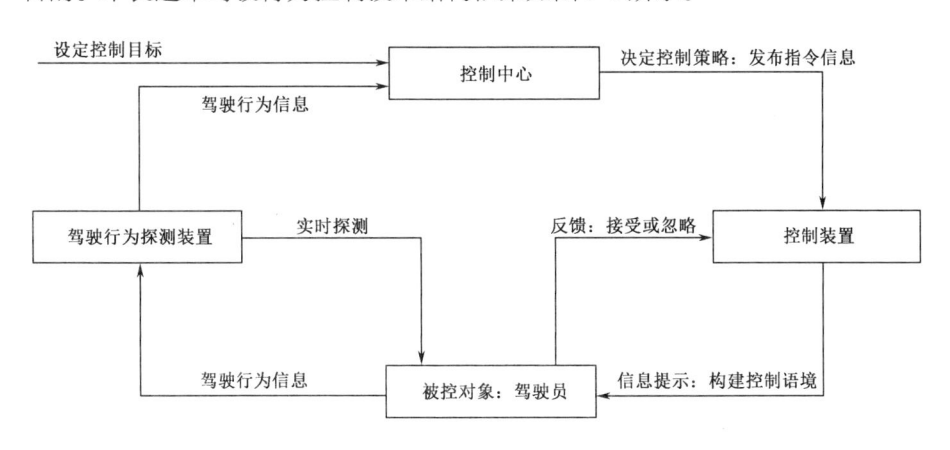

图 9-6 不良违章驾驶行为控制技术结构框架

2. 信息融合实现驾驶行为控制信息形成

在车辆行驶过程中，由不良违章行为探测装置对驾驶员所处的道路环境信息及驾驶员自身行为信息进行实时探测，并将该行为转化为有效信息，传递给控制系统或控制中心。

作为控制系统，必须能够了解到被控对象——驾驶员原有的运动状态方式，即驾驶员的初始信息；能够理解驾驶员所处状态下的初始环境信息；还应当能够预测驾驶员在未来一段时间内可能的运动状态方式，并从这些信息中确立新的目标，即控制系统期望驾驶员应当达到的驾驶状态。在这个基础上，控制系统要进一步产生控制策略，形成指令信息集合和发布方案，明确如何使驾驶员由初始的不良违章驾驶行为状态逐步过渡转移到控制中心所规定的运动状态——安全驾驶行为状态。

指令信息由控制系统给出，是驾驶员的运动状态和方式应当进行怎样的改变的控制指令。而真正实施改变被控对象运动状态方式的调节力，则是由控制装置根据控制信息产生的。控制中心会针对不同的不良违章驾驶行为信息做出控制策略，并将控制信息传递给执行单元（如车载导航装置及汽车多媒体系统），控制单元调度多种媒体形式信息，并合理配置声音、图文、气味、动感等信息发布方式，高效率调度语气语调、色彩反差、亮暗/闪烁、清香/焦糊、颠簸/推揉/歪斜失衡等信息作用，为驾驶员建构不同的交通控制信息语境，实现驾驶行为与多形态交通信息的实时交互，从而控制驾驶员，使其改变不良违章驾驶行为，促使驾驶员安全行驶。

3. 指令信息语境及驾驶行为控制

交通控制指令信息是控制系统或装置发布的具有严格法律法规约束、必须强制执行的信息。这些信息具有约束驾驶员驾驶行为的强制性，驾驶员必须遵守，当有违反控制信息规定的行为发生时将受到法律规定的处罚或身体、心理上的影响。例如，车载导航装置提醒的限速信息、驾驶员犯困时发布的警醒信息等都属于交通控制指令信息。

控制系统或装置发布指令信息后，驾驶员以其感知器官本能地获取指令信息，对于指令信息的接收是综合应用各种感知器官的过程。一般来说，驾驶员通过视觉、听觉、嗅觉、触觉等方式获取外部信息，且获取信息过程与驾驶行为高度融合，可快速影响驾驶员的行为。表9-2列出了与驾驶行为进程高度融合的信息获取感知方法。

表 9-2　与驾驶行为进程高度融合的信息获取感知方法

信息作用的器官			获取感知信息形式	信息表达可调度的参数	控制信息表达装置
视觉			屏幕图案、图形	内容、颜色、构成、闪烁……	图像生成系统、光学或显示屏
			可见光	色彩、亮暗、闪烁……	
听觉			音乐声响	悠扬、恐怖、高频、低频……	计算机控制的声音合成器、耳机或扬声器
			人物话语	内容、话语者、语气、语调、语速、时机……	
体验	嗅觉		气味	薄荷气味、焦烟气味……	气味存储发挥控制装置
	感觉	触觉	皮肤感知的触摸、温度、压力等	舒适、凉爽……	专用的人机电一体化系统
		力觉	抖动、颠簸、失衡、力反馈	轻微、强烈……	

为了更好地实现与交通行为进程融合，控制指令信息借助声音、图文、气味、温度、压力、动感等方式发布，形成一致可验证的信息语境。视觉接收到的屏幕图案、文字的指令信息，结合屏幕的内容、颜色、构成等构成各种信息语境。而听觉接收到的指令信息以音乐声响、人物话语的形式传递给驾驶员，并伴随着音乐声响的悠扬、恐怖、高频、低频，人物话语的语气、语调、语速、时机等烘托出的语境。通常情况下，驾驶过程中，视觉、听觉较为繁忙，控制信息还可借助嗅觉传递，提高指令信息的语境的层次感，例如，利用焦烟气味、薄荷气味分别制造警告或提醒语境等。当然，触觉也可感知和接收信息，指令装置可借助皮肤感知的刺痛、温度、压迫进行提示警告，利用在行驶过程中感受到的平稳、抖动、颠簸、失衡、力反馈等来表达惩罚或奖励，调整驾驶行为的紧张程度。

交通控制装置向驾驶员发布指令信息时，总是以发现的驾驶员不良违章驾驶行为及其进程为依据，调度运用各种信息，来达到预期的目的——消除不良违章驾驶行为，这其中语境起着相当重要的作用。语境即语言环境，扩展解释，就是信息发挥作用的环境场合。指令信息要与驾驶行为进程融合达到控制目的，需要构建不同的控制语境。控制装置利用指令信息的语气语调、色彩反差、亮暗/闪烁、清香/焦烟等信息，都可以构造不同感官刺激的语境，驾驶员在接收到这些指令信息时,需要去理解指令信息的含义,从而改变自身的驾驶行为。

9.3.3 不良驾驶行为控制系统中的信息融合应用

不良违章驾驶行为控制系统是随着控制技术、网络技术、计算机技术、信息技术、行为检测技术的发展而形成的一种面向交通行为的控制系统,可在信息计算与驾驶行为的交互融合进程中,实现对驾驶员的不良违章驾驶行为控制,达到安全驾驶的目的。其中,控制中心或控制装置是信息计算的中心,通过交通环境、驾驶行为信息,借助判断分析模型、决策方法进行内化计算;而车载终端则实现行为信息采集、控制信息的调度组合发布,与驾驶行为进程形成外化融合关系,实现信息的控制作用。

1. 不良违章驾驶行为内化外化层次

(1)感知层。要快速发现不良违章驾驶行为,就需要对驾驶员的行为进行实时监测。感知层相当于物理进程的信息化,由传感器、识别芯片、嵌入式智能芯片等构成,能够对驾驶员的不良违章驾驶行为进行有效感知与识别。

(2)网络层。不良驾驶行为控制高度依赖网络提供的信息。交通要素移动性较强,对各种网络要求较高。在这里,网络层相当于信息来源和处理能力的拓展。不良违章驾驶行为控制系统中的网络层可包括 4G、5G 移动通信网络,Wi-Fi 无线网络等。网络层还包括与数据的管理中心、数据统计中心和交通管理信息中心的联通。

(3)计算层。是针对不良违章驾驶行为控制信息计算层次,应用已经建立的关于交通系统、交通行为和控制信息应用的模型,完成实现控制目标的不良驾驶行为控制指令信息的计算。由于交通行为控制信息需要面对群体行为,计算过程不能封闭于车辆或个人的智能终端。且行为控制语境的计算、建立、持续要与交通环境高度融合,也需要借助互联网云计算等资源实现计算。

(4)控制层。是控制信息作用于驾驶行为产生效用的层次,是信息与行为融合的关键节点。驾驶行为控制不是一条简单控制指令就能实现的,需要在不同的行为进程阶段,有针对性地有效调度各种信息,持续发布信息,构造信息语境。

2. 不良违章驾驶行为控制的主要环节

（1）传感检测装置实现信息采集感知。除对车辆行驶位置、速度、车辆工况和道路交通状况进行检测外，还可对包括行为相关的温度、声音、气味、振动、压力感应器等行为环境物理量探测器，以及驾驶员生心理、表情、肢体动作等行为信息探测感知采集设备。对道路交通环境和车辆监测、驾驶行为探测以不同时间间隔内进行测量汇总，结果以统一的协议通过物联网安全地传递给控制中心，借助计算感知驾驶员群里行为特征。传感检测装置是信息与行为融合外化装置，是行为进程信息化的设施。

（2）控制决策计算装置计算优化控制指令。对采集到的交通状况、车辆运行、不良违章驾驶行为信息进行分析处理，并根据控制要求，按预先控制规则决策可行的控制策略的计算机系统装置。由于涉及个体或群体行为，这一过程往往需要借助网络计算，实现对驾驶员个体信息特性掌握和应用。控制决策计算装置是信息内化装置，是控制信息指令产生的单元，在信息与行为融合中起到大脑作用。

（3）控制指令输出装置调度信息发布。根据控制决策，面向有效控制行为的目标，配置的针对行为的信息输出装置。该装置面向行为，将控制指令在时间进程和装置分布上分解成一系列的具体指令，调度指令输出装置发布控制信息。行为控制指令信息序列是有机序列，包括灵活的语境信息和渐进的控制行为指令，是实现信息作用于行为的外化装置。

3. 不良违章驾驶行为控制装置信息融合设计

针对不良违章驾驶行为，已经开发出一些检测仪器。例如，针对酒后驾驶行为，已经开发出酒精检测仪，只是由于检测仪指向性不强，无法实现只对驾驶员进行饮酒情况精确检测，影响酒后驾驶行为控制的应用。针对疲劳驾驶，开发研制了一些疲劳驾驶预警系统，但目前行为技术具体应用仍然具有局限性。针对分心驾驶、路怒驾驶等行为感知探测技术装置的开发也有相关报道。

随着移动通信技术发展，运动车辆与互联网通信技术较为成熟，基于互联网计算技术的面向行为个体和群体行为及其控制的模型与算法被广泛开发，为行为控制信息计算与驾驶行为进程融合提供强大的保障。

不良违章驾驶行为控制装置是面向驾驶员的行为控制装置，发布的控制信息往往是复合的，因而控制装置是集屏幕图像生成系统、声音合成器、气味发生装置、座椅运动器等于一体的感官刺激装置。这个装置能够调度发布屏幕的图案、图形、人物话语，乃至气味、温度、压力、颠簸、力反馈等信息，为驾驶员提供可综合应用、强度可调、舒缓进近、符合个体心理条件行为控制信息，构造信息语境，实现连续渐进改变驾驶员的不良违章驾驶行为。

4．不良驾驶行为

不良驾驶行为通常是指违法、违章和可能导致交通事故的驾驶行为，从控制信息作用角度看，可分为受控行为和不受控行为。受控不良驾驶行为又分为五种信息行为效用类型，当不同强度的控制信息作用于行为时，产生不同的行为控制效果。由于无法直接检测驾驶员不良驾驶行为类型，行为控制信息发布总是从低强度信息开始判断信息作用行为的效果，依效果逐步增加强度直至达到行为控制目标。这就形成了不良驾驶行为进程与行为控制信息不断增强进程的融合。表9-3列出了控制信息强度视角下的不良驾驶行为类型。

表9-3 控制信息强度视角下的不良驾驶行为类型

不良驾驶行为类型	行为类型	控制信息强度	信息类型	控制信息作用
受控	自控	低	提示信息	提示告知非故意行为
	自觉	较低	提醒信息	刺激交通守法行为意识提升
	被动	中等	警告信息	刺激提升交通安全行为意识
	强迫	强烈	强化信息	综合刺激提升交通行为意识水平
	理性	高强度	威胁信息	宣示行为代价，引导行为后果理性权衡
不受控	非理性	现世报	惩罚信息	为后续行为控制建立行为意识

在应用方面，控制系统在做出控制决策之后，会通过控制装置为驾驶员发布不同的指令信息，从而建构不同的控制语境。例如，导航装置运用GPS测速与道路限速对比，测得车辆有超速驾驶行为，导航装置会通过提示语言、图像、视频等方式将信息告知给驾驶员，此时，导航装置与驾驶员之间便进行"交际"，导航装置通过提示直接建构行为控制语境，从而迫使驾驶员降低车速。驾驶员疲惫驾驶时，汽车系统通过多媒体技术发出高频的声响或音乐等，辅助强化控

制语境，使驾驶员改变疲劳的驾驶状态，集中精力，专心驾驶。也可采用语音、图像、图形、灯光、气味等形成复合语境。另外，也可通过将驾驶员获得的指令信息建构告知语境，提示驾驶员超速的事实；通过调度建构警告语境，警示驾驶员超速后果；通过信息散播威胁构造威胁语境；通过消除超速动机和缓解紧张情绪构造疏导语境来缓解驾驶员的紧张、焦虑情绪，等等。

在控制装置与控制对象——驾驶员之间进行"交际"的过程中，驾驶行为在不断发生变化，指令信息也在随之调整变化。语境的构建因指令信息的不同而呈现出动态的发展和变化趋势，驾驶员并不是完全被动地受控于给定的语境，而是能够借助包括提示语言、图像在内的种种手段生成、改变或选择自己所认为的适当语境。在驾驶过程中，语境产生于控制装置与人相互交际的过程中，由人机环境因素相互作用而形成，并不断变更和发展。语境形成是行为进程与信息进程高度融合的产物。

在交通导航系统应用中，导航装置要实现对驾驶员路径选择行为的有效干预或控制，除能够给出诱导指令外，还需要建立诱导语境。诱导语境根据控制指令信息、驾驶行为和环境变化进行动态调整。在复杂情况下，驾驶员常常置身于多重嵌套的语境中，语境随着行为面对的多事件进程的推进而不断地改变，这使得语境构建更加复杂。图 9-9 显示了违法驾驶行为进程与语境调度进程融合作用关系。

下面通过超速驾驶行为控制例子来说明。

通过车载语音装置可以提示引导驾驶员降低驾驶车辆的速度。简单的提示信息"请减速到每小时 80 千米"，几乎很难对超速驾驶行为实施控制。这时就需要对驾驶员"超速驾驶行为"进行控制，控制指令不能是一句减速命令，而是要构建超速驾驶行为控制语境，将减速指令信息与驾驶行为进程高度融合，以达到行为控制目的。

过程描述如下：

（1）控制装置运用 GPS 测速与道路限速对比，如若判定驾驶员超速行驶，就会用语音来提醒驾驶员"您正在超速行驶，请减速慢行"，此时，通过语音提醒为驾驶员构造出一个告知语境。对控制装置而言，驾驶员通过这句告知语音的具体语言环境，准确理解听到提示的含义，获得自己"正在超速行驶"的提示信息，会采取一定的措施来降低车速，从而保证行车安全。

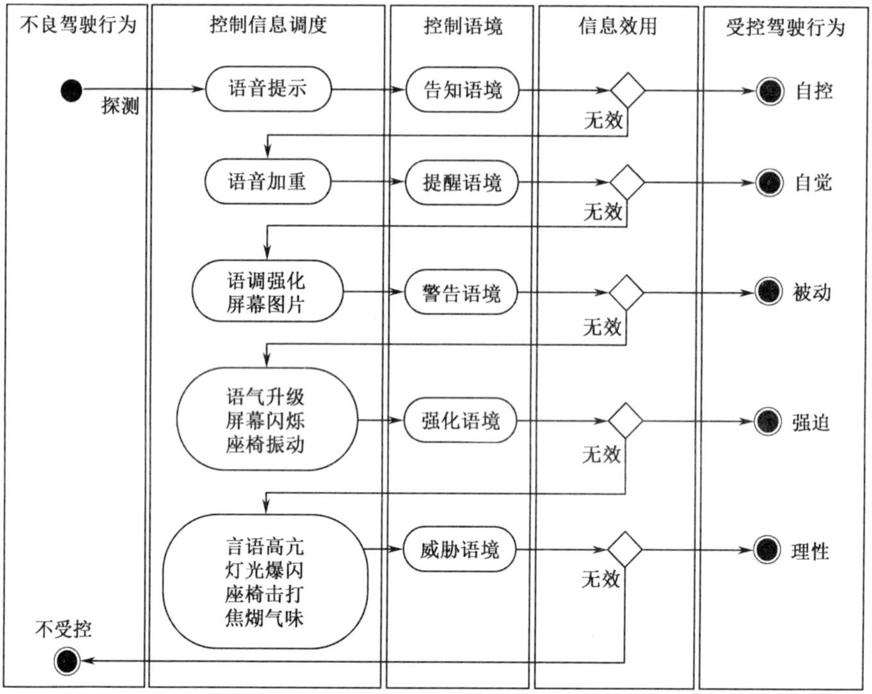

不良驾驶行为	控制信息调度	控制语境	信息效用	受控驾驶行为
● 探测	语音提示	告知语境	◇ 无效	● 自控
	语音加重	提醒语境	◇ 无效	● 自觉
	语调强化 屏幕图片	警告语境	◇ 无效	● 被动
	语气升级 屏幕闪烁 座椅振动	强化语境	◇ 无效	● 强迫
	言语高亢 灯光爆闪 座椅击打 焦烟气味	威胁语境	◇ 无效	● 理性
● 不受控				

图 9-7　违法驾驶行为进程与语境调度进程融合作用关系

（2）当车辆继续以超过道路限制的速度行驶时，控制装置通过语音提醒驾驶员"超速可能引发交通事故"，为驾驶员构造"提醒语境"。如果驾驶员在此语境中，理解了这条语境的语义信息并采取减速措施，则此时导航装置对趋利避害驾驶行为起到了控制作用。

（3）如果驾驶员不听从语音提示，继续超速行驶，交通监控将会对超速车辆进行违章记录，同时车辆导航会以图片的形式将该车辆以前接收或可能接收的超速罚单以图片的形式显示在车辆导航装置中，从而为驾驶员提供一个"警告语境"，以此控制驾驶员的超速行为，以期驾驶员降低行驶速度。再进一步，导航装置会构造强化语境，通过一张以往超速导致的交通事故现场图片来强化降低车速的重要性。

（4）如果该驾驶员仍然不接受之前"告知语境""提醒语境""警告语境""强化语境"提供的指令信息，导航就要对该车辆发出一些威胁信息。威胁信息包括播报语音信息（如自动向交通指挥中心报警、通知家属或公司）、制造不良驾驶体验（如车内释放焦煳辛辣气味、车辆抖动）等。

实际上，构建控制语境就是将驾驶行为进程与信息进程融合，形成控制所需的情景。

参考文献

[1] 石钟慈. 第三种科学方法——计算机时代的科学计算[M]. 北京：清华大学出版社，暨南大学出版社，2000.

[2] 钟义信. 信息科学原理[M]. 北京：北京邮电大学出版社，2002.

[3] RAWAT D B, RODRIGUES J, STOJMENOVIC I. Cyber-Physical Systems from Theory to Practice[M]. Boca Raton: CRC Press, 2016.

[4] 石建军. 交通行为控制原理[M]. 北京：人民交通出版社，2009.

[5] 刘小明. 交通行为学[M]. 北京：人民交通出版社，2019.

[6] 涂序彦. 大系统控制论[M]. 北京：国防工业出版社，2003.

[7] 钟信义. 机器知行学原理：信息、知识、智能的转换与统一理论[M]. 北京：科学出版社，2007.

[8] 罗俊海，肖志辉，仲昌平. 信息物理系统的发展趋势分析[J]. 电信科学，2012，28(2): 127-132.

[9] 黎作鹏，张天驰，张菁. 信息物理融合系统(CPS)研究综述[J]. 计算机科学，2011，38(9): 25-31.

[10] STANKOVIC J, LEE I, MOK A, et al. Opportunities and Obligations for Physical Computing Systems[J]. IEEE Computer, 2005, 38(11): 23-31.

[11] 诺伯特·维纳. 控制论：或关于在动物与机器中控制和通信的科学[M]. 王文浩，译. 北京：商务印书馆，2020.

[12] INGEOL C, JEONGMIN P, WONTAE K, et al. Autonomic Computing Technologies for Cyber-Physical Systems[C]. The 12th International Conference on Advanced Communication Technology (ICACT), 2010.

[13] LEE E. Cyber Physical Systems: Design Challenges[C]. 2008 11th IEEE International Symposium on Object and Component-Oriented Real-Time Distributed Computing (ISORC), 2008.

[14] 刘汉宇，牟龙华. 微电网 CPS 体系架构及其物理端研究[J]. 电力自动化设备. 2012，32(5): 34-37.

[15] ZHU T, HUANG Z, LI S, et al. The High-speed Railway Safety Comprehensive Monitor and Control System Based on the Cyber Physical System Architecture[C]. Proceedings of the 30th Chinese Control Conference, 2011.

[16] WHITE J, CLARKE S, GROBA C, et al. R&D Challenges and Solutions for Mobile Cyber-Physical Applications and Supporting Internet Services[J]. Springer Journal of Internet Services and Applications, 2010(1): 45-56.

[17] SHI JJ, CHANG S. Traffic Information and Traffic Behavior Control[J]. Journal of Shijiazhuang Railway Institute(Natural Science), 2008(4): 39-43.

[18] 孙其博，刘杰，等. 物联网：概念、架构与关键技术研究综述[J]. 北京邮电大学学报，2010，33(3): 1-4.

[19] 黄海军. 交通行为建模问题与机会[J]. 交通运输系统工程与信息，2002(1): 24-29.

[20] 黄海军. 城市交通网络动态建模与交通行为研究[J]. 管理学报，2005，2(1): 18-22.

[21] 郑刚，谭民，宋永华. 混杂系统的研究进展[J]. 控制与决策，2004，19(1): 7-12.

[22] ZHENG G, TAN M, SONG Y H. Research on hybrid systems: A survey[J]. Control and Decision, 2004, 19(1): 7-11, 16.

[23] 江光秀，陈阳舟，张利国，等. 基于矩形混杂自动机的交叉口建模及可达性分析[J]. 交通运输系统工程与信息，2009，9(4): 120-126.

[24] 石建军，李晓莉. 交通信息云计算及其应用研究[J]. 交通运输系统工程与信息，2011，11(1): 179-184.

[25] OLSON M, CHANDY K M, Performance issues in cloud computing for cyber-physical applications[C]. IEEE International Conference on Cloud Computing, 2011.

[26] SHENG J, HU H. One Effective Design of Intelligent Hybrid Traffic Detection Equipment[C]. 2012 International Conference on Systems and Informatics, 2012.

[27] SEHGAL V K, DHOPE S, GOEL P. An Embedded Platform for Intelligent Traffic Control[C]. 2010 UKSim Fourth European Modelling Symposium on Computer Modelling and Simulation, 2010.

[28] 杨兆升，朱中. 基于 BP 神经网络的路径行程时间实时预测模型[J]. 系统工程理论与实践，1999(8): 59-64.

[29] 温惠英，徐建闽，傅惠. 基于灰色关联分析的路段行程时间卡尔曼滤波预测算法[J]. 华南理工大学学报，2006(9): 66-69, 75.

[30] 朱中，杨兆升. 基于卡尔曼滤波理论的实时行程时间预测模型[J]. 系统工程理论与实践，1999(9): 74-78.

[31] 王峰，游志胜，曼丽春，等. Dijkstra 及基于 Dijkstra 的前 N 条最短路径算法在智能交通系统中的应用[J]. 计算机应用研究，2006(9): 203-205, 208.

[32] PALLOTTION S. Shortest Path Methods: Complexity, Interrelation and New Propositions[J]. Networks, 1984, 14: 257-267.

[33] 陈洁，陆峰. 一种基于双端队列的交通网络最短路径 Pallottino 优化算法[J]. 中国图像图形学报，2006，11(3): 419-424.

[34] 邹亮，徐建闽，朱玲湘. A*算法改进及其在动态最短路径问题中的应用[J]. 深圳大学学报理工版，2007，24(1): 32-35.

[35] 沈婕，间国年. 动态分段技术及其在地理信息系统中的应用[J]. 南京师大学报（自然科学版），2002，25(4): 105-106.

[36] BESPALKO S J, GANTER J H. Geospatial data for ITS[A]. Transportation and the National Information Infrastructure[C]. Cambridge: MIT Press, 1996.

[37] 杨兆升. 关于智能运输系统的关键理论[J]. 交通运输工程学报，2001(1): 65-68.

[38] MCLUHAN M. Understanding Media: The Extensions of Man[M]. New York: McGraw-Hill, 1964, 302.

[39] NEWELL G F. Nonlinear Effects in the Dynamics of Car Following[J]. Operations Research, 1961, 9(2): 209-229.

[40] HELLY W. Simulation in bottlenecks in single-lane traffic flow[C]. Proceedings of the Symposium on the Theory of Traffic Flow: New York, NY: Elsevier, 1961.

[41] KOMETANI E, SASAKI T. Dynamic behaviour of traffic with a nonlinear spacing-speed relationship[C]. in Proceedings of the Symposium on Theory of Traffic Flow: New York, NY: Elsevier, 1959.

[42] SPYROPOULOU I. Simulation using Gipps' car-following model an in-depth analysis[J]. Transportmetrica, 2007, 3(3): 231-245.

[43] GAZIS D C, HERMAN R, ROTHERY R W. Follow-The-Leader Models of Traffic Flow[J]. Operations Research, 1961, 9(4): 545-567.

[44] VANWINSUM W. The human element in car following models[J]. Transportation Research Part F-Traffic Psychology and Behaviour, 1999, 2(4): 207-211.

[45] ANDERSEN G J, SAUER C W. Optical information for car following: The driving by visual angle (DVA) model[J]. Human Factors, 2007, 49(5): 878-896.

[46] KIKUCHI C, CHAKROBORTY P. Car following model based on a fuzzy inference system[J]. Transportation Research Record, 1992, 1365: 82-91.

[47] 叶霞飞, 顾保南. 城市轨道交通规划与设计[M]. 北京: 中国铁道出版社, 1999.

[48] 陆化普. 交通规划理论与方法[M]. 北京：清华大学出版社，1998.

[49] 丁威, 杨晓光, 伍速锋. 基于活动的居民出行行为研究综述[J]. 人文地理, 2008(3): 85-91.

[50] ETTEMA D, BORGERS A, TIMMERMANS H. SMASH (Simulation Model of Activity Scheduling Heuristics): Some Simulations[J]. November 1996 Transportation Research Record Journal of the Transportation Research Board, 1551(1): 88-94.

[51] BEN-AKIVA M E, BOWMAN J L. Activity Based Travel Demand Model System with Daily Activity Schedules[J]. Master of Science in Transportation at the Massachusetts Institute of Technology, 1995: 1-49.

[52] 隽志才，李志瑶，宗芳. 基于活动链的出行需求预测方法综述[J]. 公路交通科技，2005，22(6): 108-113.

[53] 王维平. 仿真模型有效性确认与验证[M]. 北京：中国国防科技大学出版社，1988.

[54] 李云峰. 数字仿真模型的校核、验证和确认[J]. 长沙：中南大学学报（自然科学版），2004，35(2): 273-276.

[55] 砥锋. 基于特征的城市交通网络 GIS 数据组织与处理方法[D]. 北京：中国科学院遥感应用研究所，1999.

[56] 胡伟明，史其信. 探讨回归分析在交通工程中的若干问题[J]. 公路交通科技，2002(1): 68-71.

[57] 黄俊英. 手机定位技术的分析与研究[J]. 福建电脑，2011，27(9): 63-64.

[58] HAN JW，KAMBER M. 数据挖掘概念与技术[M]. 范明，孟小峰，等译. 北京：机械工业出版社. 2004.

[59] 单美贤. 泛在信息社会的概念溯源及基本特征[J]. 贵阳：贵州社会科学，2013(2): 33-38.

[60] 黄武陵，艾云峰. 无线传感器网络在智能交通系统中的应用[J]. 电子产品世界，2008(7): 48, 50, 52, 54.

[61] 赵丽霞，纪松波. 无线传感器网络在智能交通中的应用[J]. 物联网技术，2012，2(6): 25-27.

[62] 美国交通研究委员会. 道路通行能力手册[M]. 任福田，等译. 北京：人民交通出版社，2007.

[63] 刘学军，徐鹏. 交通地理信息系统[M]. 北京：科学出版社，2006.

[64] 王英杰，袁堪省，李天文. 交通 GIS 及其在 ITS 中的应用[M]. 北京：中国铁道出版社，2004.

[65] 李清泉，左小清，谢智颖. GIS-T 线性数据模型研究现状与趋势[J]. 地理与地理信息科学，2004(3): 31-35.

[66] FISHER M M. Spatial Analysis and GeoComputation[M]. Switzerland AG: Springer-Verlag, 2006.

[67] BESPALKO S J, GANTER J H, et al. Geospatial data for ITS[J]. Transportation and the National Information Infrastructure. Cambridge: MIT Press, 1996:209-226.

[68] 陆化普，殷亚峰. 规划理论的非集计方法及应用[J]. 公路交通科技，1996，3(1): 22-28.

[69] 赵鹏，藤原章正，杉惠赖宁. SP 调查方法在交通预测中的应用[J]. 北方交通大学学报，2000，24(6): 29-32.

[70] RUITER E R, BEN-AKIVA M E. Disaggregate travel demand models for the San Francisco bay area[J]. Transportation Research Record, 1978 (673): 121-128.